江戸の糞尿学

永井義男

作品社

江戸の糞尿学

目次

第Ⅰ章
汲み取りが都市を救った
——江戸時代以前の糞尿事情

第Ⅱ章
江戸の便所と汲み取り事情

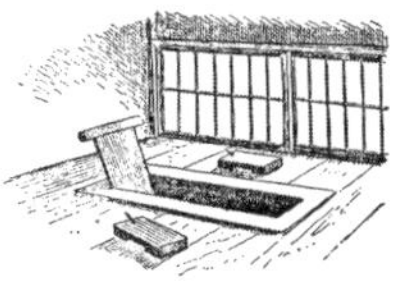

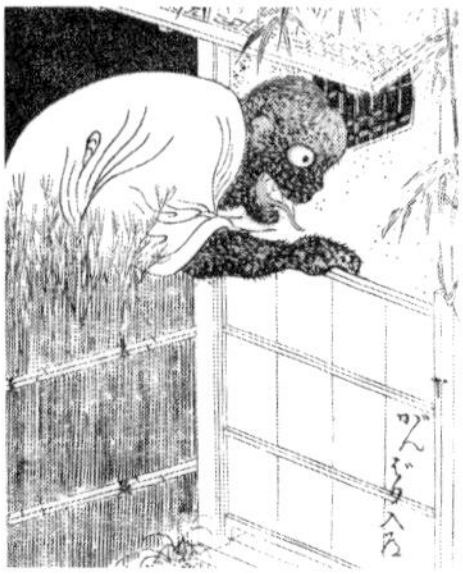

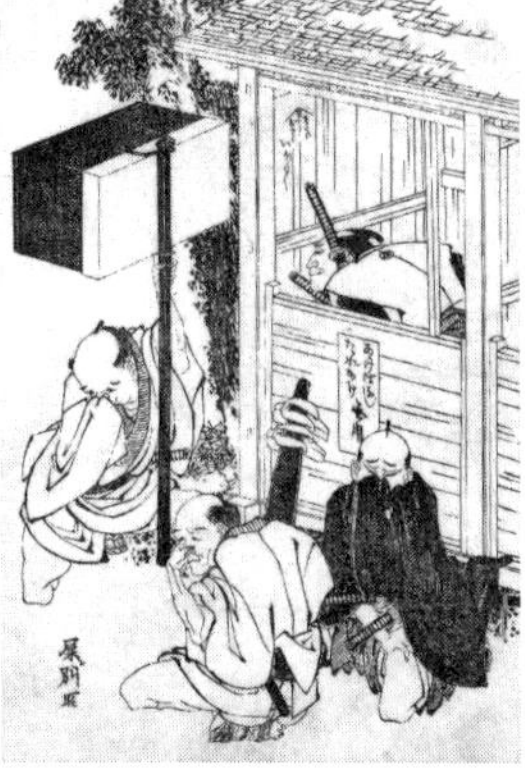

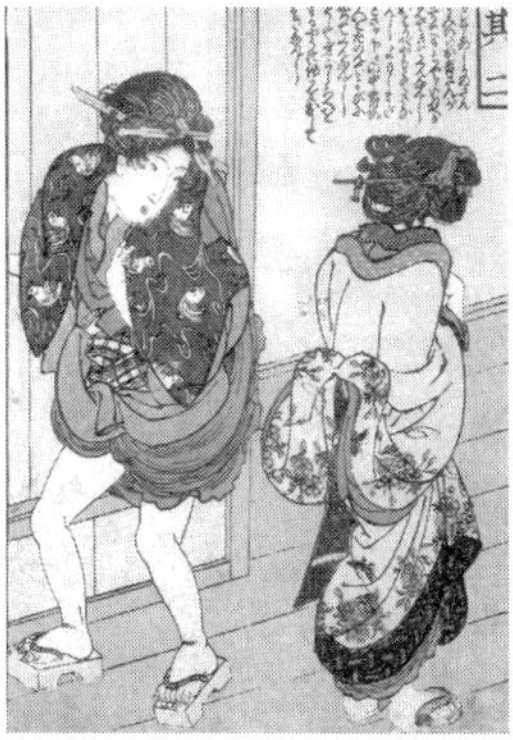

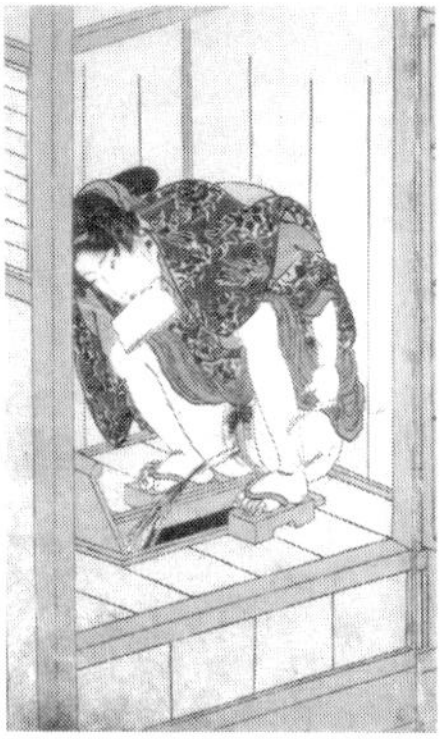

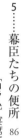

第Ⅲ章 江戸での都市生活と便所

第Ⅳ章　下肥の循環システム経済

——「黄金の宝」だった糞尿

第V章 明治以降の汲み取り事情

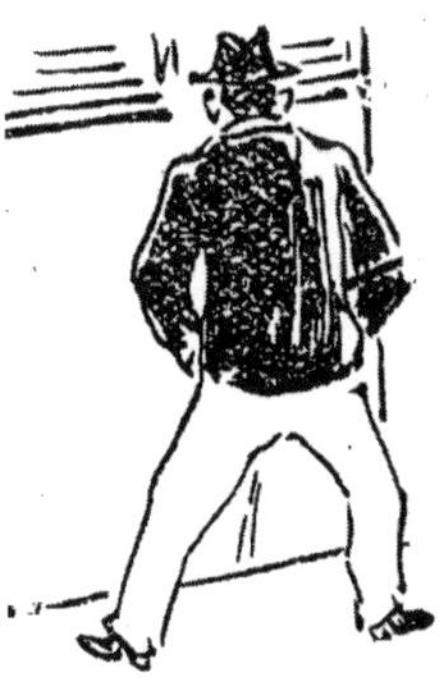

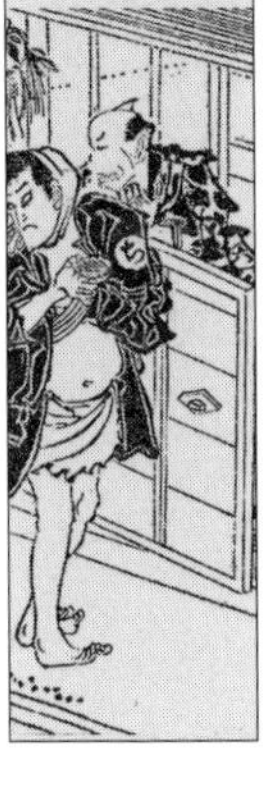

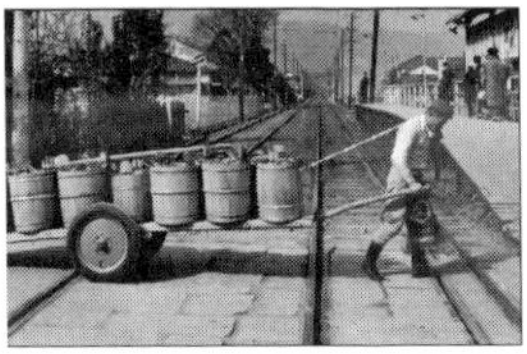

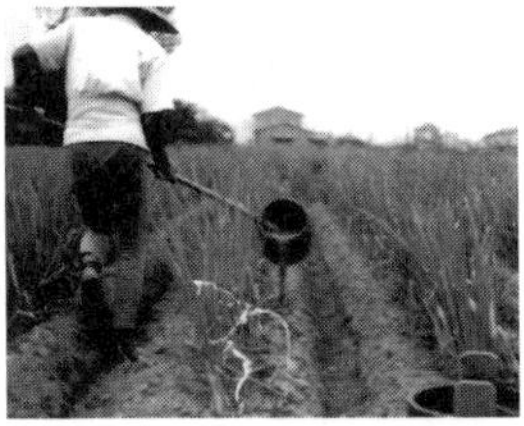

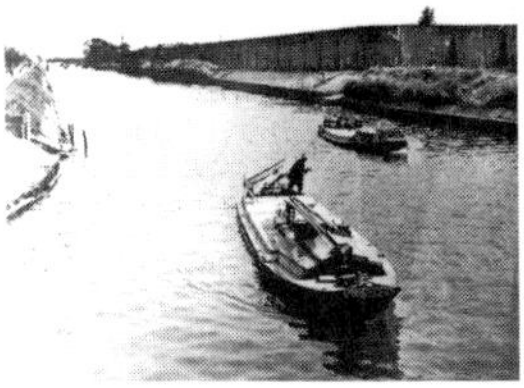

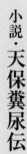

［はじめに］

世界で最も整っていた江戸の糞尿システム

昭和四十年代まで、都心でも汲み取りは珍しくなかった

現在、大多数の日本人は、汲み取り式便所の経験がない。もはや体験しているのは高齢者にかぎられるが（それも若いころ、あるいは子供のころである）、生活環境の漸進的な変化に対応してきているため意外と過去のことは忘れてしまう。私事であるが、そんな能天気な忘却の例をあげよう。

筆者は昭和二十四年（一九四九）生まれで、高校生のときまで九州の福岡市で過ごしたが、自宅の便所は汲み取り式だった。

昭和四十年代の前半、大学に入学するため上京し、東京都北区の風呂なし・便所共同の木造アパートに入居した。便所は共同とはいえ、水洗だった。もちろん大学もアルバイト先の便所も水洗だった。いつしか筆者は水洗便所の生活に慣れ、それが当然と思っていた。

おそらく昭和四十六年（一九七一）のことである。友人の住むアパートに遊びに行った。そのアパートは木造二階建てで、国鉄（現ＪＲ）池袋駅の西口から歩いて十五分ほどの場所にあった。

友人と話をしているうちに便意をおぼえ、二階の共同便所に行った。すると、なんと汲み取り式だった。その鼻をつく独特の臭気。しかも、二階である。白い便器の穴から、黒々とした闇がはるか下まで続いているのが見えた。便器の穴の大きさから考えて体が落ちることはありえないのだが、足を踏みはずして地面の下にある便槽にまっしぐらに落下するのを想像したら、途端に便意も消失した。

筆者は友人の部屋に引き返し、言い放った。

「なんだ、汲み取り便所じゃないか。出るものも出ないよ」

つい数年前まで日常的に汲み取り式で用を足していた人間の発言である。なんとも傲岸不遜といおうか。ことほどさように、人間は便利さに慣れると、もう元には戻れない。自分が平気で使用していたことすら忘れてしまう。

なお、昭和四十年代のなかごろ、現在の豊島区のＪＲ池袋駅から徒歩十五分の場所に、汲み取り式便所の木造アパートがあった。この事実も、土地所有者すらもう忘れているであろう。いまは鉄筋コンクリートの中層マンションに建て替えられているだろうからだ。もちろん、指摘されれば思い出すかもしれないが、生活実感としては忘れているであろう。

そういえば、ほぼ同じころ、中央区銀座に近い住宅地でバキュームカーを見かけ、

「中央区に汲み取り式便所があるんだから、豊島区にあってもおかしくないな」

と、妙に納得したものである。

下肥のある農村風景

高校生まで福岡市で過ごしたと先述したが、筆者の記憶にある光景を述べよう。

わが家は市内の農村地帯に造成された住宅地にあった。近くを歩くと農道に隣接してあちこちに肥溜《こえだ》めが設けられていた。農家の人が肥溜めから下肥《しもごえ》を汲んで肥桶《こえおけ》に移したのち、肥柄杓《こえびしゃく》を使って田畑にまいて

屎尿の運搬の変遷
上：図［はじめに］−1
馬車によるし尿運搬。
中：図［はじめに］−2
昭和 30 年頃まで使用されたオート三輪運搬車。
下：図［はじめに］−3
昭和 40 年前後に登場したリール付バキュームカー。
熊本県環境整備事業協同組合ＨＰより（http://www.kumakan.jp/index.html）

いるのは見慣れた光景だった。

下肥の搬入と汲み出しに便利なように、肥溜めは農道にそってもうけられていたが、それだけに危険でもあった。道を歩いていて片足を肥溜めに突っ込んでしまう事故は珍しくなかったし、当時の筆者の友人にも不運な者がいた。

糞尿《ふんにょう》は肥溜めに一定期間溜めておくことで熟成し、肥料の下肥になる。雨が長期にわたって降らないと、肥溜めの表面に瘡蓋《かさぶた》のような薄茶色の膜が形成されることがあった。外見からは、上から人が乗っても崩れそうもないくらいの固い膜である。

ところが、石を投げつけると膜があっさり破れ、ドボッという音とともに割れ目からまるで間欠泉のように茶色の糞尿が吹きあがる。小学生の筆者はこれが面白くて、しばしば肥溜めに石を投げ込んだものだった。

畑にまるで雪でも降ったかのように、白い物が点在していることがあった。白い小さな花が咲き乱れているかのようでもあり、なかなか風流な景色なのだが、近づいてよく見ると紙の断片だった。汲み取り式便所で汲み取った糞尿が下肥としてまかれているため、使用されたちり紙や新聞紙の繊維が畑の表面にへばりつき、乾燥していたのである。

以上は、便所から汲み取った糞尿が下肥として田畑に還元されていた例である。

一方では、福岡市として糞尿を処理する業務も始まっていた。

安価で便利な化学肥料の普及につれて農家の下肥利用が減り、それに反比例するかのように人口が都市に集中することで糞尿が大量に発生するようになった。その結果、糞尿を汚物として処理せざるを得なくなったのである。ただし、水洗便所や下水道、汚水処理場などの屎尿《しにょう》処理施設はまだ普及していなかったから、バキュームカーで回収した糞尿はほとんど海洋投棄していたようだ。

わが家には毎月一回、バキュームカーがやってきて、たまった糞尿をホースで吸い出した。そのとき、すさまじい轟音がし、独特の臭気がただよった。終わったあとの便所には一種のすがすがしさがあった。

もちろん、

「すっきりしたなあ……」

と深呼吸すれば、糞尿の臭気を肺の奥まで浸透させることになった。

当時、わが家は両親と筆者と妹の四人暮らしで、月に一回の汲み取りで間に合っていたことになるが、便槽がコンクリート造りで、大きかったからであろう。江戸時代の便槽と汲み取りの回数については後述しよう。

汲み取り料は、わが家の方が市役所に支払っていた。江戸時代は正反対だったのだが、このことも後述する。

ところで、筆者は中学生のころ、バキュームカーが人気のない農道に停まり、職員がホースで糞尿を畑に勢いよく噴射しているのを見たことがある。処分場まで運搬するのが面倒なため、農家に無断で畑に撒《ま》き散らしていたのだ。

現在、産業廃棄物を山林などに不法投棄する悪質な業者があとを絶たない。筆者が目撃した糞尿の不法投棄と同じといえようか。

とりもなおさず、筆者が汲み取り式便所を経験していた期間は、糞尿が農業にとって大事な下肥から、自治体が処理すべき厄介な汚物に変わっていく時代だったといえよう。

それまで日本人が連綿と続けてきた糞尿の有効利用が、昭和三十年代くらいを境に全国的に終わりに向かったのである。

糞尿利用の循環システムが完成していた江戸社会

この糞尿利用は、江戸時代が最盛期だった。とくに江戸と近郊農村のあいだでは回収と利用の循環システムが完成し、産業としても成り立っていた。糞尿はいわば商品として取引されていたのである。商取引されたからこそ循環システムが成立したと言ってもよい。

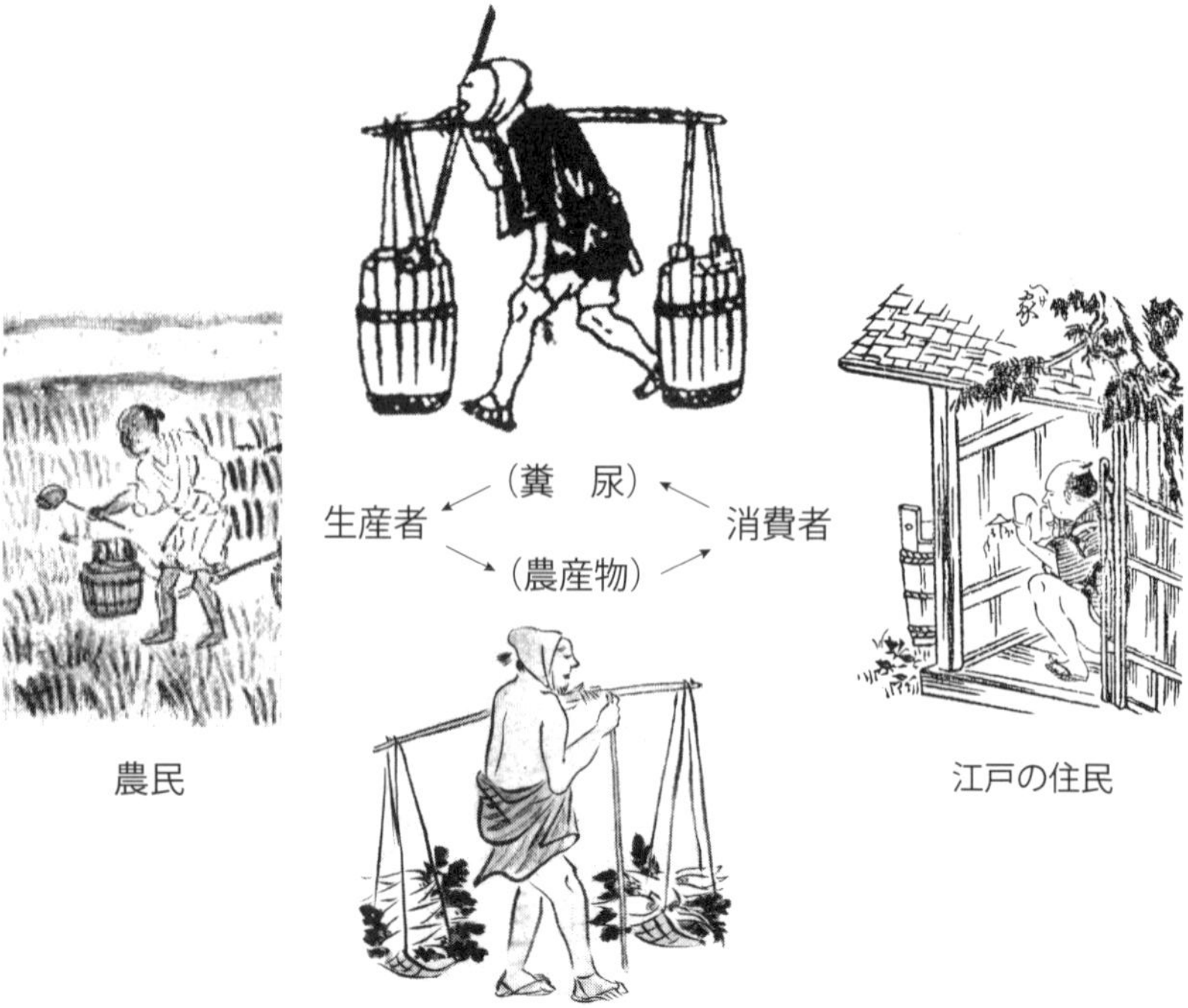

そして、この循環システムがいかに先進的で、環境と調和したものだったかは、同時期のヨーロッパの大都市と比較するとよくわかるが、このことも後述しよう。

江戸では、糞尿の利用が循環システムとして完成していた。

江戸の住民は、農産物の消費者であると同時に、糞尿の生産者だった。近郊農村の農民は農産物の生産者であると同時に、糞尿（下肥）の消費者だった。

都会と農村は、おたがいに生産者であり消費者であるという補完関係にあったのだ。見事な循環システムといえよう。

このように、糞尿は当時の人々にとって価値あるものだった。そのため、たんに産業にとどまらず、文化でもあった。糞尿や便所、汲み取りにまつわる記録や逸話は多い。本書は、江戸時代における人々と糞尿の関係を、産業面・文化面など多面的にまとめたものである。

引用した史料には、現代の分類でいう

とフィクションとノンフィクションがある。

江戸期のフィクションは、黄表紙・洒落本・人情本など分類がややこしいため、大まかに戯作《げさく》と春本にわけ、それぞれ書名の前に記した。漢字は新字、仮名遣いは新仮名遣いにあらため、読みやすいように平仮名を漢字に直したり、当て字を正したりしたところもある。また、会話には「　」をつけて、小説風に書き直したところもある。

随筆や日記、随想などのノンフィクションは分類名をつけずに書名のみとし、引用文については原則として原文のままとしたが、漢字は新字に直した。

また、典拠とした文献はすべて、巻末の「引用・参考文献一覧」に示した。

序章

肥桶を担いだ男たち

彼らが百万人都市・江戸の生活と食料を支えた

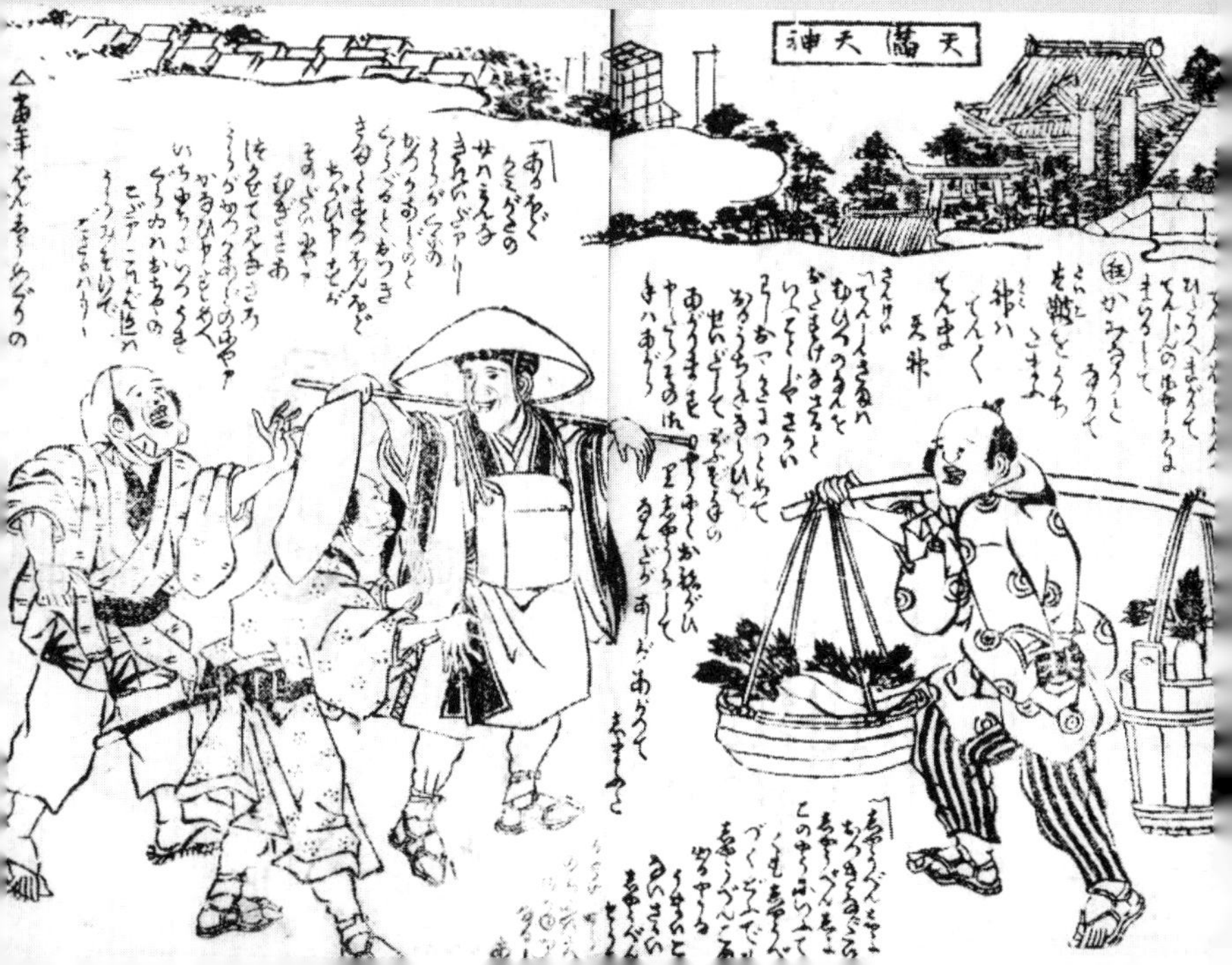

千住、四ツ谷、もっとも糞《こえ》とりの通る事引《ひき》も切らず

『江戸愚俗徒然噺』（天保８〔1837〕年）より

坂を下りて来たのは一人の若者だつた。（中略）

それは汚穢屋――糞尿汲取人であつた。

彼は地下足袋《じかたび》を穿《は》き、紺の股引《ももひき》を穿いていた。

五歳の私は異常な注視でこの姿を見た。

三島由紀夫『仮面の告白』より

［章扉の図］

大根を持って現物交換で下肥を集める、京都の農民。

（十返舎一九『諸国道中 金草蛙』より）

1……糞尿と下肥に関する基礎知識

まず、糞尿と汲み取りに関する用語について明確にしておきたい。
糞尿とは、大便と小便のことである。屎尿《しにょう》ともいった。
一方、下肥《しもごえ》は糞尿を田畑の肥料として用いるときの言葉で、肥《こえ》や肥《こ》やしともいった。
下肥が大事な肥料だったころの農業の専門書『修正 実用肥料学』（中尾節蔵著、明治四十一年〔一九〇八〕）に、こう定義されている――

下肥は、人糞尿の腐熟液《ふじゅくえき》にして、古来、本邦農家の、最も普通に用ふる重要の肥料なり。他の肥料と異なり、運搬便《べん》ならず、且《か》つ臭気甚《はなはだ》しきを以《もっ》て、欧米にては、多くは之《これ》を排斥《はいせき》す。
（中略）
新鮮なる人糞尿（並《ならび》に人尿）は作物に害あるものなれば、下肥に製して施用すべし。その法は、新鮮の糞尿を肥溜《こえだめ》に注入し、等分又は二倍の汚水（下水・雨水・風呂水・厨《くりや》の下水等）を加へて希釈し、気候暖きときは一週間、寒きときは二三週間放置し、液面の稍《や》や緑色を帯《お》ぶるに至る迄《まで》、腐熟せしむるにあり。然《しか》るときは、無害にして、速効の下肥となるべし。

排泄したばかりの糞尿は、肥料にはならない。むしろ植物を枯らしてしまう。一定の場所に溜め置き、ある程度の日数をかけて発酵・熟成させなければならなかった。

もちろん、江戸時代の農民は、こうした糞尿と下肥の違いを経験的に知っていた。

しかし実際には、下肥はしばしば糞尿と同じ意味に使われ、その区別は厳密ではない。

とくに江戸の住民にとっては、糞尿も下肥も外見や匂いからすれば同じだった。当時の戯作や小咄《こばなし》、川柳などでは「糞」と書いて「こえ」「こい」と読ませることが多い。「味噌も糞も一緒」という言葉があるが、都市に住む人間にとっては糞尿も下肥もいっしょなのである。そのため、本書でも下肥と糞尿や糞便を同じ意味で用いた場合がある。

便所は、雪隠（せっちん／せついん、の読みがある）、手水《ちょうず》（場《ば》）、厠《かわや》、はばかり、後架（こうか／ごか）などと呼んだ。とくに裏長屋の共同便所は、総後架《そうこうか》といった。

2……肥桶を担いだ男たちが、江戸の町と郊外をひっきりなしに行き交っていた

便所の汲み取りのことを、肥取《こえと》りや糞取《こえと》り、下掃除《しもそうじ》といった。

また、汲み取りに従事する人を、下掃除人、肥取り、糞《こえ》取り、汚穢屋《おわいや》などといった。

糞尿を運ぶ舟のことを、葛西舟《かさいぶね》、肥舟《こえぶね》、糞舟《こえぶね》などと呼んだ。

このように多様な表現があること自体、糞尿と汲み取りが江戸の人々の生活にいかに密接に結びついていたかの証左でもあろう。

では、下掃除人はどんないでたちをし、どんな道具を使用していたのだろうか。

坂を下りて来たのは一人の若者だつた。肥桶を前後に荷《にな》ひ、汚れた手拭で鉢巻をし、血色のよい美しい顔と輝やく目をもち、足で重みを踏みわけながら坂を下りて来た。それは汚穢屋――糞尿汲取人であつた。彼は地下足袋《じかたび》を穿《は》き、紺の股引《ももひき》を穿いてゐた。五歳の私は異常な注視でこの姿を見た。

これは、三島由紀夫の小説『仮面の告白』の一節である。

『厠と排泄の民俗学』の編者・礫川全次は、右の場所を昭和五年（一九三〇）ころの東京市四谷区（現・新宿区）、若者を近郊農村の農民と推定している。

三島が描いた昭和初期の東京の汚穢屋の格好は、地下足袋を草鞋《わらじ》に替えるなど細部を若干変更すれば、江戸と同じといってよかろう。少なくとも天秤棒・肥桶・肥柄杓《びしゃく》などの汲み取り道具一式は、江戸時代とまったく同じだった。

江戸の近郊農村の若い農民が武家屋敷や町家で、肥柄杓を使って糞尿を汲み取り、天秤棒で肥桶ふたつを前後ににない、町のなかをすたすたと歩いている……、ごく日常的な江戸の光景だった。

明治になって江戸を懐古した『絵本 江戸風俗往来』（菊池貴一郎著、明治三八年〔一九〇五〕）の「下掃《しもそう》除《じ》」の項に――

肥桶を天秤にかけ、肥柄杓を桶の中へ入れて来たり、雪隠池《せっちんつぼ》に溜《たま》りし大小便を汲みとるものを、下掃除または肥とり、オワイ、オワイヤと俗称す。これは葛西《かさい》辺を始め江戸近在より馬を引きて来たり、汲み取りし肥を馬に付けて運び帰るあり、また肥船とて一種別様の船を漕《こ》ぎて便利よき川岸へ付け、この船中に肥を汲み入れて漕ぎ帰るあり。されば川岸、堀端、桟橋の船つきある所は、何《いず》れの所を問わず肥船の繋《つな》ぎあらざるはなし。

肥桶を担いだ下掃除人たち

右頁・上：図序 - 1　大名屋敷が建ち並ぶ「丸の内」で汲み取りに歩く下掃除人。天明８年（1788）頃。『下司の知恵』（天明８年）より。

右頁下：図序 - 2　裏長屋の汲み取りの様子。便所の戸に、きれいに使うようにとの家主（大家）の貼紙がある。『滑稽臍栗毛』より。

左頁上：図序 - 3　肥の臭いに鼻をつまむ人々。明治初期の絵だが、風俗は江戸時代と基本的に同じと見てよい。『画解五十余箇条』（昇鳥一景画）より。国会図書館蔵。

左頁下：図序 - 4　肥桶と天秤棒。一般に、前後二桶でおよそ16貫（約60キロ）もの重量を天秤棒で担ぎ歩いていた。なお江戸時代のものは蓋がなく、それを付けるようになったのは明治時代以降である。愛知県東浦町郷土資料館・うのはな館蔵。

四十一條
一 下掃除の者

とあり、江戸の町には下掃除人が多かった。

また同書は、当時の戯《ざ》れ歌、「浅黄《あさぎ》の手拭《てぬぐい》、ほうかむり、肥桶かつぎてオワイ」を紹介している。

下掃除人の姿は、本章の扉および図序－1・2・3に示した。

図序－1は、天明八年（一七八八）ころ、場所は「丸の内」とあるので、大名屋敷が建ち並んでいる一帯である。大名屋敷でも裏長屋でも、下掃除人のいでたちは同じだった。

図序－2は、裏長屋の汲み取りの様子である。便所の戸に、きれいに使うようにという家主（大家）の貼紙がある。

図序－3は、明治初期の光景だが、風俗は基本的に江戸時代とまったく同じと見てよい。

つぎに、汲み取りの道具について述べよう。

肥柄杓《こえびしゃく》は、長い柄のついた柄杓で、一回で二升（約三・六リットル）ほどの糞尿が汲めた。

肥桶《こえおけ》は、一般に二斗《と》（約三十六リットル）入りで、この二斗入りの肥桶ふたつを一荷《いっか》という単位で呼んだ。（図序－4参照）つまり、人間が天秤棒で前後にかつげる量が一荷だった（肥桶の形状と容量は時代、地域により違いがある。なお江戸時代のものは蓋がなく、それを付けるようなったのは明治時代以降である）。

また、一荷の重さはおよそ十六貫（約六十キロ）。俗に「一《い》ッ荷《か》二《ふ》タ桶《おけ》十六貫《かん》」といった。

汲み取りに従事する男は六十キロもの重量を天秤棒でかつぎ、歩いていたのである。

『江戸愚俗徒然噺』（案本胆助著、天保八年（一八三七年））にこうある——

千住、四ッ谷、もつとも糞《こえ》とりの通る事引《ひき》も切らず。

江戸の町と郊外を、肥桶をかついだ男たちがひっきりなしに行き交っていた。

第Ⅰ章

汲み取りが都市を救った

江戸時代以前の糞尿事情

その美人の大便《くそ》まれる時、
丹塗《にぬり》矢に化《な》りて、
その大便《くそ》まれる溝《みぞ》より流れ下りて、
その美人の陰《ほと》を突きき。

『古事記』より

古《いにしえ》ハ多ク便所ヲ川ノ上ヘ構《かま》ヘテ、
糞ヲ流セシ故《ゆえ》ニ便所ヲ川屋トイフ

『静軒痴談』（嘉永7〔1854〕年）より

[章扉の図]
平安時代、路地で用を足す民衆。
（『餓鬼草紙』より）

江戸時代以前の糞尿と便所事情について、簡単に述べておきたい。
いわば前史であるが、この前史があったからこそ、江戸の糞尿経済と文化が成立したといえよう。

1……古代日本人と排泄物——自然が処理

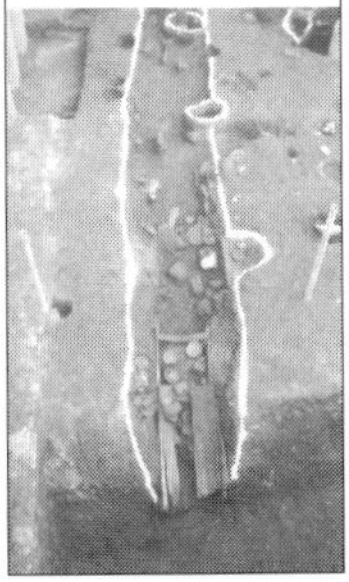

ゆたかな自然のなかには、多くの野生動物・野鳥・昆虫などが生息し、糞尿をいたるところに垂れ流している。しかし、我々が山野や渓流沿いなどを歩いていて糞尿に悩まされたり、「自然は糞便がいっぱいで不潔だ」と感じることはまずない。

動物・鳥・昆虫などの糞尿は、自然の循環のなかで処理されているからである。

処理役の代表が、『ファーブル昆虫記』で有名なスカラベや「ふんころがし」とも呼ばれる糞虫（ふんちゅう・くそむし）であろう（ただし、スカラベは日本にはいなかった）。主として哺乳類の糞便を食料とし、処理する。

そのほか、多種多様なバクテリアなどの働きによって、排泄された糞尿は分解されて他の生物の栄養となり、循環していく。

かつて人間が狩猟採集と移動の生活をしていたころ、野生動物同様に糞尿は垂れ流し状態だったはずだが、やはり自然の循環のなかで処理されていた。

日本人の祖先が農耕と定住の生活をするようになってからも、人間の糞尿はさほど問題ではなかった。なんといっても、居住環境にくらべて人口が少なかったからである。人間の排泄物は自然にまかせておいても、いつのまにか処理されていた。

厠《かわや》の語源は、川屋という説がある。『静軒痴談《せいけんちだん》』（寺門静軒著、嘉永七年〔一八五四〕）にも——

古《いにしえ》ハ多ク便所ヲ川ノ上ヘ搆《かま》ヘテ、糞ヲ流セシ故《ゆえ》ニ便所ヲ川屋トイフ

川のそばに便所を設け、糞便は川に流していたので川屋といった、と。

『古事記』には、こんな記述がある——

その美人の大便《くそ》まれる時、丹塗《にぬり》矢に化《な》りて、その大便《くそ》まれる溝《みぞ》より流れ下りて、その美人の陰《ほと》を突きき。

美人が大便をしていたとき、赤く塗った矢に化けて大便をしている溝を流れ下り、その美人の陰部《ほと》を突いた、というのだから、水の流れるそばで排便していたことがわかる。木製の樋《とい》などを使って水を流し、川に流しこむ形式もあった。

では、川から遠い場所ではどうしたのだろうか。

古代の人も糞便の臭気は嫌悪していたろうし、素足でうっかり踏むのも避けたかったろう。そのため住

居の近くに穴（土坑）を掘ってそこで排便し、たまると土をかけて埋め戻すか、あるいは汲み取って、離れた場所に捨てていたと思われる。

川や地面に投棄していたわけだが、いつのまにか自然の循環のなかで処理され、消えてなくなっていた。

カナダの公衆衛生学者デイビッド・ウォルトナー＝テーブズの著者『排泄物と文明』（邦訳二〇一四年）に、こうある――

　この局地的なウンコの過剰生産により、水が汚染され、公衆衛生問題が発生する。

大規模畜産農業について述べているのだが、人間にもそっくりあてはまる。つまり、都市への人口集中により糞尿がにわかに厄介物になってきたのである。

2……糞尿まみれだった平安京――都市化により厄介物となる

近年の藤原京・平城京・平安京などの都市遺跡の発掘は、めざましい成果をあげている。

従来は遺構が発掘されても、その用途が不明だったものが、土壌を分析して寄生虫の卵などを発見することで、便所のあとや、糞便を流した溝《みぞ》だということが特定できるようになった。いわゆる「トイレ考古学」の進展である。

また、こうしたトイレ考古学による発見は、文学作品に描かれていた平安京の便所事情を裏付ける結果にもなっている。

歴史学者・安田政彦の著『平安京のニオイ』（二〇〇七年）には、こんな指摘がある――

平安京に住む人々がみな雅《みやび》やかな生活を送っていたわけでもない。私たちは、文学作品や平安貴族という言葉から連想し、平安京の復元模型やその写真を見て、その美しい構造美と清潔な街並みを想像し、平安京が貴族の優雅な生活の場にふさわしいものと勝手に思いこんでいるに過ぎない。

つまり、平安京には濃厚に糞尿の匂いがただよっており、一歩裏通りに足を踏み入れると、あちこちに糞便が散乱していたのだ。（本章の扉および図1－1～3参照）

藤原京・平城京・平安京には、大路《おおじ》と小路《こうじ》が碁盤の目状に通じ、それぞれに側溝が設けられていた。側溝には生活排水が流されていたが、ここが便所としても利用された。側溝の汚水はやがて川に流れ込むので、川へ垂れ流すのと同じである。

貴族の広い邸内には側溝が引き込まれており、流れのそばに板で囲った便所があり、邸内に住む人々はここで用を足した。側溝はまた通りの側溝につながるので、生活排水といっしょくたになって川に流れていく。従来の川屋と同じと言えよう。

ただし、大きな違いは糞尿の量である。かつてとはくらべものにならないほど多かった。側溝の水には糞便が浮き、悪臭を発していたろう。

なお、貴族は寝殿造りの建物のなかで用を足したが、建物にはとくに便所はなかった。ここでいう便所とは、便壺を備えた小屋の意味である。貴族は樋殿《ひどの》と呼ばれる室内で樋箱《ひばこ》に用を足した（図1－4参照）。いわゆる、おまるである。

芥川龍之介著『好色』や谷崎潤一郎著『少将滋幹の母』のネタ元となった糞尿嗜好のエピソードが、『今昔物語集』にある。

絵巻物に描かれた野外や道端などで排便する人々の姿
上：図 1-1『福富草紙』（模写本）より。
中：図 1-2『病草紙』（模写異本）より。
下：図 1-3『病草紙』より。

図 1-4　平安時代の樋箱を再現したもの。TOTO トイレ博物館蔵。

平中《へいちゅう》と呼ばれる色好みの貴族が、恋慕する女の糞尿を観察しようと決心した。屋敷内に忍び込み、建物の陰でうかがっていると、召使の若い女が香染《こうぞめ》の薄い布で包んだ筥《はこ》を持ち、出てきた。主人の糞尿を捨てに行くところと見て、筥を奪い取る。人のいない場所で平中が蓋を開けたところ、なかからは芳《かぐわ》しい香りが漂う。不思議に思い、ついに糞尿とおぼしき物を口にすると甘い味がした。女が平中の行動を察知し、香料などでつくった細工物を入れておいたのだった。

このことからも、身分の高い男女は室内で筥に用を足し、排泄物は召使が邸内に引き込んだ側溝に捨てていたことがわかる。

一方、庶民はこうした側溝で直接に用を足すほか、道端で排便することも多かった。

平安時代に成立した物語に、都の様子はどのように描かれているだろうか。

『落窪物語』には、つぎのような場面がある。

雨が降りしきる夜、ある貴族が白い衣装を身にまとい、供《とも》の者ひとりを従えて、思いを寄せる女のもとに向かおうとした。ふたりで傘をさして狭い小路を歩いていると、松明《たいまつ》をともした役人の一行に出くわした。

役人たちは怪しみ、

「そこにしゃがんで、ひかえおれ」

と、傘をたたいた。

やむなく、ふたりは傘をさしたまま、糞便がたくさん落ちている地面にしゃがんだ。

すぐに嫌疑は晴れ、役人たちは去っていったが、貴族は言った。

「もう帰ろう。着物に糞がついてしまった。こう臭くては、嫌われてしまう」

「こんな雨のなかを、そんな姿でお訪ねになれば、姫もきっと気持ちを汲みとり、糞の匂いも麝香《じゃこう》の香りと感じてくださるでしょう。それに、ここまで来て引き返すのは、かえって遠いですよ」

供の者が行くことを勧める。

貴族は気を取り直し、女のもとに向かった。

また、『宇治拾遺物語』には、次のようなエピソードがあり、京都の錦小路《にしきこうじ》の由来といわれている。

四条の北にある小路は、糞便だらけだったため、人々は「糞《くそ》の小路」と呼んでいた。このことを聞いた帝《みかど》が、こう述べられた。

「四条の南の方の小路は、何と呼んでいるのか」

臣下が「綾小路《あやのこうじ》と申します」と答えると、帝は「それならば、錦の小路と呼ぶように。さもないとあまりに汚い」と命じたので、以来、この名となった。

裏通りどころか、大通りでの排便も珍しくなかったことが『今昔物語集』でわかる――


此《こ》ノ殿《との》ニ候《そうろ》フ女童《めのわらわ》ノ大路に屎《くそ》マリ居《い》テ候ツルヲ……


使用人の少女が、大通りでしゃがんで大便をしていたのである。

平安京には、糞尿の匂いが立ち込めていたはずである。

このまま人口が増え続ければ、京都はもちろんのこと、後の江戸も、後述するパリのようになっていたであろう。

ところが、そうならなかったのは、糞尿を下肥として利用することが始まったからだった。

籌木の用途は？

【コラム】

籌木《ちゅうぎ》は、糞篦《くそべら》、厠籌《せっちんべら》ともいう。

図にあるように、割る前の割箸くらいの平たい板で、遺構では一カ所から大量に出土する。

かつて考古学者のあいだでは籌木の用途について意見が分かれていたという。祭儀用ではないか、糞篦ではないか、公文書を書くためのものではないか、と。

分析によって籌木に大量の寄生虫の卵が付着しているのが判明し、決着がついた。つまり、排便後、糞便をこそぎ取る糞篦だったのである。

そんなことをしたら、かえって肛門周辺に糞便をなすりつけてしまうのではないかという疑問があるかもしれない。しかし、それは現代人のやわらかな糞便だからである。

現代人は嗜好品として緑茶やコーヒーなどをひんぱんに飲み、食事でもスープや味噌汁を飲み、麺類などの汁物も食べる。アルコール類を呑むことも多い。結果として、水分を大量に摂取している。

これに対して古代人は、喉が渇いたときに水を飲むだけだった。さらに、食物繊維の摂取量も多かったため、古代人の糞便は水分が少なく、ころころしていた。籌木でこそぎ取れば、きれいになったのである。

江戸時代においても、紙は高価だったため、籌木は使われていた。

『松屋筆記《まつのやひっき》』（小山田与清著、江戸後期）にこう書かれている――

今皇国山家の百姓或は厠籌《せっちんべら》を用ひ、或は藁屑《わらくず》木草の葉を用て糞《くそ》を拭《ぬぐ》ひ、甚《はなはだし》きにいたりては厠傍に縄を張たるを跨《またがり》て尻穴を揩拭《しょうしょく》もありとなん。

田舎では籌木、藁屑、木の葉を用い、便所のそばに張った縄にまたがって肛門をぬぐうやり方もある、と。

排便後に紙を用いるのは、大きな都市にかぎられていた。とはいえ、使用するのは悪紙《わるがみ》と称された漉《す》き返し紙である。

江戸では、紙屑買いなどが町をまわって回収した紙屑は、千住宿《せんじゅしゅく》（現・東京都足立区）に送られ、近辺の農民が漉き返した。この再生紙がふたたび江戸に送られ、便所用の悪紙として利用されたのである。

籌木
表面を丁寧に削って仕上げた箸状の棒で、用途は
現在のトイレットペーパーです。

古代の遺跡から発掘された“籌木”。表面は削って平らにしてあり、トゲが刺さらないようになっている。
上：古代城柵・秋田城（秋田県秋田市、8～11世紀）跡で出土した籌木（秋田城出土品収蔵庫蔵）。
下：岩手県柳之御所（平安末期）跡で出土した籌木（平泉町教育委員会）。

3……汲み取りが百万人都市・江戸を救う

農村では早くから糞尿の肥料効果を知り、下肥として利用していたであろうが、あくまで自家生産のものだった。肥料として利用するには当然、量が足りない。

都市の住民が生産する膨大な糞尿に目をつけ、汲み取って農村に運ぶ。しかも、糞尿は農民の側が金銭を支払って買い取る、あるいは農産物で物納する、という仕組みができていくのは、鎌倉時代から戦国時代にかけてと見られている。

糞尿が厄介な廃棄物から、価値のある商品になっていったのである。

イエズス会の宣教師ルイス・フロイスは、安土桃山時代の永禄六年（一五六三）に来日し、慶長二年（一五九七）に長崎で死去した。三十数年にわたって日本に滞在したフロイスは、その著書『ヨーロッパ文化と日本文化』（天正十三年〔一五八五〕）にこう記している――

> われわれは糞尿を取り去る人に金を払う。日本ではそれを買い、米と金を払う。
>
> ヨーロッパでは馬の糞を菜園に投じ、人糞を塵芥捨場に投ずる。日本では馬糞を塵芥捨場に、人糞を菜園に投ずる。

『日葡辞書』は日本語をポルトガル語で説明した辞書で、イエズス会の宣教師数名によって作成され、江戸幕府が成立したのと同じ慶長八年（一六〇三）に、長崎で刊行された。『邦訳 日葡辞書』（土井忠雄ほか編訳）に拠ると、こう記述されている――

Coye　コエ（肥）糞尿・肥料。
Coyeo tatçuru（肥をたつる）糞尿・肥料を外へ運び出す。→Fun（糞）

江戸時代初期までに、都市で汲み取った糞尿を農村に運び、下肥として活用する仕組みができあがっていたことがわかる。

このことが便所の形態を変えた。つまり、従来の便所は、糞尿を川に、あるいは地面に垂れ流す形式だったが、汲み取りが始まってからは糞尿を溜める便壺をそなえるようになったのである。

糞尿は金で売れる商品なのだから、無駄に垂れ流してはもったいないというわけである。『譚海《たんかい》』（津村淙庵著、寛政七年）に、松前（松前藩、北海道・道南）の事情について――

松前は五穀を生ずる事なき故、皆他国より持渡りてあきなふ。夫故《それゆえ》雪隠といふものもなし。大小便とも海辺へ仕ちらし置事也《おくことなり》。

この記述からも、雪隠は便壺をそなえ、糞尿をためておく場所という理解だったことがわかる。たとえ囲いがあり、川や海に流す仕組みだったとしても、糞尿を垂れ流す場所は雪隠ではなかった。

糞尿は農業の肥料であり、糞尿をたくわえる施設が雪隠だった。

こうして糞尿を垂れ流すことなく便壺にため、農民によって農村に運び出されることで都市は糞尿に汚染されることから免れたといえよう。

では、ほぼ同時期の中国はどうだったであろうか。明《みん》代末期（わが国の戦国末期から江戸初期にかけて）に書かれた『五雑組《ござつそ》』（謝肇淛著）には、こうある――

（天部二）

都（北京）の住宅は建てこんでいて、すでに余地がない状態であるのに、さらに街には糞など汚物が多い。各地から来た人が、がやがやと入りまじって住んでおり、そのうえ蠅や蚋《ぶよ》が多いので、毎年炎暑の候になると、とても安らかに生活などできないし、もし、わずかでも雨が降りつづくと、すぐに浸水の心配をしなければならない。それ故、流行病が続発して絶えることがない。

（地部一）

今では長江《ちょうこう》以北の人家では、昔のように厠《かわや》を作らなくなってしまっている。

（中略）

ただ、江南《こうなん》では厠をつくるが、これはみな農夫と交易するからである。江北《こうほく》では水田がないので、糞を使うところがない。それで地上で乾燥するのを待って、然《しか》るのちに土とまぜて、田（注：畑のことと思われる）の肥料にする。京師《けいし》（北京）では、溝の中にとどめておき、春になるのを待ってから、これをとり出し、日にあててさらす。その穢気には近づくこともできない。人が急に触れると、たちまち病気になる。

長江以南の湿潤地帯では水田に下肥を用いていたが、長江以北の乾燥地帯では糞尿を下肥として用いないため、垂れ流しや、特定の場所に投棄するだけだったのがわかる。いわば巨大な肥溜めに放り込み、そ

小便で昆布のうま味を増す

【コラム】

『静軒痴談《せいけんちだん》』（寺門静軒著、嘉永七年〔一八五四〕）には、以下のように記されている。

蝦夷地《えぞち》（北海道）では田んぼがないので下肥を使うこともなく、そのため人家の溜まった糞尿はひと桶につき百銭（文）を出して人に汲み取ってもらい、海岸まで運んで海に捨てている。

こうした蝦夷地の状況を書いたあと、著者の寺門静軒は自分の考えを述べている――

松前ノ昆布ノ甘キハ、其《その》スツル所ノ屎尿ガ、自然ト養ヲナスニヤアラン。

松前は松前藩のことで、つまり蝦夷地。糞尿が養分となっておいしい昆布を育てているに違いない、と。

さらに静軒は江戸湾で獲れる、いわゆる江戸前の魚の風味がよいのも、小便が流れ込んでいるからであろうと述べている。

江戸では、裏長屋などの男用小便所の小便は溝《どぶ》に垂れ流しだった。

静軒は言う――

小便ガ溝ヨリ川ヨリ流レ出テ、潮ニ和シテ海ニ至ル故《ゆえ》ナルベシ。

小便が溝から掘割や川に流れ込み、最後は江戸湾に達しているからであろう、と。

図 1-5　中国の人糞尿（下肥）を運ぶ桶。『シャム・中国・日本へのオーストリア・ハンガリー二重帝国調査隊（1868 ～ 71 年）についての専門家の報告』より。

図 1-6　現存する日本最古の便所、臨済宗東福寺の「東司」（とうす）。室町時代（13 世紀後半）。禅宗では便所のことを東司と呼ぶ。境内に別棟として建てられ、内部には柱の間に大きな壺が等間隔に埋められており、修行僧は壺に渡された２枚の踏み板にまたがって用を足す。多人数で一斉に用を足すことから「百雪隠」（ひゃくせっちん）とも呼ばれる。

れで終わりだった。

また、長江以北には厠がないというのは、便槽を備えた便所がないという意味であろう。糞尿をたくわえておく必要がないため、排泄時にはおまるなどを使い、使用後は中身を溝や道端などに捨てていたのである。かつての平安京、さらに後述するパリの状況に似ているといえよう。

図１－５は、清《しん》時代後期（わが国の明治初期）の、肥桶と天秤棒で糞尿を運ぶ農民の姿である。場所はあきらかではないが、長江以南の稲作地帯であろう。糞尿を運ぶ道具は、わが国も中国もほぼ同じなのが興味深い。

第Ⅱ章

江戸の便所と汲み取り事情

江戸は（中略）、屎、俗に「こゑ」と云ふ。
こやしの略なり。
屎値、こゑ代と云ひ、屎代は家主の有とし、
得意の農夫にこれを売る。

『守貞謾稿』（江戸後期）より

店中《たなじゅう》の尻で大家は餅もつき

江戸の川柳より

こえとりか禿《かむろ》のとしをとへは
また九さいというてたつるせんかう
（肥取りが禿の歳を問えば、まだ九歳〔臭い〕と立つる線香）

吉原の狂歌より

［章扉の図］
夜間の長屋の総後架を描いたもの。右側では、男が扉を開け、便所でもいいからと女に迫っている。左側は、用を足している女が寄ってきた犬に、拭いた紙を与えようとしている。（喜多川歌麿・勝川春潮『会本妃女始』より。国際日本文化研究センター蔵）。

1……町人の家

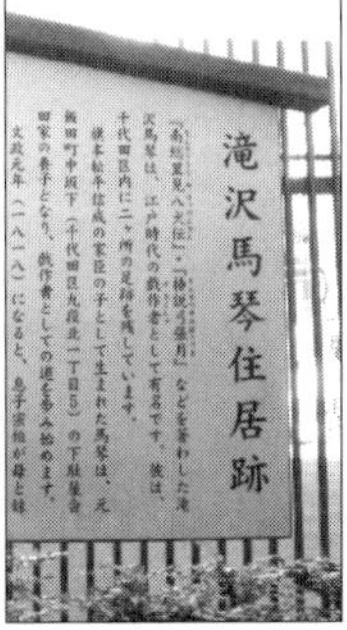

庶民の家の便所と汲み取りの事情について、滝沢馬琴の一家を例にして見ていきたい。

依拠するのは『馬琴日記』である。なお本書では、江戸時代の身分を大きく武士（士）と庶民（農工商）に分けた。

文政七年（一八二四）以来、馬琴は神田同朋町《どうぼうちょう》、いわゆる神田明神下の持家に住んでいた。地主は旗本の杉浦家（当初は橋本家）である。旗本屋敷の敷地内に借地し、そこに家屋を建てて住んでいたのだ。

当時、武士の住環境は庶民にくらべて格段にめぐまれていた。幕臣（旗本・御家人）は幕府から拝領屋敷をあたえられていたが、その広い敷地の一部を庶民に貸して家や長屋を建てて住まわせ、地代を副収入として得るのは珍しくなかった。もちろん、表向きは禁じられていたが、実際には堂々とおこなわれていた。

馬琴が旗本・杉浦家から借りた土地は八十坪ほどで、家屋は客間八畳、書斎六畳、中の間八畳、納戸五畳半のほか、三畳の間二室と玄関、茶の間があり、ほかに物置もあったようだ（図2－3参照）。便所は家屋の東隅と北の二ヵ所にあった。

江戸の庶民の多くが裏長屋に住んでいたのに対し、馬琴の家はいわゆる庭付きの戸建だった。もちろん豪商や名主の屋敷にはとうてい及ばないが、裏長屋よりははるかにましであり、当時の庶民の住居水準としてはかなり上のほうと言ってよかろう。

滝沢馬琴一家の汲み取り騒動

天保二年（一八三一）、馬琴と下掃除の農民とのあいだで悶着が起きた。

七月十八日の昼前、「下そうぢのもの」が、納茄子《おさめなす》を二百五十個持参した。馬琴は「下そうぢのもの」と書いているが、便所の汲み取りをする下掃除人のことである。

下掃除の農民が、馬琴家の便所の糞尿を汲み取る謝礼として、自分の畑でできた茄子二百五十個を持参したのだ。

応対したのは、息子・宗伯《そうはく》の妻のお路《みち》である。

お路から茄子の数を聞かされ、馬琴は下掃除人に確認させた。

「五十個、不足しているのではないか」

なお、馬琴は自分で直接たずねるのではなく、お路を通じて問わせている。このあたりが、いかにも身分意識の強い馬琴らしい。「自分が下掃除の百姓ごときと、軽々しく言葉を交わすわけにはいかぬ」という気分だろうか。

馬琴の質問に対し、下掃除人はこう答えた。

「ひとりに付き五十個の約束ですから、五人で二百五十個です」

「いや、わが家は子供ふたりを入れて七人じゃ。子供ふたりを大人ひとりに勘定して、六人。茄子の数は三百個のはず」

ふたりの主張は真っ向から対立した。天保二年七月の時点で、滝沢家の世帯構成は、以下の七人である。

・馬琴、六十五歳
・お百《ひゃく》（妻）、六十八歳

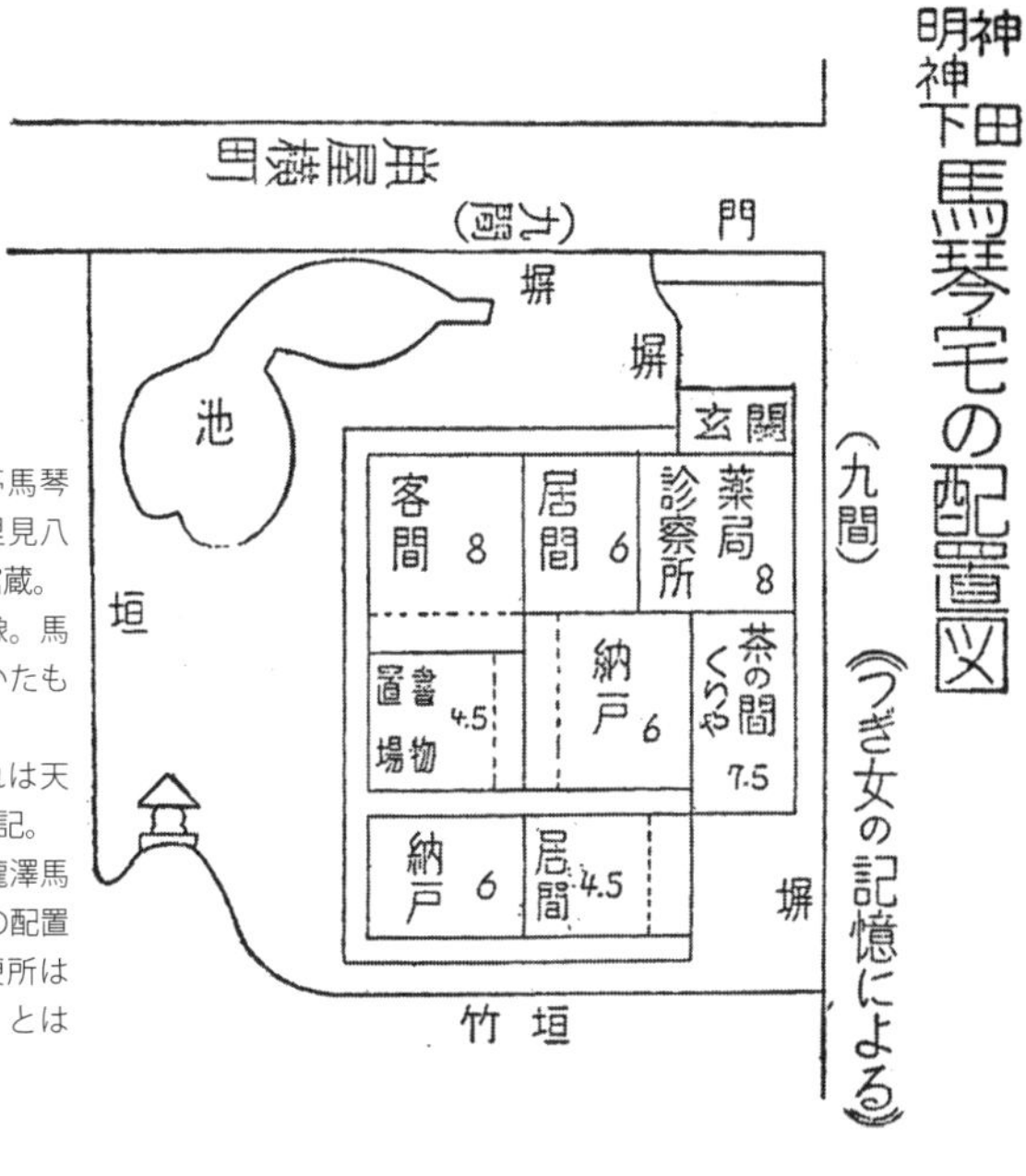

上 2 点：図 2-1　右図は「曲亭馬琴肖像」香蝶楼国貞画、『南総里見八犬伝』より。早稲田大学図書館蔵。左図は、馬琴の息子・宗伯の像。馬琴の友人だった渡辺崋山が描いたもの。田原市博物館蔵。

中：図 2-2　『馬琴日記』。これは天保 3 年（1832）、壬辰の年の日記。

下：図 2-3　眞山青果『随筆 瀧澤馬琴』よる「神田明神下 馬琴宅の配置図」。ただし、2 カ所あった便所は記入されていない。「つぎ女」とは宗伯の娘。

・宗伯（息子）、三十五歳
・お路（宗伯の妻）、二十六歳
・太郎（宗伯とお路の息子、馬琴の孫）、四歳
・おつぎ（宗伯とお路の娘、馬琴の孫）、二歳
・住込みの下女おまき、三十五歳

馬琴の理屈《りくつ》は、四歳と二歳の孫ふたりで大人ひとりと計算し、全部で六人のはずというものだった。

下掃除人は反論した。

「十五歳以下は人数に入れませぬ。ですから、大人五人で二百五十個です」

「いや、前回、前の下掃除の者は、干大根《ほし》を三百個持ってきたぞ。そのことは知っておるのか。では、つぎの干大根は何個持参するつもりか」

「これまでのいきさつは知りませぬが、干大根も五人で勘定して、二百五十個をお持ちするつもりです」

「そのほうは今回が初めてなので、いきさつを知らぬのかもしれないが、五人という計算はとうてい納得できぬ。そんな理屈に合わない茄子は受け取れぬので、すべて持ち帰れ」

こうして、馬琴は二百五十個の茄子の受け取りを拒否し、すべて持ち帰らせた。また、最後に、お路にこう命じた。

「昼飯を出す必要はない」

ふたりの丁々発止のやり取りは、すべてお路を媒介にしていた。

当時の木造家屋は防音効果が皆無だったから、書斎の馬琴とお路の会話、勝手口のお路と下掃除人の会話はすべて双方に筒抜けだったはずである。にもかかわらず、いちいちお路が使者に立っていた。その

もったいぶった光景を想像すると、なんとなくおかしい。

また、普通であればいちおう持参した二百五十個は受け取っておいて、「不足分の五十個を持って来い」と命じるところであろう。ところが、馬琴は納得できないとして、すべて突き返している。

馬琴は計算にこまかく、偏執的なくらい几帳面《きちょうめん》で、人を辟易《へきえき》させるくらい頑固だったが、けっして吝嗇《りんしょく》でも貪欲でもなかった。とにかく、自分が納得できないことには妥協できない性分だった。

なお、これにいたった経緯も『馬琴日記』に縷々《るる》、記されている。つぎに示そう。

地主である杉浦家の当主は、御勘定御普請役《ごかんじょうごふしんやく》の杉浦清太郎だが養子であり、杉浦家は継母が牛耳っていた。

もともと杉浦家と敷地内の馬琴家ともう一軒、合わせて三軒分の汲み取りに来ていた者の働きぶりがまじめではなかったため、杉浦家の継母の一存で前年の天保元年十二月、下掃除人を練馬村（現・練馬区）の伊左衛門に代えた。

ところが、この年の三月になって、伊左衛門が挨拶にやってきた。

「あたしは一ツ橋のお武家屋敷の下掃除を請け負うことになったので、とてもこちらまでは手がまわりません。代わりの者を寄越しますので、よろしくお願いします」

要するに、伊左衛門は下請けに出したのであろう。

こうして三月からは代わりの下掃除人が汲み取りに来ていたのだが、茄子を納入する段階になって、人数の数え方の食い違いがあきらかになったのだった。

馬琴は憤懣《ふんまん》をこう記している――


杉浦継母、万事一存《ばんじいちぞん》を以《もって》、取極候故《とりきめそうろうゆえ》、かやう間違出来候《まちがいできそうろう》。

（中略）

杉浦継母、女義の事にて、自分勝手宜《よろし》キ様《よう》にのミ被致《いたされ》候《そうろう》哉《や》、かくのごとき間違《まちがい》出来《でき》候也《そうろうなり》。

杉浦家の継母が出しゃばり、女の浅知恵で交渉をするから、こんな行き違いが生ずるのだ、ということであろう。

当初、継母が伊左衛門と交わした契約では、汲み取らせてもらう糞尿の代金として、夏に大人ひとりにつき茄子五十個、冬に大人ひとりにつき干大根五十個を物納するというものだったが、大人の定義があいまいだった。詰めが甘かったといおうか。

また、下掃除人が来たときは昼飯を食べさせるというのが取り決めだったが、馬琴はこう書いている——

茄子不請取《うけとらざる》ニ付《つき》、昼飯食べさせ候にも不及《およばず》。

持参した二百五十個の茄子は受け取らなかったのだから、昼飯も出さなかった、と。

なお、伊左衛門と交代した男も練馬村の農民であろう。『馬琴日記』には記されていないが、練馬村と神田同朋町の距離を考えると、おそらく下掃除人は馬を引いていたと思われる。

図2－4は、東海道の保土ヶ谷宿（現・横浜市保土ヶ谷区）に農民が汲み取りに向かうところであるが、練馬村から江戸へやってくる農民もほぼ同じかっこうだったに違いない。

その後、十一月十日の項に、こうある——

下そうぢ伊左衛門、定《さだめ》のごとく干大根三百本、昼前持参、納之《これをおさむ》。仕度代四十八文、如例遣之《れいのごとくこれをつかわす》。

七月十八日の茄子の一件以来、『馬琴日記』には便所の汲み取りに関する記述はないが、この文からす

図 2-4　農民が東海道の保土ヶ谷宿へ汲み取りに向かうところ。仮名垣魯文『大山道中膝栗毛』安政３年（1856）より。

図 2-5　『東海道中膝栗毛』で、喜多八と弥次郎が京都の清水寺に参詣したあと、大根と小便担桶（たご）を背負い、小便をすると大根と交換するという男と出会った場面。

ると、代わりに来た者は不都合だと申し入れ、もとの伊左衛門が汲み取りに来るようになったようだ。
干大根の数は三百になっているので、世帯の人数は六人と計算する馬琴の主張が通ったことがわかる。
また、支度金四十八文を伊左衛門に渡している。季節ごとに、下掃除人に一種の祝儀を渡していたようだ。

滝沢家はどんな便所を使っていたか

茄子の数をめぐって悶着がおきた年から、さかのぼること四年前の文政十年（一八二七）。六十一歳の馬琴は、自宅の傷んだところを修繕し、便所の便壺《べんつぼ》も取り替えようと思った。

便壺は陶器製ではなく、木製の樽を用いていたようだ。年月がたつと当然、木材が腐って崩れ、はいりこんだ土で埋まっていく。

四月二十五日、地主の杉浦家に紹介してもらった大工の忠八が朝からやってきて、丸一日かけて門や台所などの修理をした。

忠八の帰り際、馬琴が言った。

「雪隠の壺を取り替えたいのだが」

「へい、ようございますが、その前に糞壺《こえつぼ》の中身をすっからかんにしておいてもらわないと、できやせん」

「うむ、近いうちに下掃除の者が来たら、きれいに取らせよう。そうしたら、知らせる」

そして、五月十二日の記述はこうである――

昼前ゟ《より》、下そうぢの者ニ、糞桶《こえおけ》の土出させ……

要するに、糞尿はもちろんのこと、底に溜まっていた土も掻い出し、便壺を空にさせたということであろう。さっそく忠八にも知らせた。

翌十三日、朝から大工の忠八がやってきた。いよいよ工事である。

これに先立ち、馬琴は息子の宗伯に命じて油桶や木材を注文させていたので、材料はすでに届いていた。

なお、先述したように馬琴の家には、便所は東と北の二カ所あった。

東の便所の古い便壺を掘り出し、あたらしい便壺を据え付ける。新規の便壺は油桶である。木製の桶の表面には油膜ができているので、水分をはじく効果があった。

一方、北の便所には金隠《きんかくし》を新規に取り付けた。金隠は、大便所の便器の前方に設けた遮蔽物のこと。

工事は翌日も朝から夕方まで続いて、ようやく終わった。

この二日間、大工の忠八には馬琴家が昼食と夕食を出し、落成日の十四日には酒をふるまった。

その後、便所の修理などはないが、天保三年（一八三二）に、こんな記述がある。この年、馬琴六十六歳、息子の宗伯三十六歳である。

五月二十六日、馬琴は妻のお百、息子の宗伯、孫の太郎とともに買い物に出かけ、衣料品などを買った。宗伯は途中で別れ、今川橋近くにある店で「小用づゝ」を買い、店の丁稚《でっち》に持たせて帰宅した。

この「小用づゝ」は小用筒で、陶器製の男子用小便器だと思われるが、それは翌日の記述から確認できる。

五月二十七日
宗伯、小便所陶器とぢつけ、切込等出来《きりこみなどでき》。昼前ゟ《より》取かゝり、夕七時出来。

宗伯が陶器製の男子用の小便器——いわゆる「朝顔」を取りつけ、その作業は午前中に始めて夕七《なな》ツ

(午後四時ころ)に終わったというのである。いわゆるＤＩＹで宗伯が設置したことになろう。およそ五時間以上もかかったことになるが、作業が大変だったというより、宗伯だったからに違いない。偏屈な上に異常な潔癖症で、三畳の部屋の掃除に二日とか三日とか、かけるような人物だった。
しかし、ここでは宗伯の人物像には立ち入らず、小便器について述べよう。
もともと便所はすべて木造りで、小便器も木製だったが、陶器製の朝顔がこのころすでに流通していた。寛政の末から天保の初めにかけての世相を記した『世のすがた』(著者不詳)には、陶器製の朝顔について――

近年製出せし焼物の小便筩《とう》は時々水にて洗へば潔《きよ》し。

とあり、馬琴家が取り付けたころにはかなり一般化しており、値段もさほど高くはなかったのであろう。
エドワード・Ｓ・モースの著書『日本人の住まい』(原著一八八五年)は、大便と小便の仕分けについて――

便所は通常二つの小室から成っている――手前の小室には木製または陶製の小便器が設備されている。陶製の小便器は朝顔と呼ばれるが、これは、朝顔の花に形が類似しているからだと思われる。(中略)木製の小便器には唐檜《とうひ》の枝がたくさん入れてあることが多い。この枝はひんぱんに補充される。

モースは、大森貝塚を発掘したことで知られるアメリカ人の動物学者で、彼が実際に見聞したのは明治初期の日本である。また、描いている便所はかなり上流の家庭や、高級旅館・料亭のものである。しかし、江戸時代の上流の家の便所と基本的には同じと見てよい。
図２－６～９は、『日本人の住まい』に掲載された挿画だが、図２－９に描かれているのが朝顔である。

エドワード・S・モース『日本人の住まい』（原著1885年）に描かれている日本の便所。
上右：図 2-6　日光・鉢石村の旅籠の便所。
上左：図 2-7　その便所の内部。
下右：図 2-8　浅草で見た便所の内部。
下左：図 2-9　浅草の商家に付随した便所で、右下に朝顔が見える。

天保三年、馬琴家では宗伯がそれまでの木製の小便器を取りはずし、あらたに陶器製の朝顔を取り付けたのである。

ただし、二ヵ所ある便所のどちらだったのかはわからない。

汲み取りの頻度

つぎに、馬琴家の便所は、どのくらいの頻度で汲み取られていたのかを見ていこう。

天保七年（一八三六）十一月十日、馬琴はそれまでの神田同朋町から信濃町に転居した。この年、馬琴は七十歳である。

かねてより馬琴は、滝沢家を武士の家にするのが悲願だった。

当時、金さえ出せば庶民が武士になることができた。幕臣の身分は株として、金で売買されていたのである。

代々の借金でにっちもさっちもいかなくなっている旗本や御家人は多かった。彼らは幕臣の身分を豪商や豪農などに売り、まとまった金を手にして去る。一方、豪商や豪農は長男に家を継がせ、次男や三男坊には株を買って武士にしてやり、身を立てさせるというわけである。

もちろん、こうした株の売買は表向きは禁じられていたが、実際には横行しており、売買を仲介する者すらいた。

そんな仲介業者から鉄砲組同心の御家人株が売りに出ているのを聞き、馬琴は孫の太郎のために百三十両という大金を出して株を買ったのである。

そして、引っ越したのが信濃町の屋敷だった。

武家屋敷だけに敷地は南北六間《けん》半（約十二メートル）、東西四十間（約七十三メートル）と広い。母屋のほかに、敷地の東に土蔵があった。

便所は母屋と、土蔵のそばの外便所と、二ヵ所あった。こうして、信濃町での生活が始まる。ここで、外便所についてふれておこう。

当時、庶民の大きな家では外便所は珍しくなかった。大きな商家では、内便所は主人とその家族の専用で、奉公人は庭にもうけた外便所を使用することは珍しくなかった。

そもそも便所は屋内にはなく、外便所だけという家もあった。用便のたびに下駄をはいて外に出なければならないため、風雨の強い日や寒い季節、夜は便所に行くだけでたいへんだった。

わざわざこんな不便な造りにしたのは、やはり汲み取り便所だけに、臭気や蛆《うじ》をできるだけ遠ざけたかったからであろう。

農家では外便所が普通だったが、これは汲み取りの際にできるだけ田畑に近い方が便利だったことや、農作業の途中でもすぐに駆け込めるなどが理由であろう。

信濃町の馬琴の家は武家屋敷だったので、土蔵のそばの外便所は本来、中間《ちゅうげん》や下女などの奉公人用だったと思われる。

嘉永元年（一八四八）、馬琴は八十二歳になった。すでに妻のお百と息子の宗伯は死去していた。

当時、信濃町の家に馬琴と同居していたのは、嫁のお路四十三歳、孫の太郎二十一歳、孫のおさち十六歳である。下女などの奉公人はいなかったので、四人世帯だった。

馬琴家の便所の汲み取りに来ていたのは、牟礼《むれ》村（現・東京都三鷹市）の定吉《さだきち》である。

現在の地図で計測すると、JR中央・総武線の信濃町駅と三鷹駅は直線距離でおよそ十四キロある。定吉は牟礼村から信濃町の馬琴家まで、往復三十キロ以上の道のりを歩いていたことになろう。おそらく帰りは馬の背に肥桶を積んでいたのだろうが、全行程を歩くことに変わりはない。当時の日本人はみな健脚だった。

『馬琴日記』から、嘉永元年の定吉に関する記述だけを抜き出して現代語訳すると、つぎの通りである。

四月九日
昼前、定吉が来た。各種の野菜の種を持参し、畑にまいた。竹藪の篠竹《しのだけ》を刈り取ったあと、馬琴家で昼飯を出した。馬琴家のほかに近所の二、三軒の便所の汲み取りをしたあと、九ツ半〔午後一時ころ〕、帰っていった。なお、野菜の種代として百文を渡した。

敷地の東隅には竹藪があり、畑もあった。定吉は、竹伐《き》りや畑の種まきまでしている。馬琴家には下男や下女などの奉公人はいなかったから、力仕事をしてくれる定吉は重宝な存在だった。また、定吉も純朴で親切な青年だったようだ。

四月二十日
昼前に定吉が来て、畑に簡易な垣根を作り、母屋の便所の汲み取り。その後、昼飯を食べたのち帰る。

五月一日
昼前に定吉が来て、持参した茄子の苗二十本を畑に植えた。母屋と外便所の汲み取りのあと、昼飯を食べて帰る。

五月十七日
定吉が来て、母屋の便所の汲み取り。畑の手入れをしたあと、昼飯を食べて帰る。

庭で小便をして祟られた下女

【コラム】

『写山楼之記《しゃざんろうのき》』（野村文紹著、明治十五年〔一八八二〕）に、つぎのような話が出ている。写山楼とは、絵師・谷文晁《たにぶんちょう》の屋敷のことである。

文化二年（一八〇二）八月のこと。

谷文晁の屋敷で、下女のひとりが毎晩のように鬼の夢にうなされた。そのうなされようがひどいため、奉公人のあいだで噂になり、文晁の耳にもはいった。

文晁が下女を呼び寄せ、たずねた。

「そのほう、毎晩、鬼の夢を見るそうじゃな」

「はい」

「夜中、小便に行くとき、雪隠ではなく、途中の庭でしておらぬか」

「けっして、そんな不作法はしておりませぬ」

下女は強く否定した。

なおも文晁が尋ねた。

「嘘をつくと罰があたるぞ。正直に申せ。おそらく、モチノキの木の根元に、小便をしておるであろう。どうじゃ」

「はい、じつは、雪隠まで行くのは怖いので、ついモチノキの根元でしておりました」

とうとう下女は庭で小便をしていたことを認めた。

「やはりそうか。たしかめてみよう」

文晁は下男に命じて、下女が小便をしていた場所の地面を掘らせた。

すると、京都二月堂の鬼瓦が出てきた。

その鬼瓦をきれいに洗い清め、あらためて床の間に安置したところ、その晩から、下女は鬼の夢にうなされることはなくなった。

それにしても、谷文晁の推理は見事だが、かつてモチノキの根元に鬼瓦を埋め、それがうっすらと記憶にあったのかもしれない。下女のほうも、どこかで聞き、記憶の底に沈んでいたのであろう。

五月二十八日
昼前、定吉が来て、外便所の汲み取り。母屋については、「二、三日のうちに来ますから」と言い置いて帰る。
六月七日
夕暮れ近くなって、定吉が来た。村の用があって、今晩は内藤新宿に泊まるとのこと。それでも気にしていたのか、溜まっていた母屋の便所を少しだけ汲み取ったあと、帰る。
六月十四日
昼過ぎ、定吉が来て、二カ所の便所を汲み取り。畑仕事をして、下肥をまいた。昼飯を食べたあと、帰る。
六月二十六日
昼前、定吉が来て、二カ所の便所を少しずつ汲み取り、帰る。

まだまだ続くが、ここまでとしよう。

おおよそ一カ月に三回の頻度で汲み取りに来ている。本書の「はじめに」で、筆者の体験として汲み取りは一カ月に一回だったと述べた。

同じ四人世帯でありながら、馬琴家は三回、筆者の実家は一回。この差はやはり、樽などを利用した便壺とコンクリート造りの便槽の容量の違い、さらに肥桶とバキュームカーのタンクの容量の違いによるものであろう。

人力の汲み取りでは、便壺をすっからかんにすることはできなかった。

また、注目すべきは、しばしば少しずつ汲み取る（原文では「少々づゝくミ取」とあることとである。なぜ、こんなまどろっこしいことをするのか。

これも肥桶の容量に理由があった。二カ所の便所が溜まっている場合、双方から少しずつ汲み取り、急場しのぎをしたのである。下掃除人の経験からくる絶妙な判断といおうか。

なお、馬琴家に対する定吉の貢献はかなり大きい。

馬琴家でも昼飯を出して謝礼をしている。当時、飯を食べさせることは、現在とは比較にならないほど大きな意味があった。

とはいえ、昼飯の内容はせいぜい湯漬けの飯、朝作った味噌汁の残り、ひじきなどの煮付け、古漬けの沢庵《たくあん》くらいだったであろう。

なお、馬琴の死後のことだが、定吉は牟礼村から出奔してしまう。なまじ汲み取りでひんぱんに江戸に出てきたことから、呑む・打つ・買うなどの道楽を覚え、百姓暮らしが馬鹿馬鹿しくなったのだろうか。

定吉のあと、後任はすぐに決まった。

農民のあいだで下掃除は魅力的な仕事だったことがわかる。欠員ができたとわかるや、すぐに後釜《あとがま》を狙う男が名乗りをあげてきた。

【コラム】

便所をめぐる迷信・俗信

便所に関する迷信や俗信は少なくないが、そんなひとつが『夏山雑談』（平直方著、寛保元年〔一七四一〕）にある――

まことや時鳥《ほととぎす》の初音《はつね》を厠《かわや》にてきけば禍《わざわい》あり。芋畑にてきけば福《さいわい》あり。是故《このゆえ》に時鳥のなく頃は、高貴は御厠には芋を鉢に植ていれおくとなり。

ホトトギスの初音は、初夏の風物詩であり、文人墨客に愛された。

ところが、ホトトギスの初音を便所で聞いてしまうと災難にあい、芋畑で聞くと幸運にめぐまれるとされた。そのため、身分の高い人々は初音の時季になると、芋を鉢植えにして便所に置いている、と。

初音の時季、大名屋敷などの便所に鉢植えの芋が置いてあるのを想像すると、なんとなくおかしい。

この迷信はかなり信じられていたようで、『馬琴日記』の天保七年（一八三六）四月十一日の項にこうある――

今朝五時比《いつつどきころ》、杜鵑《ほととぎす》の初音数十声、聞之《これをきく》。小満《しょうまん》後四日也。去夏、琴嶺《きんれい》が、はやに初音を聞つけ候など思ひ出し、快《こころよか》らず覚ゆ。

小満とは二十四節季のひとつ。琴嶺は、滝沢馬琴の息子の宗伯のことだが、前年の天保六年五月八日、三十九歳で病死している。

この日、馬琴は午前八時ころ、ホトトギスの初音を何度も聞いた。それにつけても、去年、宗伯が時季には早いころに初音を聞いたと言っていたのを思い出し、とても風流な気分にはなれない、と。宗伯が便所で初音を聞いたのかどうかはあきらかではないが、馬琴はホトトギスの初音を不吉と結びつけており、便所の迷信を知っていたのはたしかであろう。

江戸時代、便所に出るとされた妖怪「加牟波理入道」。

下：図 2-10　鳥山石燕『今昔画図続百鬼』（安永 8 年〔1779〕）に描かれた「加牟波理入道」（がんばりにゅうどう）。この本によると、厠に出る鳥を吐く入道姿の妖怪で、添え書きには「大晦の日に〈がんばり入道 ほととぎす〉と唱えると現われなくなる」と書かれている。

上：図 2-11　十返舎一九『列国怪談聞書帖』（享和 2 年〔1802〕）に描かれた「がんばり入道」。

2……裏長屋

大家の重要な収入源だった長屋の汲み取り料

まず、裏長屋の大家と汲み取りの農民の悶着から始めよう。

戯作『残座訓《ざんざくん》』（鈍九斎章丸著、天明四年（一七八四））に、農民が裏長屋の大家に肥《こ》やし代（汲み取り料）の値下げを掛け合う場面がある。わかりやすく書き直すとつぎの通りである。

村は不作で困窮し、来年こそ豊作を実現するため田畑にたっぷり下肥をほどこしたいが、これまで通りの金額を払っていては、農家はとてもやっていけない。そこである農民が、汲み取りを請け負っている本所《ほんじょ》の裏長屋の大家に懇願した。

「肥やし代を、今年から半分にまけてくだされ。そうすれば汲み取りましょう。長屋も空き家が増えて、人数が減りました。残った人もろくなものを食ってないせいか、肥やしに実《み》がなく、いくら田畑に入れても利《き》きが薄く、難儀しております」

「なるほど、もっともな願いじゃが、難儀を言うならこちらにもある。このところ店子《たなこ》の夜逃げが相次ぎ、店賃《たなちん》にかなりの損分が出た。されど、店賃は地主に収めるものじゃから、さほど苦労にはならぬ。ところが節句銭《せっくせん》や肥やし代は大家の役得で、とくに肥やし代はわしらの身にとっては雪隠大菩薩《せっちんだいぼさつ》じゃ。ところが店子が減って節句銭などの実入りも少なくなり、はなはだ迷惑しておるところに、肥やし代まで減らされてはたまるものか。肥やし代は昔から決まっておる。不埒《ふらち》な願いじゃ。一文もまけることはならん。こな、糞百姓《くそびゃくしょう》めが」

「まからないなら、まからないですむこと。糞百姓とはなんだ」

農民はカッとなり、肥桶をかつぎあげて中身の糞尿をぶちまけた。

大家の女房は悲鳴をあげる。

騒ぎを知って住人が駆けつけたが、あたり一面は糞尿であふれており、うかつには近づけない。鼻をつまんで恐る恐る近寄り、ようよう取っ組み合うふたりを引き分けた。

「節句銭」とは、節句や盆暮に店子が大家に贈る金品。

当時の大家は家守《やもり》ともいい、長屋の持ち主ではなく、地主（家持）に雇われた長屋の管理人である。その給与は安かったが、店子からの季節ごとの付け届けや、農民が支払う共同便所の汲み取り料が大きな収入になっていた。

近世風俗史の基本文献『守貞謾稿《もりさだまんこう》』（江戸後期）に拠ると、つぎの通りである。

大家の身分は株になっていて、金銭で売買された。株の値段は二十～二百両。

およそ百両の株の大家だと、地主から支給される手当てが年に二十両、余得《よとく》が十両、糞代《こえだい》（汲み取り代）が十両で、だいたい三～四十両の年収となる。

年収のおよそ四分の一を汲み取り代が占めているとなれば、おろそかにはできない。大家はできるだけ店子を増やして糞便をたくさん生産してもらいたい。そして、汲み取りの農民にはできるだけ高く糞便を売りつけたかった。

かたや、農民はできるだけ安い値段で下肥を調達したい。

利害は真っ向対立である。これが『残座訓』の、大家と農民の利害対立が大喧嘩に発展した背景だった。

一方、長屋の住人はそんな大家を皮肉な目で見ていた。こんな川柳がある。

店中《たなじゅう》の尻で大家は餅もつき

店子からすれば、大家とかいって偉そうな顔をしているが、俺たちの尻から出す糞のおかげで正月の餅もつけるんじゃねえか、というわけである。

かたや、店子に対する大家の本音は、

「外で小便をするのはいいが、糞は外で垂れるなよ。糞は長屋の総後架を使え」

だったであろう。

八つぁん、熊さんは、どのような便所を使っていたか

図2−12は『守貞謾稿』に掲載された、上方《かみがた》（右）と江戸（左）の裏長屋の共同便所である。上方では惣雪隠、江戸では総後架といった。同書にはこうある――

江戸にては、男女ともに常に「こうか」と云《い》ふなり。また、てうづばとも云ふ。「せついん」と云ふは稀《まれ》なり。

長屋と号して一宇数戸の小民の借屋には、毎戸に厠を造らず、一、二戸を造りて数戸の兼用とするなり。これを京坂にては、惣雪隠と云ふ。江戸にては、惣がうかと云ふ。

江戸の裏長屋はたいてい、表通りから奥へはいる細い路地があり、路地の両側に長屋が並んでいた。路地の奥にちょっとした広場があり、そこに井戸、ゴミ捨て場、総後架があった。

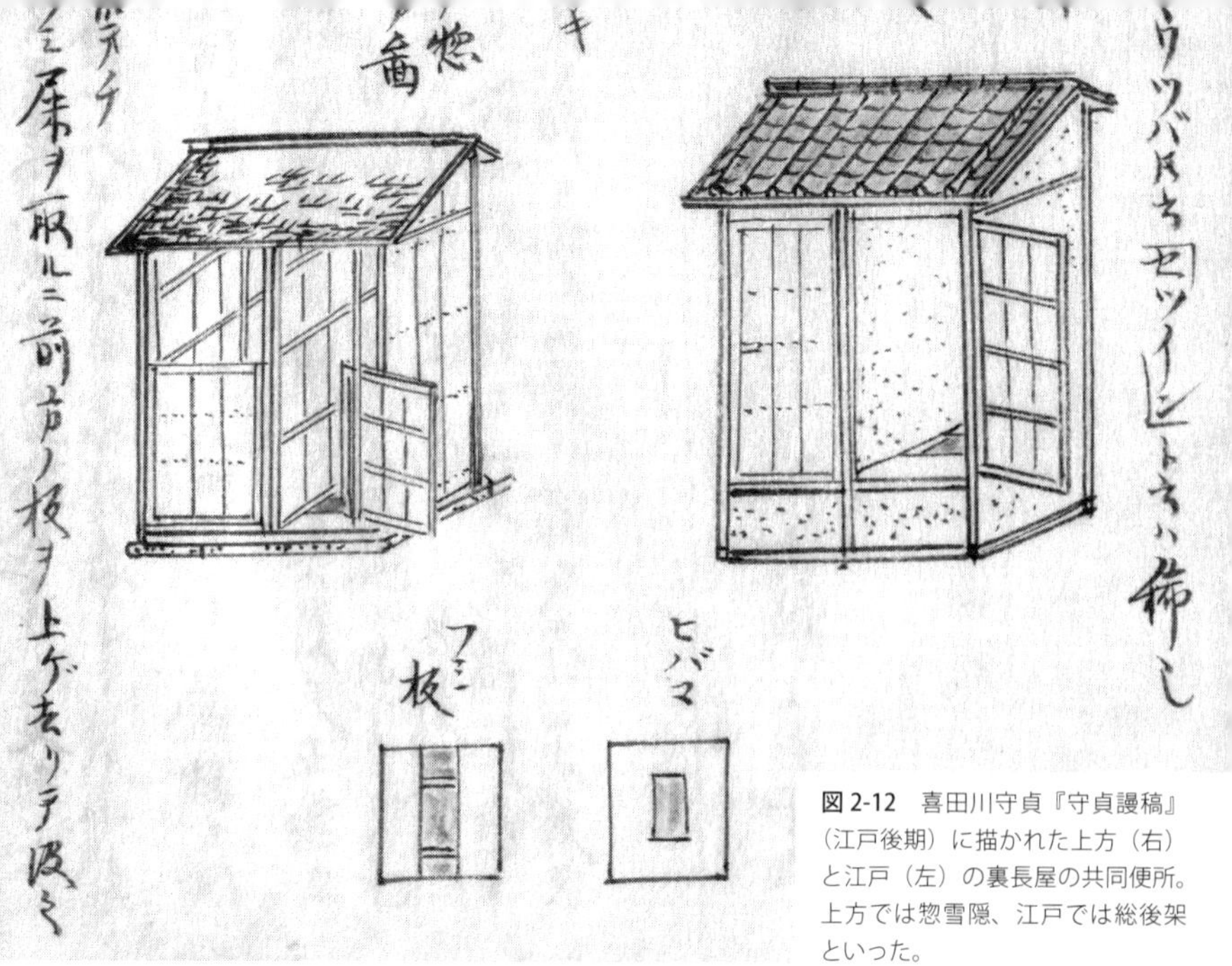

図 2-12　喜田川守貞『守貞謾稿』（江戸後期）に描かれた上方（右）と江戸（左）の裏長屋の共同便所。上方では惣雪隠、江戸では総後架といった。

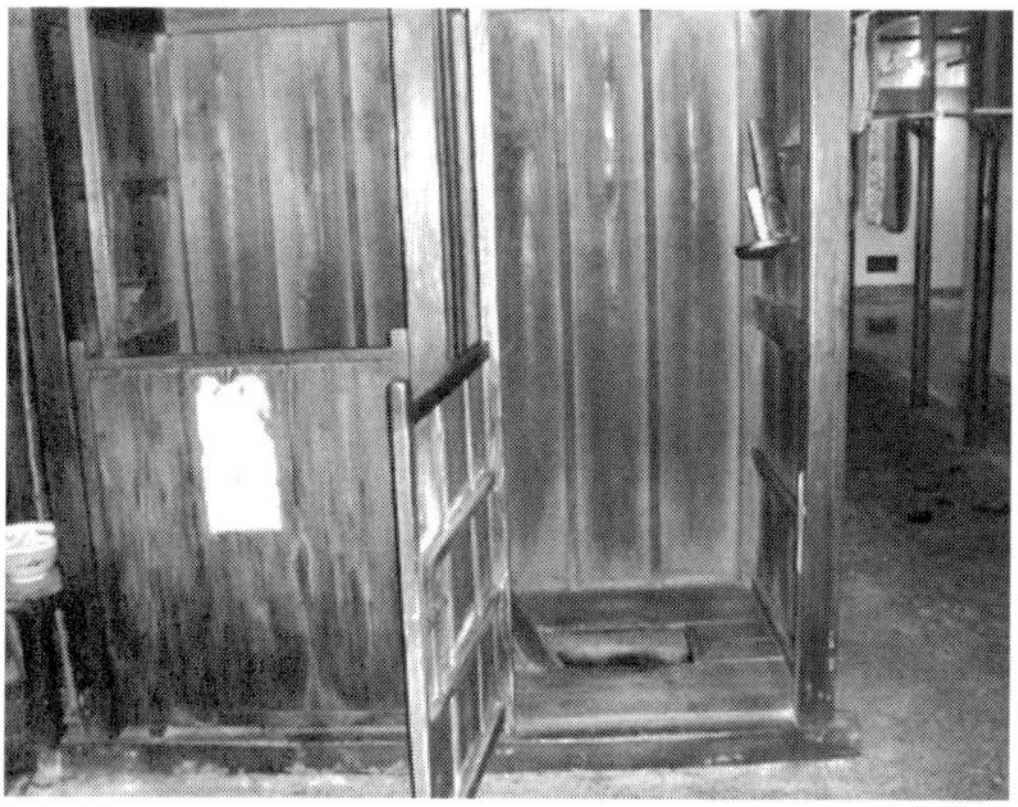

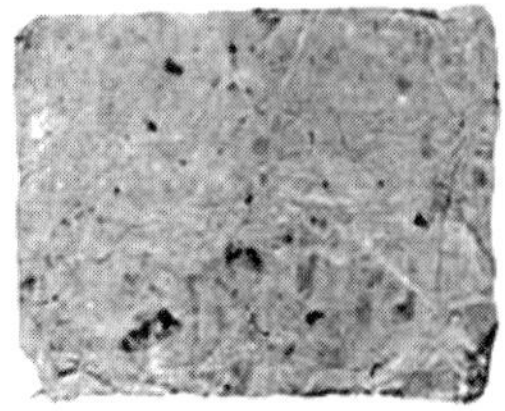

図 2-13　左図と下右図は、深川江戸資料館に再現された長屋の総後架。上図は、落とし紙に使った再生紙「浅草紙」。紙の博物館蔵。下左図は、総後架を使用しているところ。国貞画『あきのななくさ』天保 3 年（1832）より。

図２－14は戯作の挿絵だが、総後架、ゴミ捨て場、井戸が一カ所に集中していることがわかる。図２－15は、神田三河町の裏長屋の絵図である。中央部の空き地に総後架、井戸、ゴミ捨て場（芥溜）がまとまっている。

総後架は図２－12に示したような便所がふたつ、あるいは三つ並んでいた。別に男用の小便所もあった。図２－15の長屋では、総後架は四連式である。それにしても、戸数にくらべて便所の数が少ない。

裏長屋の路地には中央に溝《どぶ》が掘ってあり、板で蓋をしている。小便所で男が放尿したあと、尿は溝に流れていった。溝は近くの川などに通じている。つまり小便は垂れ流しだった。

『守貞謾稿』にはこう記されている――

江戸は尿は専《もっぱ》ら溝湟《こうこう》にこれを棄《す》て、屎《し》は厠《かわや》にこれを蓄《たくわ》ふ。屎、俗に「こゑ」と云ふ。こやしの略なり。屎価、こゑ代と云ひ、屎代は家主の有とし、得意の農夫にこれを売る。

家主は大家のことである。得意は「契約した」の意味。

小便の垂れ流しは、江戸近郊の農村では小便にさほど肥料効果を認めなかったことと関係しているが、このことは上方との対比をふくめ、後述する。

さて、裏長屋の総後架を詠《よ》んだ、つぎのような川柳がある。

隣は跳《は》ねますかと聞く総後架

二連式の便所があり、片方で用を足して跳ね返りに閉口した者が、ちょうど隣で用を足して出てきた人に、

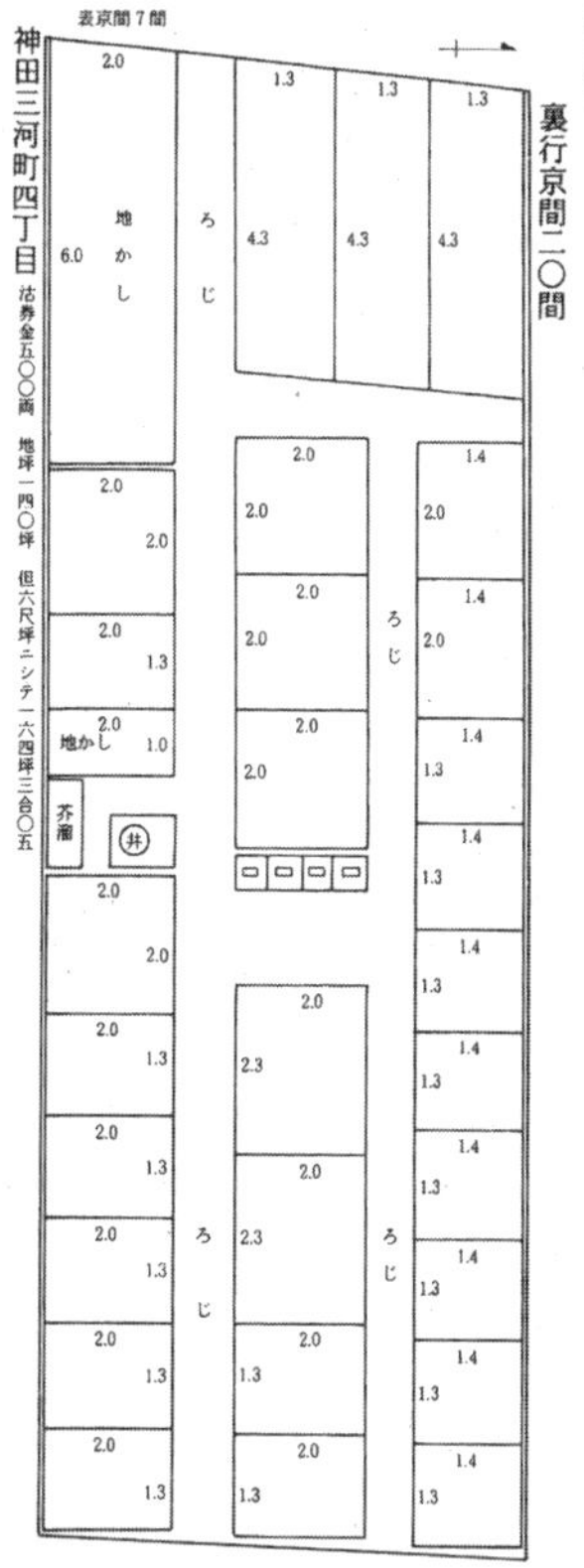

裏長屋では、総後架、ゴミ捨て場、井戸などが一カ所の共用空間にまとまっていた。

上：図 2-14　裏長屋での生活ぶりの描いた戯作の挿絵。『歳男金豆蒔』（山東京山著・一雄斎歌川国貞画、文化９年〔1812〕）より。早稲田大学図書館蔵。**下左：図 2-15**　神田三河町の裏長屋の絵図。中央部の空き地部分に、４つの総後架、井戸、芥溜（ゴミ捨て場）が見える。『江戸住宅事情』（東京都）より。**下右：図 2-16**　深川江戸資料館に再現された共用空間の総後架。

「そちらは跳ねますか」
と、話しかけているところであろう。

裏長屋の総後架では、用便時に跳ね返りを浴びることはしょっちゅうだった。当然、当時の人は用心をおこたらなかったし、糞便の着水の音で判断して即座に尻を浮かせ、便壺からのしぶきを避ける動作も心得ていた。

便所の跳ね返りといっても半信半疑の読者が少なくないと思うので、私事であるが筆者の体験を書こう。

高校生のとき、旅行先の離島の農家の便所を借りて用を足した。便所はもちろん汲み取り式だった。

筆者も跳ね返りのことは聞いたことがあり、いちおう知ってはいたが、一種のジョークと思っていた。というのも、実家の汲み取り便所ではまだ一度も経験したことがなかったからである。そのため、まったく油断していた。

糞便が落下し、ボチャンと音がしたかと思うや、臀部にバシャッと濃厚な液体が付着した。見ると、白いパンツの一部に茶色のしみができていた。カレーを白い衣服にこぼしたときの色に似ているが、臭いはまったく違う。

雨水が入りこむなどして、便槽は水分が過剰だった。そのため、糞便の塊が落下した途端、汚水が跳ねたのである。

不快感はもちろんだが、なんとも情けないと言おうか。まさに泣きたい気分だった。

なお、この跳ね返りは「お釣《つ》り」ともいった。大きな物を出して、小さな物が返ってくることからの洒落である。

3……江戸城

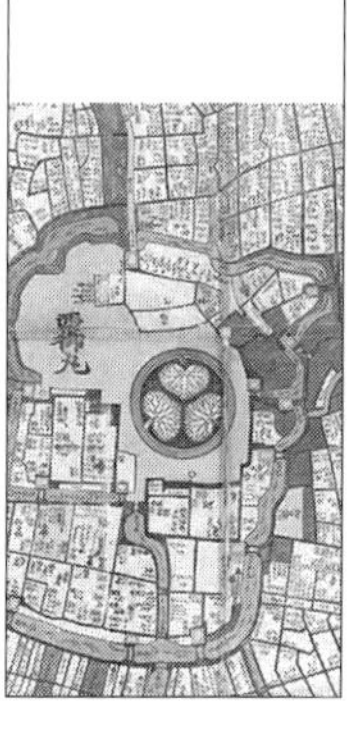

江戸時代は身分制社会だったが、支配階級である武士のなかの身分差も大きかった。上級武士と下級武士の格差は、武士と庶民のあいだよりもはるかに大きかったかもしれない。
身分の格差は生活の格差であり、すなわち便所の格差にもつながった。

将軍はいかにして用を足していたか

まずは、江戸城から述べよう。江戸城の本丸は大きく、「表《おもて》」「中奥《なかおく》」「大奥」に分けられた。

「表」は徳川幕府の政庁である。諸役人の執務の場であり、将軍の謁見など公的な儀式・行事の場でもあった。

「中奥」は将軍の私的空間で、日常生活の場だった。執務を執ることもあれば、趣味を楽しむこともあった。

「大奥」は将軍の家族の住まいであり、将軍が正室（御台所《みだいどころ》）や側室と同衾《どうきん》する寝所があった。そのほか、将軍の家族の居室、さらに多くの奥女中の詰所や居室もあった。

図2‐17は中奥の図である。萩之廊下の南側の、⑫の場所が将軍専用の便所で、板敷きの小便所と畳敷きの御用場《ごようば》（大便所）に分かれていた。下に白木の御小用箱と溜塗《ためぬり》の御樋箱《ごひばこ》が設置されていて、それぞれ底に引き出しが付いている。将軍が放尿や排便を終えると、すぐに引き出され、紙を敷いたあたらしい引き出しと交換された（図2‐18〜20参照）。

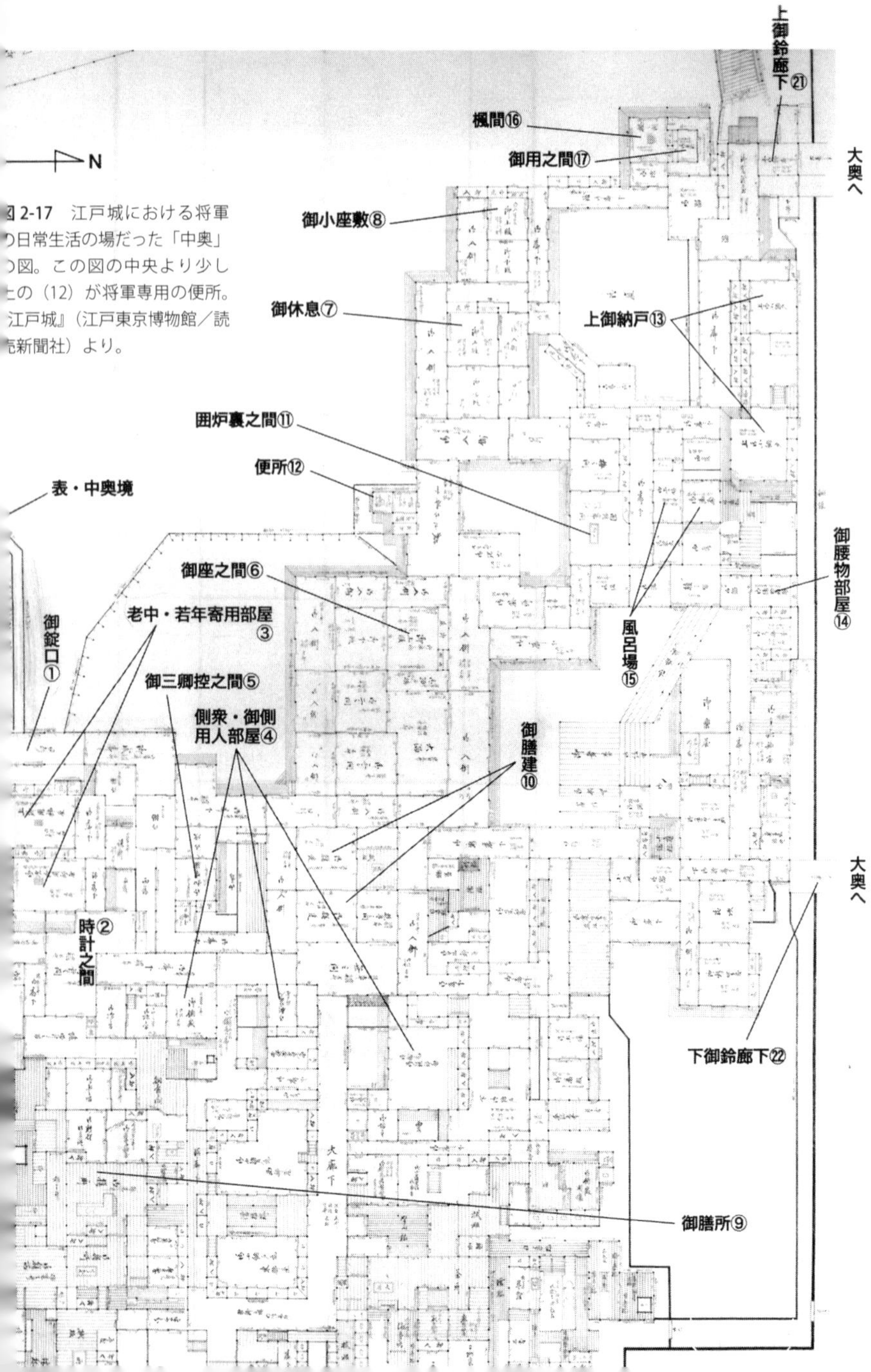

図 2-17　江戸城における将軍の日常生活の場だった「中奥」の図。この図の中央より少し上の（12）が将軍専用の便所。『江戸城』（江戸東京博物館／読売新聞社）より。

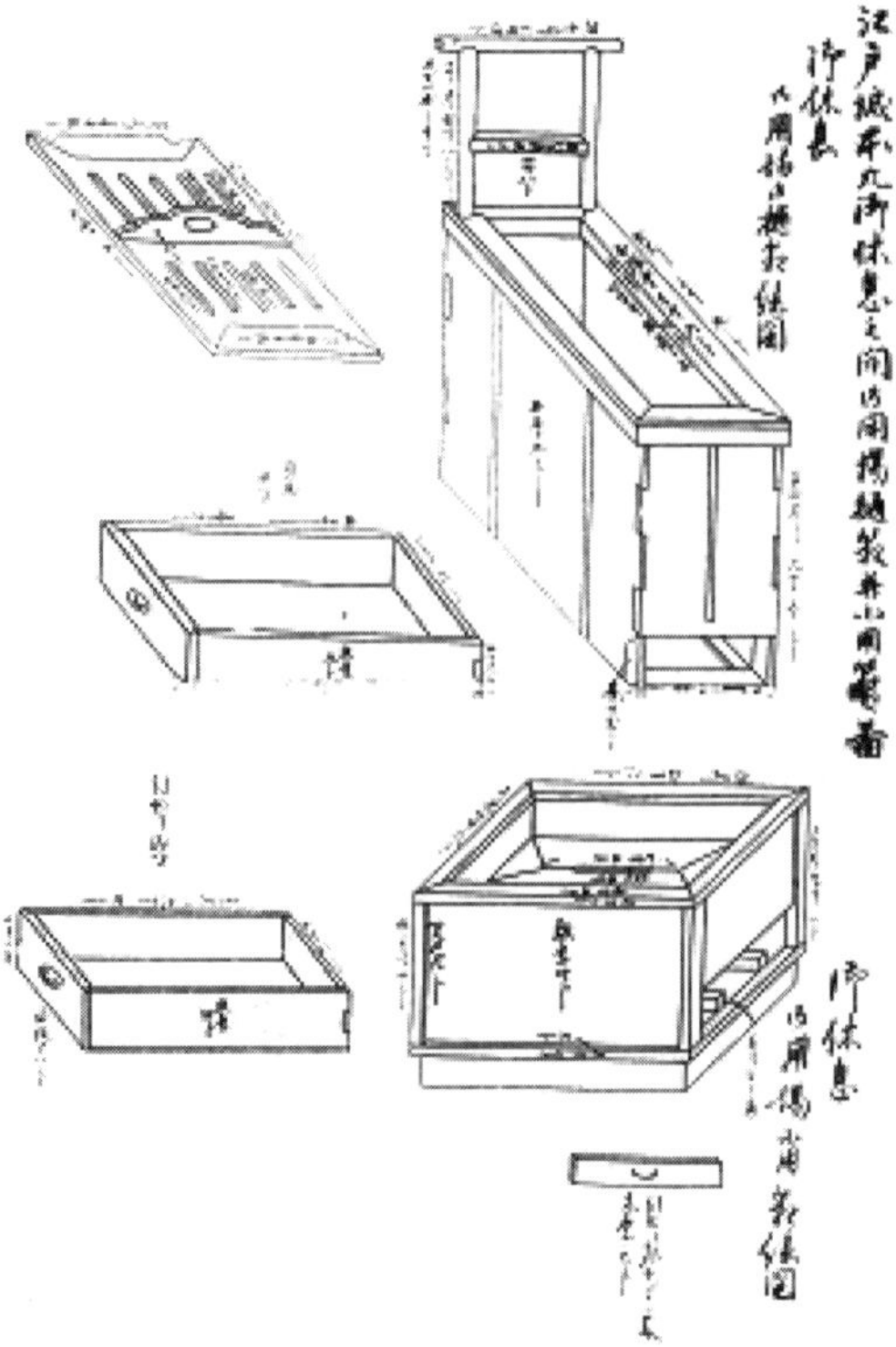

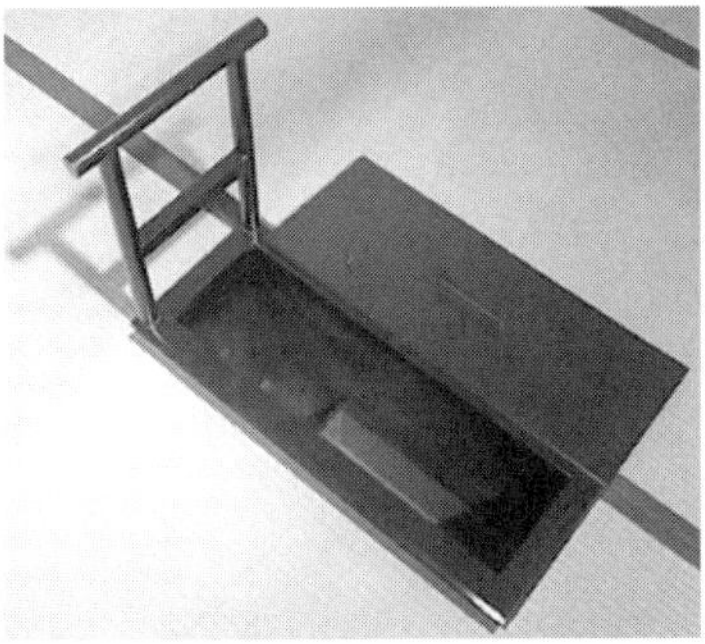

将軍の御桶箱

上右：図 2-18　図解で説明した江戸時代の写本で、上が大便用、下が小便用。『近世便所考』（建築知識社、昭和 12 年）より。

上左：図 2-19　この写本を再現したもの。排泄後、お役の者が引き出しを抜き出し処理した。大田区立郷土博物館編『トイレの考古学』より。

下 2 点：図 2-20　左図のように、大便用の御桶箱は畳の部屋に埋め込まれて使用され、右図のように、床下から処理するようになっていた。INAX ライブミュージアム窯のある広場・資料館の展示物。

図2－18・19の上図は大便用、下図は小便用の御樋箱である。図2－18は、『近世便所考』（大熊喜邦監修・中井一編、昭和十二年（一九三七））に拠ると、江戸時代の写本からさらに写したものである。

御小用箱や御樋箱の交換に従事した者の役職名は不明だが、便壺に溜めるわけではないので、汲み取る必要はなかった。ただし、引き出したあとの糞尿の処理法は不明である。

刃傷事件からうかがえる江戸城の便所の実際

江戸城でも、将軍専用以外の便所は、基本的には一般の汲み取り便所と変わらなかった。

つぎのふたつの事件から、便所の様子がうかがえる。


延享四年（一七四七）、九代将軍・家重《いえしげ》のとき、江戸城の表で事件が発生した。『営中刃傷記《にんじょうき》』（著者不詳）と『半日閑話』（大田南畝著、江戸後期）をもとにまとめると、つぎの通りである。


八月十五日の五ツ（午前八時ころ）過ぎ、御徒目付《おかちめつけ》が御目付部屋に駆け込んできた。

「大広間に、手負いの者がおります」

部屋にいた全員が駆けつけると、大広間の北の縁側に人が倒れていたが、顔も全身も血まみれで見分けがつかない。

「どなたでござるか」

「細川越中守《えっちゅうのかみ》」

苦しい息のもと、かろうじて答えた。

熊本藩の藩主・細川越中守宗孝だった。

「誰の仕業《しわざ》でござりますか」

「見覚えのない相手じゃ。裃《かみしも》をつけた男としかわからぬ」

城内の医者を呼んで手当てをさせる一方、皆で捜索したところ、小便所の廊下に抜身の脇差が落ちていた。

さらに捜索したところ、〈小便所之奥雪隠〉に人が隠れていた。

御目付、御徒目付、御小人《おこびと》目付が立ち合い、問いただしたところ、

「板倉修理《しゅり》」

と答えた。

六千石の旗本だった。

「これまでのいきさつを申し述べよ」

「誰か知らぬ者が小便所に来るや、脇差を抜くように見えたので、みどもも脇差を抜いて斬りつけました。それからあとのことは、何も覚えておりませぬ。しかし、人に怪我をさせてしまい、申し訳がたたぬので、懐中にあった鋏で髪を切り、雪隠に隠れており申した。脇差は差しておくわけには参らぬので、捨て申した」

その言い分は支離滅裂であり、板倉は完全に乱心の様子だった。

一方、手当てにあたった医師らによると、細川越中守の傷は、首筋脇、左肩、右肩、左右の手、鼻の上から耳の際《きわ》、背中の右脇腹から左脇腹にかけて、頭など二十三ヵ所におよんでいた。

抵抗できない相手に、めったやたらに斬りつけたことがわかる。


さて、〈小便所之奥雪隠〉の意味である。おそらく小便所の奥に大便所があったのであろう。精神錯乱した板倉修理は、小便所で細川越中守に斬りつけたあと、大便所に隠れていたのである。

この小便所と大便所の位置であるが、徳川史研究家の小川恭一は著書『江戸城のトイレ、将軍のおまる』で、蘇鉄之間《そてつのま》の南西側の大きな雪隠（小便所五ヵ所、大便所三ヵ所）であろうと推定している。

細川越中守は傷がもとで死に、板倉修理は切腹となった。

寛政年間（一七八九〜一八〇一年）の見聞を記した『梅翁《ばいおう》随筆』に拠ると、江戸城の表では、つぎのような事件もあった。

広島藩浅野家の藩主が登城したとき、うっかり小便所で脇差を落としてしまった。将軍の前に出る時刻がせまっている。

付き添っていた坊主の星野久庵がとっさに自分の差していた脇差を渡し、どうにか急場を切り抜けることができた。

その後、久庵が、小便所に落とした脇差を霞が関の広島藩邸に届けたところ、藩主はじきじきに面会し、あらためてその脇差をあたえると同時に、二十人扶持《ぶち》をあたえると言った。

さらに、

「これからしばしば屋敷に来るがよい。ただし、居宅が遠くては不便であろう。永田町に引っ越すがよい」

と、引越料として三百両をあたえた。

久庵はその後、引っ越したという。

美談といえないこともないが、江戸城で諸大名が儀礼を守ることに、いかに汲々としていたかの証左でもあろう。平和な時代だけに、ちょっとした非礼が落度となった。

坊主とは、剃髪した僧侶のかっこうで、登城した諸大名の給仕や雑用を勤める者である。江戸城の実務を熟知しているため、諸大名や旗本からの付け届けが多かった。

【コラム】

将軍の小便役、代々の秘伝

将軍の小用について、『譚海《たんかい》』（津村淙庵著、寛政七年〔一七九五〕）に、つぎのような記述がある――

武鑑に公人朝夕人《くにんちょうじゃくにん》と有は、公方《くぼう》様御上洛の時に便器を掌《つかさど》る役也。則《すなわち》おかはの役人也とぞ。

公人朝夕人と呼ばれる役人がいた。将軍が上洛して京都の御所に参内するとき、専用の尿筒《しとづつ》を持って従うのが役目である。家禄十人扶持《ぶち》の御家人・土田家が世襲した。

御所に参内するときの将軍の衣装は堅苦しく、尿意をおぼえても簡単に袴《はかま》を脱ぐことはできないし、両手も自由に動かせない。そのため、公人朝夕人が袴の横から尿筒を差し込み、うまく亀頭の部分にあてて、将軍に排尿させるのである。

尿筒は、節《ふし》を抜いた竹でできていたとも、銅製だったとも言われている。

口で説明するのは簡単だが、他人の陰茎に、横から筒をうまく合わせるのは容易ではあるまい。しかも、現物が見えない状態で筒を合わせるのだから、なおさらである。ピタッと亀頭を筒のなかにおさめないと、尿が袴のなかで漏れてしまう。

幕臣の土田家では、折にふれ、尿意をおぼえた父親が息子を呼び寄せ、稽古をしていたのだろうか。

ところが、実際には三代将軍・家光の以降、十四代・家茂《いえもち》まで将軍の上洛はなかった。家光が寛永三年（一六二六）に上洛したあと、つぎに家茂が京都におもむいたのは文久《ぶんきゅう》三年（一八六三）だった。

つまり、土田家は代々、父と子のあいだで公人朝夕人の秘伝を継承しながら、およそ二百三十年にわたって、その技術を将軍に用いる機会はなかったことになる。

十返舎一九が『南総気候旅眼目』で描いた尿筒

便所に落下して溺死した旗本

板倉修理の凶行からおよそ百年後、今度は中奥の便所で事件がおきた。

松下伝七郎は、家禄九百石の旗本で、小納戸役《こなんどやく》の任にあった。

将軍の側仕《そばづか》えとしては、側衆《そばしゅう》・小姓・小納戸などの役職があり、交代で江戸城に詰め、泊まり勤務もあった。

嘉永元年（一八四八）十一月二十七日、松下は、江戸城で泊まり勤務だった。

その日、冬至であったことから、十二代将軍・家慶《いえよし》は夕食後、泊まり勤務の小姓・小納戸の者を集め、酒をたまわった。家慶は自分が酒好きということもあって、皆に酒を勧め、大いに呑ませた。

翌朝、松下の家来が江戸城に迎えにきたが、いつまでたっても現われない。

「主人の姿が見えませぬ。いったい、どうしたことでございましょうか」

騒ぎとなり、大勢が手分けして城のなかをあちこちさがした。

すると、大便所の様子がいつもと違っている。

「便壺をのぞいてみよう」

便所の床板をはがして、下を調べた。

すると、裃姿の松下が便壺に落ち、溺死していた。

酔って足をすべらせ、はずみで頭から落下したと見られた。

便壺で溺死したことは伏せ、死体を布団でくるみ、あくまで急病の形にして駕籠《かご》に乗せて小川町の屋敷に送った。

松下は死亡したとき三十四歳で、子供はなく、弟がひとりいたという。

将軍家慶は松下が便所で事故死したことなど夢にも知らず、急病になって城を下がったとだけ知らされていた。

後日、小姓の平岡石見守《いわみのかみ》が家慶とふたりきりの場をみはからい、松下の事故死を申し述べた。

「本来であれば小姓組頭から申し上げることですが、それでは表立ってしまうため、あくまで内々で申し上げます。先日の松下伝七郎どのの一件は、上様《うえさま》がお酒を強要されたことからおこったことでございます。今後は、近侍の者にお酒を強要することはおつつしみくださいますように」

「さようであったか。不憫なことをした」

家慶は自分に非があったことを悟り、松下家は弟に相続させるように命じた。

『藤岡屋日記』（藤岡屋由蔵編）に拠ったが、松下伝七郎が溺死したのが中奥のどこの便所なのかは不明である。

では、誰が江戸城の便所の糞尿を汲み取っていたのか。

じつは、ほとんどわかっておらず、わずかに江戸幕府の各役職の職掌や沿革などを記した『明良帯録《めいりょうたいろく》』（蜻洲無学山人著、文化十一年〔一八一四〕）に記されているのみである――

葛西権四郎《かさいごんしろう》
御成先《おなりさき》の不浄を掃除す、辰之口《たつのくち》へ船三艘《そう》を繋置《つなぎおき》て、御成先不浄を日そろ河岸へ送る。

辰之口は、和田倉門外の城濠の余り水を道三堀に落とすところで、上げ潮のときはここまで潮がのぼってきたという。

御成先は、城内と解釈しなければ意味が通じない。

葛西権四郎が日々、辰之口に舟三艘を停め、江戸城内の便所の糞尿を汲み取り、舟に移して運び去った、と。

ただし、葛西権四郎がどういう人物なのかはまったく不明である。

おそらく、葛西の農民の代表者であろう。あるいは、江戸城の汲み取りを請け負う元締《もとじめ》かもしれない。

当時の葛西は葛飾郡の西部の意味で、現在の東京都の葛飾区と江戸川区全域および江東区・墨田区の一部をふくむ広い地域である。江戸の汲み取りに従事している者は葛西の農民が多かった。

葛西は水路が発達していたことから、舟で糞尿の大量輸送ができた。このため、糞尿を運ぶ専用の舟を葛西舟といった。

葛西権四郎の配下の農民が江戸城内に入り、便所の汲み取りをおこなっていたと思われる。城内で排泄される量はかなりになろう。葛西舟三艘を待機させて汲み取りをおこなっていることからも、糞尿の膨大さがうかがえる。

大奥での某重大事件

本来は男子禁制の大奥にも、下掃除人であれば出入りできたことが、つぎの事件からわかる。

『甲子夜話《かっしやわ》 続篇』（松浦静山著、天保十二年〔一八四一〕）に、「風の沙汰に聞く」と前置きして、つぎのような長局《ながつぼね》の不祥事が記されている。長局とは奥女中の居室のこと。

下掃除人が長局の便所の汲み取りを終え、肥桶をかついで出て行くとき、門番が糞尿のなかに「鼻目を具《そな》へたる児形」があるのに気づいた。

あらためると、便所に産み落とされた嬰児の死体だった。大騒ぎとなり、調査がおこなわれる。

滅多なことで城から出ることができない奥女中は、死んだ両親やきょうだいの回向《えこう》のため、尼を長局に呼んで読経《どきょう》をしてもらうことが許されていた。これを利用して、美男の新発意《しんぼち》（少年僧）を尼に仕立てて長局に呼び寄せ、淫行していた奥女中がいたことが判明した。淫行の結果生まれた嬰児の始末に困り、便壺に捨てたのである。

このことがあって以来、大奥にはいる尼はまず湯殿で身を清めさせ、そのときに男でないことを確認するようになったという。

松浦静山《まつらせいざん》は、風の沙汰に聞くとぼかしているが、事実であろう。

大奥の不祥事は隠蔽《いんぺい》され、世間にはほとんど知れることはなかった。しかし、静山は平戸（現・長崎県平戸市）藩の前藩主であり、大身の旗本との付き合いもあった。こうした大奥の隠微な情報も耳にはいる立場だった。

不思議なのは下掃除人の行動である。糞尿を汲み取ったとき、嬰児の死体に気づかなかったはずはない。門番に呼び止められるまで、素知らぬ顔で帰ろうとしていたことになる。

日ごろ、元締の葛西権四郎から、

「妙なものが出てきても、黙っていろ。面倒に巻き込まれるな」

と、釘を刺されていたのではあるまいか。

そう考えると、長局の便壺に嬰児の死体があったのは一度だけではなかったのかもしれない。下掃除人が口をつぐんでいただけである。

4……大名の便所事情

参勤交代で催したときは

回顧談集『幕末百話』（篠田鉱造著、明治三十八年〔一九〇五〕）に、中山道の宿場で本陣を務めていた親戚から聞いた話として――

お大名が今夜お泊りと申す時には、「先番《さきばん》」と号する士《さむらい》が、長持《ながもち》に雪隠の抽出筥《ひきだしばこ》を納めたのを持たせて参りまして、上雪隠《うわせっいん》へ仕掛けて置きます。もっとも大抵の家《うち》で本陣にでもなろうという処では、そうしなくとも御間《おま》に合うようにはしてありました。黒塗の樋筥《といばこ》の雪隠です。先番衆は本陣へ乗込むが早いか、乾いた砂をソレへ敷き、両便を受けるようにしたものだそうで、サテ殿さまがご到着の上両便を達しられると、先番衆は、再びその砂をば樽詰にし、御在所へ持帰ったもので、サゾ大変の物であったろうと思われます。

これに拠ると、大名も将軍と同様、便壺に向けて排便するのではなく、筥《はこ》にしていたことになる。筥を処理するのは担当の家臣であろう。

大名屋敷の豪華な便所

さて、大名は江戸で通常、上屋敷《かみ》・中屋敷《なか》・下屋敷《しも》の三カ所をあたえられていた。
上屋敷は、藩主とその家族が住み、政務の場所であり、多くの家臣も住んでいた。
中屋敷は、隠居（前藩主）や世子《せいし》（世継ぎ）が住んだ。
下屋敷は、別荘であり、火災などのときの避難場所でもあった。

『甲子夜話』に、幕府の儒官・林述斎《じゅっさい》の体験談が記されている。

林述斎が、姫路（兵庫県姫路市）藩酒井家の世子から蠣殻町《かきがらちょう》にある中屋敷に招かれ、庭にしつらえられた茶屋で宴会を楽しんだときのことである。便意をおぼえた述斎は席を立ち、厠のある次の間に行った。

その場で裃《かみしも》を脱ぎ、戸をあけてなかにはいる。

便壺をのぞくと、昨夜の大雨のせいか、満々と水をたたえていた。

跳《は》ね返りを恐れた述斎はいったん厠から出ると、外でひかえていた姫路藩士二、三人に頼んだ。

「水が多いので、何かなかに投げ入れる物はござりませぬか」

藩士らはどうしてよいかわからず、ただ狼狽するだけだった。

ひとりがすっとその場から離れると、やがて料紙箱をささげて持参した。そして、蓋《ふた》をひらいて高級な奉書紙、美濃紙をすべて取り出した。

藩士は厠にはいるや、便壺のなかに奉書紙と美濃紙を交互にすべて投げ入れた。

「いざ、はいらせ給え」

うながされて述斎は厠を使ったが、部厚く敷かれた紙のおかげで無事に用を足すことができた。

林述斎は大学頭《だいがくのかみ》で、三千石の旗本である。そんな述斎ですら、水をたたえた便壺に脱糞すれば尻に跳ね返りを浴びることを知っていた。当時の人々の常識であり、心得だったことがわかる。

大名屋敷の厠も裏長屋の総後架も、汲み取り便所の弱点は同じだった。

また、裃の不便さもわかる。裃は肩衣《かたぎぬ》と袴《はかま》から成るが、とくに袴は脱いでしまわないかぎり、下に着た着物の裾をまくれないので、大便はできなかった。

述斎の場合、裃を脱いでいざと思ったら、使用できない。紙が投げ入れられて準備が整うまで、それこそ脂汗を流して我慢しなければならなかった。

一方、こんな話もあり、同じ幕臣でも身分によって、その住居の水準には大きな差があった。ある微禄の幕臣が、大身の幕臣の屋敷に招かれた。広大な屋敷で、戸惑うことも多い。夜になり急に便意をおぼえたが、じっと我慢していた。しかし、どうにも我慢できなくなり、ついに大便所に行った。


【コラム】

武士の寝小便

寝小便の癖がある人は、新たに埋葬された墓をわが仏と信じ、日数をきめて毎日拝む。死者は男でも女でもよい。そうすれば、奇妙にも寝小便が治る、という伝承があった。

根岸鎮衛《やすもり》著『耳袋』に、つぎのような話がある。

ある若い武士が、成人後も寝小便の癖が治らないことに悩んでいたが、文化四年（一八〇七）の春、この療法を人から教えられ、さっそくためしてみることにした。

たまたま町で見かけた葬礼のあとをつけ、埋葬された寺をたしかめた。

翌日の朝、武士はくだんの寺の墓地を訪れ、真新しい墓に樒《しきみ》などをそなえ、ねんごろに弔った。

以後、毎朝、墓参りをおこない、樒をそなえて、寝小便が治るよう祈った。

ある日、墓参りに来た埋葬者の父親が墓の樒を見て、寺が法要をしてくれたものと思った。庫裏《くり》に出向き、丁重な礼を述べた。

応対に出た僧侶が言った。

「愚僧はいっこうに存じませぬ。そういえば、このところ、毎日のように若いお武家が樒を墓に手向け、ねんごろに弔っているのを見ましたぞ」

男は驚いた。

「それは、どのようなお方ですか。死んだ娘は十六歳で、年頃でございました。わたくしどもはまったく存じませんでしたが、深く言い交わした相手がいたのかもしれません。それと知っておれば、親として、もっとやりようもあったのにと悔やまれます」

そして、

「なにとぞ、今度そのお方が来たら、住所と名前を聞き出し、知らせてください」

と、頼み込んだ。

翌朝、武士が寺にやって来た。

僧侶が呼び止め、庫裏に招いた。

「ちょっとお話がございますので、どうぞこちらへ」

武士が、「勤めがある。遅れるわけにはいかぬ」と断わるのを、ようようなだめて押しとどめた。

僧侶はあらためて、いきさつを述べ、相手の住所と名前を尋ねた。

武士は困りはて、

「名乗ることにやぶさかではないが、きょうのところは急いでおるので」

と、振り切るや、逃げるように帰っていった。

その後、二度と墓参りはなかった。

住所氏名を尋ねられた武士の苦衷《くちゅう》は、察するに余りある。気の毒だが、なんともおかしい。

また、父親の誤解も、もっともであろう。当時、女の十六歳は結婚適齢期だった。忍び会っていた恋人がいたと思ったとしても無理はない。

戸をあけると、なかは広々としており、備後畳《びんごだたみ》が敷き詰められた座敷になっていた。畳の中央部に黒《くろ》漆《うるし》の板がある。

板をはずしてみると六、七寸（約二十センチ）ほど下に、さらに黒漆の板があり、板の真ん中に四文銭ほどの穴があいていた。

「ほほう、あの穴から糞《くそ》をたらすのか」

仕組みを理解したが、六、七寸ほども下の小さな穴に脱糞を命中させるのはむずかしい。もし失敗すれば、立派な黒漆の板を糞便でよごしてしまい、あとで物笑いになるであろう。

けっきょく、大便所で用を足すのはあきらめ、そっと庭に抜け出るや、垣根の暗がりになっているところにしゃがみ、そこで脱糞した。

あとで人に尋ねると、

「それは二重の蓋になっていたのじゃ。下の板の真ん中に穴があいていたのは、指をかけてはずすためじゃ」

ということだった。

この話は、幕臣・鈴木桃野《とうや》の『反古《ほご》のうらがき』（嘉永三年〔一八五〇〕頃）に拠ったが、大身の武士が使用する大便所は畳敷きという豪華さだった。しかし、汲み取り式便所には違いない。臭気や蛆虫《うじ》があがってくるのを防ぐため、蓋板《ふたいた》を二重にしていた。しかも黒漆の蓋だった。

一方、大便所に戸惑った下級幕臣の屋敷の便所は庶民とほとんど同じだったであろう。裏長屋の総後架と大差なかったかもしれない。その生活感覚も庶民とほとんど変わりなかった。なにせ、切羽詰まると庭の隅で脱糞するほどである。

汲み取りの臭気

前節の『反古のうらがき』の逸話から、大身の幕臣の屋敷の便所には防臭の工夫がなされていたことがわかるが、下掃除人が汲み取るときの悪臭は防ぎようがなかった。それまで暗い地下に沈殿していた糞尿が肥柄杓ですくわれて、太陽の光のもとに出現するのである。あたり一帯に臭気が拡散した。

『井関隆子日記』に、この臭気について書かれている。

井関家は代々、将軍の側近を勤める家柄の旗本で、屋敷は飯田町九段下（現・千代田区九段下）にあった。敷地は三百五十坪ほど。

隆子は天保十一年（一八四〇）五月十七日の項に、ちょうど食事時に匂いがするのは耐え難い、わが家であれば下掃除人にちょっと待てとも言えるが、隣家からただよってくるのはどうしようもないと書き、続けて――

隣にて、それ汲《く》ミ出す音ごほごほと聞えて、透垣《すいがい》よりもりくる臭《にほ》ひ、身にも物にもしみつくばかり、えも堪難《たえがた》き臭《くさ》さ、いとくるしう……

と、隣家の汲み取りの悪臭に嫌悪感をあらわにした。

それにしても、なんとも迫真的な描写である。糞尿を汲み出すときの音まで聞こえるというのだから。

一帯は武家地なので、それぞれの敷地はかなり広い。庭には木々も茂っていたろう。それでも、風向きによってはもろに悪臭がただよってきた。

当時の木造建築は隙間だらけだったから、戸や障子を閉じてもあまり効果はなかった。たまたま食事時とかさなると悲惨である。せめて線香を焚き、匂いをまぎらすしかなかった。

藩士たちの便所

大名屋敷に住む藩士の便所は、どうなっていたのだろうか。

近年、新橋の汐留遺跡（現在のシオサイト、かつての国鉄汐留駅）の発掘で、竜野《たつの》（兵庫県明石市）藩脇坂家の上屋敷と仙台藩伊達家の上屋敷の跡から合わせて八百もの便所が見つかった。

これらは、藩邸内の長屋に住む藩士が使用したものである。長屋といっても、町屋の裏長屋では共同使用の総後架だった。藩士の住む長屋では一戸ごとに便所が付いていたようだ。

便壺は木製の桶を埋めたものが大半で、焼物の甕《かめ》を埋めたものもあった。

桶は高さ約四十センチ、直径約五十センチが平均で、容量は五十～六十リットルほどしかない。かなりの頻度で汲み取らなければならなかったであろう。大名屋敷には毎日のように下掃除人が出入りしていたことがうかがえる。

なお、甕の便壺は常滑焼《とこなめ》が多かった。

5……幕臣たちの便所

下級武士の屋敷の便所は庶民と大差なかったと先述したが、武家屋敷に便所から賊が侵入した事件が、『藤岡屋日記』に出てくる。しかも、賊は江戸城に勤める御時計坊主だった。事件はつぎのようなものであった。

嘉永二年（一八四九）年十二月一日は、甲子《きのえね》にあたっていた。

四谷北伊賀町（現・新宿区三栄町）に屋敷のある脇田平左衛門は下級の幕臣だが、内実は裕福だった。甲子の日には貯めこんだ金を枡《ます》に入れ、大黒天の前に捧げて祀るのを恒例としていた。

十二月一日の夜、脇田家の便所の汲み取り口から男が侵入した。

便壺に板を敷き、それに足をのせてもぐりこみ、その後、便器の穴から体をのり出してきたのである。頭巾で顔を隠し、着物の上から桐油合羽《とうゆがっぱ》を着こんでいた。着物がよごれないようにとの配慮である。

脇田はまだ寝ていなかったため、物音に気づいた。てっきり犬でもはいり込んだと思い、

「しっ、しっ」

と脅しながら、便所の戸をあけた。

なかにいた男はあわてて、脇差で脇田を突いた。さらに、頭に斬りつけ、喉を突いた。脇田は即死だった。

賊の侵入を知って、脇田の女房と下女は寝床から飛び起き、暗いなかを逃げまどう。

男はふたりを追いかけて背後から斬りつけたが、下女はかろうじて外に逃げ出すと、

「人殺し、人殺し」

と悲鳴をあげた。

その声を聞いて、近所の人々が集まってくる。賊の男はけっきょく金には手をつけず、板塀を乗り越えて逃げ去った。

あとで調べると、乗り越えた塀に黒八丈の頭巾《ずきん》と博多帯が引っかかっていた。検使の役人はこの遺留品を調べ、頭巾には髪油が付着しておらず、帯には大小の刀のすれがないことから、

「医者か、お城のお坊主であろう」

と推理し、脇田家の親類縁者をあたった。はたして、脇田平左衛門の前妻の連れ子だった者に、江戸城の御時計坊主有田栄務、二十七歳がいることがわかった。

かつて前妻の連れ子だっただけに、脇田家の甲子の日の慣習を知っていてもおかしくない。調べを進めると、栄務は妻子がありながら内藤新宿の女郎屋で遊蕩していることもわかった。

有田栄務は召し捕られ、小塚原《こづかっぱら》の刑場で獄門に処された。

頭巾と帯の特徴から職業を推理するなど、現代の推理小説の名探偵も顔負けではあるまいか。

有田栄務は汲み取り口からはいり込み、便器の穴から抜け出した。こんなことが可能だった。

先述の松下伝七郎は逆に便器の穴から便壺に落ちたわけだが、便器の穴から体がすり抜けることは充分にあり得たのである。

幕臣にも極貧の者がいた。麻布中学の創立者である江原素六《そろく》は御家人の長男として、五十人町《ちょう》（現在の新宿三丁目あたり）の屋敷に生まれた。

素六の父親は御家人といっても小普請組《こぶしんぐみ》だから仕事は何もない。しかも、とうてい生活できないほどの微禄である。ひたすら房楊枝《ふさようじ》（現在の歯ブラシ）作りの内職にいそしみ、問屋に売ることでかろうじて生計を立てた。幕臣でありながら生涯、読み書きができなかったという。

安政六年（一八五九）、素六が十八歳のとき、一帯でおきた火事で江原家の家屋も全焼した。やむなく敷地内に新築することになったが、柱を建て、屋根を葺《ふ》き、根太《ねだ》を張るあたりまでは大工に頼んだが、あとはすべて父と素六のふたりでおこなった。

できあがった家屋は、六畳一間と二坪の土間があるだけで、敷居や鴨居《かもい》もなく、襖も縁側も戸袋もなかった。

下掃除人が汲み取りにきていたときのこと。素六の幼い弟が走って来て、大声で叫んだ。

「たいへんだ、掃除屋の馬が戸を食べてしまうよ」

素六と父親が急いで見に行ったところ、馬が食べていたのは便所の菰《むしろ》張りの戸だったという。

『江原素六先生伝』（村田勤著、昭和十年〔一九三五〕）に拠ったが、江原家の便所は外便所だった。大工に建ててもらうと費用がかかるため、板戸の代わりに菰をつるしただけだったのである。
幕臣の屋敷の便所なのだが、その水準は裏長屋の総後架以下だった。

6……遊里の便所

遊里の糞尿は高値で取引された。
戯作『朧月《おぼろづき》猫の草紙』（山東京山著、天保十三年〔一八四二〕）に、つぎのような記述がある——

宴席で放尿・脱糞して御役御免となった旗本　【コラム】

天明七年（一七八七）一月、西丸書院番頭に昇進したばかりの三千石の旗本、水上正信は登城したおり、先輩格の小堀政弘（三千石）から、「芸者寄合《よりあい》」をするよう命じられた。

芸者寄合とは、芸者付きの宴会で先輩を接待することである。慣例ということなので、水上もやむを得なかった。

さて、当日の一月十七日の八ツ（午後二時ころ）、三番町にある水上の屋敷に料理屋「山藤」の料理人や下働きの者など合わせて七、八人が食材を持って訪れ、台所を借りて準備を始めた。

七ツ（午後四時ころ）、芸者五人が駕籠《かご》に乗り、付添の者四人を従え、屋敷にやって来た。

芸者の到着からしばらくして、三枝守義（七千五百石）、続いて内藤政範（五千七百石）が現われた。

さらに小笠原宗準（四千五百石）と能勢頼直（四千八百石）がやってきたが、残りの小堀政弘、酒井忠聴（七千石）、大久保忠元（六千石）がなかなか来ない。

すでに席に着いている三枝、内藤、小笠原、内藤はぶつぶつ文句を言い出す。あせった水上は、小堀の屋敷に迎えの者を走らせた。

しばらくして、ようやく小堀、続いて酒井と大久保もやってきた。

これで七名がそろい、水上もほっとした。

まずは水上が挨拶をして、宴会が始まる。芸者も五人いることから、にぎやかな酒宴となるはずだった。

突然、大久保が小さな重箱に入れて持参した餅菓子を取り出し、箸ではさんで、水上に突きつけた。


「これを差し上げよう」

「いまは、酒を呑んでおりますほどに、後ほどいただきましょう」

水上は、受け取った餅菓子をわきに置いた。

途端に、大久保が声を荒らげた。

「粟饅頭《あわまんじゅう》を持参したわけではござらぬぞ」

そのころ、浅草あたりで粟饅頭に毒をもって人に贈った事件があり、話題になっていたのだ。

大久保は手でその餅菓子をつかむや、そばにいた芸者に投げつけた。

これをきっかけに、他の者たちもいっせいに罵詈《ばり》雑言《ぞうごん》を吐き始めた。

「この酒には醤油がはいっておるのか」

「こんな水っぽい酒が呑めるか。拙者の屋敷から取り寄せる」

と、言いたい放題である。

そのうち七名は総立ちになるや、宴席に出されている膳、皿や椀、鉢などを次々と投げつけ、打ち壊し、踏みつけた。

接待役の水上は、ひたすら低姿勢でなだめようとしたが、その低姿勢がかえって火に油をそそぐ結果となった。

乱暴が乱暴を呼び、歯止めがきかなくなる。

飾りつけに出されていた絵皿も叩き割り、鳥籠の鳥も逃がしてしまい、家財道具を次々と庭に放り投げた。

大久保、能勢、三枝、内藤は障子を残らず破ってしまい、火鉢の火を撒き散らして畳を焦がした。

ついには、三枝は茶碗に放尿し、その後は茶室にはいり込んで小便を垂れまわった。

大久保にいたっては座敷の真ん中で着物をまくって、

「うーん」

と力むや、なんと飯椀へ脱糞した。

その大久保の大便を、三枝と小笠原が箸ではさみ、座敷のなかのあちこちにまき散らした。

こうしてさんざん荒れ狂ったあげくに七人が引きあげたあと、水上の屋敷は惨憺たるありさまである。呼ばれていた芸者や山藤の料理人たちも、ただ呆然としているだけだった。

さすがに、この事件は公になり、小堀と大久保は御役御免の上、差控《さしひかえ》(免職と自宅謹慎)、酒井、内藤、能勢、三枝、小笠原、それに接待役の水上にも差控が言い渡された。

七名がこれほどまでに乱暴狼藉を働いた背景には、水上への反発があったようだ。昇進した水上が「拙者の組では賄賂などはけっして認めない」などと発言しているのを聞いて、古参の連中が示し合わせ、「生意気なやつめ。ひとつ、懲《こ》らしめてやろう」と計画したのだという。

『一話一言』(大田南畝著、文政三年〔一八二〇〕)に拠ったが、荒れ狂った小堀ら七名はみな大身の旗本である。いくら酔っ払った上とはいえ、あまりにひどすぎる。狂気の沙汰といってもよかろう。宴席の食器に放尿したり、脱糞したりなどは、にわかには信じがたい気がする。

しかし、徳川幕府の正史ともいうべき『続徳川実紀』にも、

「中にも甚《はなはだ》しきは大小便を席上にしたゝかたれあらし、またそれを箸にてはさみ、そこらあたりにうちつくる輩《やから》もありしとぞ」

と記されている。

まぎれもない事実だったのである。

百姓与茂作が話に、肥《こやし》のうんこは芝居、又は色町のうんこがよく肥《こやし》にきくなり。故に値段も高し。これは美味《うま》きもの沢山ゆえなり。女中の多きところは小便沢山ゆえ、利方途悪《ききみちあ》しと語れり。

当時、人々の栄養水準は低く、とくに動物性たんぱく質の摂取が極端に少なかった。

ところが、芝居町や遊里では宴席が設けられることが多く、豪華な仕出し料理も利用された。そのため、こうした場所では人々が普段は滅多に口にしない卵や鶏肉、魚介類を使った料理がふんだんに賞味された。

その結果、排泄物は質がよくなり、下肥の効果が高かったのである。農民が経験から発見した肥料の効果といえよう。芝居町や遊里の糞尿は農民がほしがり、いきおい値段も高くなった。

一方、女中が多い場所から汲み取った糞尿は尿の割合が高いため、下肥の効果も低かった。下掃除人の専門用語でいうところの「たれこみ」である。

なお、ここでいう女中は奉公人の意味ではなく、たんに女性一般のことである。

つぎに、遊里について簡単に述べておこう。

遊女を置いている店は、妓楼《ぎろう》・女郎屋・遊女屋・娼家などと呼んだが、本書では伝統と格式のある吉原は妓楼、その他の遊里はすべて女郎屋と表記する。

公許の遊廓、つまり幕府の許可を受けた遊廓である吉原は、浅草の浅草寺の裏手にあたる千束《せんぞく》村にあった（元吉原については、ここではふれない）。

江戸には吉原のほか、各地に岡場所《おかばしょ》と呼ばれる非合法の遊里があり、吉原にくらべて安価で便利なため繁昌していた。岡場所は時折り町奉行所の取締りを受けたものの、実態は堂々と営業していた。

また、宿場の旅籠屋《はたごや》は、道中奉行から飯盛女《めしもりおんな》（宿場女郎）と呼ぶ遊女を置くことを認められていた。飯盛女を置いている旅籠屋は事実上の女郎屋だった。品川（東海道）、内藤新宿（甲州街道）、千住《せんじゅ》（奥州・日光街道）、板橋（中山道）の江戸四宿《ししゅく》は厳密には江戸ではないが、江戸市中から近いため、江戸の男たちにとって手軽な遊里だった。

吉原

まずは、遊里の筆頭ともいうべき吉原から述べよう。

吉原のまわりには田んぼが広がり、吉原田圃《たんぼ》と呼ばれる田園地帯だった。

周囲をお歯黒どぶと黒板塀で囲まれ、敷地は二万七百六十七坪あった。

俗に「遊女三千」といわれ、吉原にはおよそ三千人の遊女がいた。そのほか、妓楼の関係者や、一般の商人や職人など、合わせて約一万人が吉原の区画内で生活していた。

およそ一万の人口を擁しているため、吉原で日々、排泄される糞尿の量は膨大だった。

とくに、格式が高く規模も大きい大見世《おおみせ》と呼ばれる妓楼は、楼主以下、遊女、男女の奉公人など、百人近くが同じ屋根の下で生活していた。これに加えて日夜、多くの客が訪れる。毎日のように汲み取らないと、大見世の便所はたちまちあふれてしまうであろう。吉原では下掃除人の役割は大きかった。

夜が明けると同時に、吉原の唯一の出入り口である大門《おおもん》をくぐって、近在の農民が天秤棒で肥桶をかついで続々とやってくる。朝帰りをする客はこうした農民とすれ違うことになった。

吉原を描いた戯作『錦之裏《にしきのうら》』（山東京伝著、寛政三年〔一七九一〕）に、朝帰りの客を引手茶屋《ひきてぢゃや》まで送って行った遊女の夕霧とそらねが、妓楼に戻ってくる場面がある。

夕霧が二階座敷にあがる階段をのぼりながら、

「おお、つめた」

と、つぶやく。

あとに続くそらねが、

「おや、もう、掃除が来たそうだ。いっそ匂うよ」

と、眉をひそめる。

夕霧が「冷たい」と述べたのは、吉原の遊女は冬でも足袋《たび》をはかず、素足だったからである。

また、そらねの言う「掃除」は下掃除のこと。早朝から下掃除人が妓楼の便所の汲み取りをしていたので、その匂いが一帯にただよっていたのだ。

『吉原十二時《とき》』（石川雅望編、文化十三年〈一八一六〉）は、吉原の一日を十二の時刻にそって、その間の遊女や客の生態を雅文と狂歌でつづったものである。辰《たつ》時（午前八時ころ）の情景として――

むづかしげなるをけさしにないて、きたなげなる男どものいりくるも見ゆ

「をけ」は桶。肥桶を天秤棒でかついで、小ぎたない男たちがはいってくる、と。妓楼に向かうところであろう。

こんな狂歌もある――

こえとりか禿《かむろ》のとしをとへはまた九《く》さいというてたつるせんかう

禿は十歳前後で妓楼に売られ、花魁《おいらん》の下で雑用などをしている女の子である。遊女としての教育を受け、たいてい十五歳くらいで客を取り始める。

肥取りの男が禿を見て、声をかけた。

「何歳だね」

「まだ九歳《くさい》」

と答え、禿は悪臭消しのために線香に火をつけて立てた、と。

「九歳」と「臭《くさ》い」をかけているわけで、狂歌の諧謔《かいぎゃく》だが、吉原の汲み取りの時間帯を示しているのは間違いない。ほかにも下掃除人を詠んだ狂歌が多数あり、吉原では辰《たつ》の時（午前八時ころ）は肥汲みの時間帯だった。

遊女は夜明け前に朝帰りの客を見送ったあと、二度寝をし、起き出すのは四《よ》ツ（午前十時ころ）前後である。事実上、午前十時ころが遊女の起床だった。

肥汲みはたいてい、遊女が二度寝の床《とこ》にある時間帯におこなわれた。先述の夕霧とそらねは、たまたま客を引手茶屋まで送っていったため、汲み取りの最中の、臭いが蔓延しているところに遭遇したのである。

ところで、戯作『遊僊窟烟之花《ゆうせんくつけむりのはな》』（薄倖先生著、享和二年〔一八〇二〕）に、こんな記述がある——


糞担《こえたご》に桃の花をつけて通る中巷《なかのちょう》の朝……


中巷は仲《なか》の町《ちょう》のこと。仲の町は吉原の中央部をつらぬく大通りである。下掃除人が朝、肥桶に桃の花をつけて仲の町を歩いている、と。おそらく、妓楼に汲み取りに向かうところであろう。

吉原では、下掃除人も風流だったのだろうか。

農民だけに四季折々、花などを肥桶に入れて妓楼に持参したのであろう。妓楼の糞尿は人気があるだけに競争相手も多い。顧客サービスの一環だった。

大田南畝の『金曾木《かなそぎ》』（文化七年〔一八一〇〕）に拠ると、吉原では「糞《こい》をとる」は「恋をとる」に通じて縁起が悪いので、「糞《こい》をあぐる」と言い、この言い方は当時、山谷・根岸のあたりにまで広まっていたとか（江戸の庶民は肥や糞を「こえ」ではなく「こい」と発音することが多かった）。

つぎに、妓楼の便所について見ていこう。

吉原の妓楼は、その格式と規模によって大見世・中見世《ちゅうみせ》・小見世《こみせ》に分けられたが、建物の構造は基本的に同じで、すべて二階建てだった。

遊女の部屋や宴会の広間はすべて二階にあり、妓楼に来た客はすぐに階段をあがって二階に案内された。客と遊女が同衾《どうきん》するのも二階である。

一階はいわば生活の場で、楼主一家の部屋、各種奉公人の部屋、台所、風呂、便所、物置などがあった。

当時の木造建築では二階に便所を設置するのは困難だった。技術的にできなかったというより、金属製のパイプ、コンクリートや塩化ビニールなどの素材がなかったからであろう。そのため、豪壮な二階建ての建物でも便所は一階にしかない。

遊女は二階で生活し、宴席で客の相手をし、客と交接するのもすべて二階である。用便のたびに階段をおり、一階の便所に行かねばならなかった。その不便さは察するに余りある。

ただし妓楼の二階には客専用の、つまり男子用の小便所があった。その様子は、図２－21～23で見て取れる。

図２－21は戯作の挿絵からで、廊下に専用の下駄が置いてあるのがわかる。宴席から下げてきた器《うつわ》なども雑然と置かれていた。

図２－22・23も戯作の挿絵で、小便所にきた客である。専用の下駄をはいて用を足すのが普通だった。

図２－21の左端の女の子は禿で、酔った客の男と何やらもめているようだ。

もちろん、客も便意をおぼえたときは一階の便所を利用しなければならなかったのだが、妓楼では酒を呑むことが多いため、どうしても小用が近くなる。二階に小便所があるのは客にとって大助かりだったで

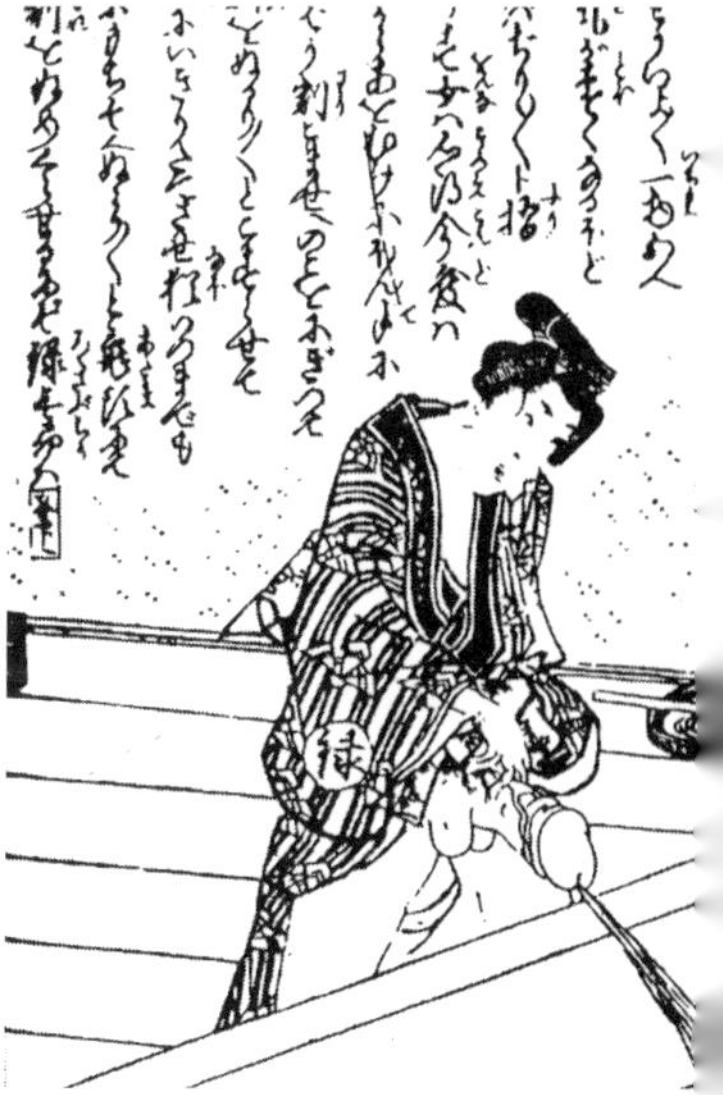

吉原の妓楼には、2 階に客専用の男子用小便所があった。
上：図 2-21　右はじの下に見える箱が小便所で、下に下駄が置かれている。山東京伝『江戸生艶気樺焼』（天明 5 年〔1735〕）より。国会図書館蔵。**下左：図 2-22**　客が下駄をはいて用を足すところ。左の女は禿で、酔った客の男ともめているようだ。『契情畸人伝』（文化 14 年〔1817〕）より。国会図書館蔵。**下右：図 2-23**　柳水亭種清『花暦転寝草紙』（安政 5 年〔1858〕）より。

あろう。

小便所とはいえ、二階に便所があるのは吉原の妓楼くらいであり、当時の男がほかの男に、

「二階で小便してきた」

と自慢するとき、高級な吉原で遊んだことを意味し、一種の見栄だった。

戯作『ふたもと松』（越路浦人著、文化十三年〈一八一六〉）で、越後から出てきた五十歳くらいの客が寝床で小便に行きたいと言い出し、同衾していた十八、九歳の遊女が小便所に案内する――

「いやはや、とつけもない。ここも二階だのし。こぉこぉ、どこの国に二階から小便こくということがあろかのし。まあ、わしはこきますまい。下にいるお女郎の頭へでもかかると気の毒だのし」

「ふざけさっしゃんな。馬鹿らしい、さあ、早くたれなんしな」

「そうして小便こいても大事ないかえ。どうも下にいる人にかかりそうで、おっかないようだ」

客は二階で小便をするのに驚き、途惑《とまど》っている。下にいる人にかかるのではないかと、心配するほどだった。もちろん、これは戯作のふざけである。

地方から江戸に出てきた人間を田舎者と見下し、とことん笑い者にするのは当時の戯作の常套的な趣向である。現代人にはこうした江戸っ子の優越感と地方人蔑視は、とてもユーモアとは感じられないが、ともあれ二階に便所があるのは非常に珍しかったことがわかろう。

一方、図2－24は妓楼の一階の便所である。遊女が放尿しているが、専用の下駄を使用するのは同じだった。もちろん、実際には扉は閉じて使用した。

こうした便所で遊女、各種奉公人、そして客（大便の場合）は用を足していたことになろう。吉原の妓楼は壮麗な建物で、内装や調度も豪華だったが、便所に関するかぎり豪壮さはない。独特の臭気もほかと同じだった。

上下：図 2-24　遊女は、小用でも 1 階の便所を使用した。歌川国貞『百鬼夜行』（文政期）より。

妓楼の便所は、遊女の事後処理の場所でもあった。

遊女は客と情交したあと、

「ちょいと手水《ちょうず》に行ってきいす」

などと告げ、寝床を出て便所に行って放尿したあと、風呂場で盥《たらい》に汲んだ湯を使って陰部を洗い、精液を流し出した（図2－25参照）。いわばビデで洗浄するようなものである。

当時は避妊・性病予防具のコンドームがなかったため、みないわゆる「ナマ」で性交していた。事後に放尿し洗浄するのは避妊の意味合いもあったが、実際には避妊効果はほとんど望めなかった。

つぎに、吉原以外の遊里の状況を述べよう。

宿場

飯盛女（宿場女郎）を置いている宿場の旅籠屋は、事実上の女郎屋だった。

江戸四宿《ししゅく》のなかで遊里として繁栄したのは、品川（東海道）と内藤新宿（甲州街道）である。

江戸西郊は水路の便がなかったので、人や物の移動は徒歩か馬である。そのため内藤新宿はとくに馬が多く、馬方《うまかた》に引かれた荷馬《にうま》が行き交い、あちこちに留められていた。このため内藤新宿の女郎屋や客は馬の排泄物に悩まされた。

戯作『二蒲団《ふたつぶとん》』（酔醒水吉著、享和元年〔一八〇一〕）に、冬の朝、堀の内の妙法寺に参詣に行く男女三人連れが、内藤新宿にさしかかったときの会話がある――

「そりゃあいいいいが、もう新宿へ来たよ」

「ほんにのう」

「けさぁ、まだこんなに凍っているからいいが、帰《けえ》りにゃあ道が融《と》けるから、怖れよ。それに馬で

上下：図 2-25　遊女は客と情交したあと、「ちょいと手水に行ってきいす」と告げ、便所に行って放尿し、風呂場で盥に汲んだ湯を使って陰部を洗った。歌川国貞『百鬼夜行』（文政期）より。

もって歩かれやぁしねえ」

「そうさ、新宿も馬せえ通るめえものなら、言い分なしさ」

「いまは、丁《ちょう》に続いてはやるのはここだとさ」


遊里として、吉原のつぎに内藤新宿が流行っているという。「丁」は吉原のことである。

内藤新宿では、馬が厄介視されていたことがわかる。

戯作『面和倶話《おもわくはなし》』（遠楼亭主人著、文化三年〔一八〇六〕）には、こんな場面がある。女郎屋に呼ばれた芸者と幇間《ほうかん》が歩いていると、ちょうど馬方が馬を引いて通りかかった――


「あんだ、この畜生めは。きりきり行きやぁがれ」

と引っ張れば、馬は小便をしだし、ジャアジャアジャア。

「おやおや、八さん、こっちへ寄んなせえ。はねがかかるよ」

「ああ、臭《くせ》え、臭え。いっそ青っ臭え。青っ臭えもまんざらじゃあねえ」


馬の背には荷物が積まれていたであろう。もしかしたら肥桶だったかもしれない。

内藤新宿には荷馬があちこちにいて、いたるところで糞や小便をしていたことがわかる。

戯作『甲駅雪折笹』（酒艶堂一酔著、享和三年〔一八〇三〕）では、内藤新宿に遊びにやってきた男たちが歩きながら、女郎屋について蘊蓄《うんちく》を語る――


「いまは政田屋《まさだや》へ渡ったが、紀伊国《きのくに》の唐金《からかね》の手水鉢《ちょうずばち》はたいそうなもんだね」

「なんといっても橋本は、女郎の人柄がよくって妙だ。すっぱり吉原のようだね。そして宿中《しゅくじゅう》でいちばん内が大きいね。小便所の二階にあるのは橋本と国田屋だね」

妓楼の二階に小便所があるのは吉原だけと先述したが、繁栄していた内藤新宿は例外だった。橋本と国田屋の二軒は、二階に小便所が設けられていたのである。

同じく『甲駅雪折笹』には、こんな場面がある。男が国田屋にあがり、寝床で待っているが遊女はなかなか来ない――

不寝番《ねずのばん》は来たり、油をついでいく。早や廊下を八《や》ツの拍子木《ひょうしぎ》を打ってまわる。あまり退屈ゆえ小便に出で、二階にあれど、わざと下の小便所へ行きながら……

八ツは午前二時ころ。一階の小便所は奉公人用であろう。国田屋は二階に客用の小便所があるのに、男はわざわざ一階の従業員トイレを使用したのである。

なお、不寝番が油をついだのは、行灯《あんどん》である。吉原はもちろん他の遊里でも、客のいる部屋の行灯は一晩中、点灯していた。行灯の灯を消さないため、不寝番が定期的にまわってきて油を補給したのである。

江戸四宿のうち、宿場としてもっとも繁栄したのは東海道の第一の宿場、品川である。遊里としても内藤新宿と並んで繁栄した。

現在の光景からは想像もできないが、江戸時代、品川宿が海沿いだったことは、歌川広重の浮世絵、『東海道五十三次』の「品川」を見ると如実にわかる。

東海道の両側に建物が軒を連ねているが、東側は海に沿っている。川柳の――

品川のせつちんや丶あつてぽちやん

は、海沿いに建てられた旅籠屋《はたごや》や女郎屋の便所を詠んだものであろう。便所を海に張り出すように設け、糞尿は便壺ではなく、そのまま海に落としていたのだ。

品川の海沿いの家屋では、下掃除人は不用だったことになる。

ただし、満潮のときはそのまま流されるが、干潮のときには砂の上に糞便が堆積していたであろう。

岡場所・舟饅頭

岡場所は江戸の各地にあり、時代によって差はあるが四十～五十カ所におよんだ。

春本『天野浮橋《あまのうきはし》』（著者不詳、天保元年〔一八三〇〕）で、男ふたりが吉田町の岡場所の女郎屋にあがる。

ふたりは部屋の仕切りの襖をはずしてしまい、おたがい遊女との情交を見せ合いながら射精した。男のひとりが言う――


「まず休んで、また始めよう」

と横になりければ、女どもふたりともに起きて、勝手に行き、薬缶《やかん》の湯を持ち手水場へ行き、小《こ》盥《だらい》に湯を入れて開《ぼぼ》のなかまで洗い、またふたりともそばへ来て寝転ぶ。


男たちは二度目をするつもりなのだが、遊女のほうは一回するごとにちゃんと陰部を洗浄していたことがわかる。「開」は膣のこと。

ただし、先述したように吉原では風呂場で洗浄したが、岡場所の女郎屋に風呂はなかった。そのため、勝手（台所）から湯のはいった薬缶を持って便所に行き、小さな盥に湯を入れ、それで陰部を洗浄した。

書かれてはいないが、放尿もしていたであろう。

きちんと事後処理をするのは、吉原であれ他の遊里であれ、遊女のたしなみだった。

つぎに、岡場所でも最下級の女郎屋である切見世《きりみせ》（局見世《つぼねみせ》）について述べよう。

切見世は、図2－27にあるように長屋形式だった。

長屋の各部屋は間口四尺五寸（約一・四メートル）で、二尺（約六十センチ）幅の入口を入ると土間になっていた。土間をあがると、鏡台や諸道具を置く場所のほかは畳二畳の広さしかない。遊女はここで生活し、客を迎えた。

遊びはちょんの間《ま》で、時間にして十〜十五分くらい。揚代《あげだい》（料金）は天明のころまで五十文だったが、天保のころには百文になった。

図2－26で、曲がりくねった細い路地の両側に長屋が並んでいるのがわかる。絵の右上にあるのが総後架である。

この絵でもわかるように、遊女や客の人数のわりに便所が少ない。しかも、場所によっては便所までかなり遠い。

遊女には便所に行くのは面倒きわまりなかった。

そのため、細い路地の中央には溝《どぶ》があり、板で蓋をしてあったので、客と情交を終えた遊女のなかには板をはずして溝に放尿する者もいた（図2－28参照）。

着物と湯文字（腰巻）をまくりあげるため、路地を歩いている男たちから陰部も尻も丸見えだったが、人が見ていてもおかまいなしである。川柳の、

ちかい内来なとい〻〳〵小便し

は、遊女が溝にまたがって放尿しながら、帰る客に、

「近いうち、また来なよ」

と、あっけらかんと声をかけているところである。

恥も外聞もないといおうか、厚顔無恥といおうか。慣れてしまうと平気だった。

客との性交後に放尿するのは同じだが、切見世の遊女は湯で洗浄はしなかったことになる。

なお、この切見世は岡場所に多かったが、高級な吉原にも西河岸《にしがし》や羅生門《らしょうもん》河岸と呼ばれる一帯には切見世があった。


川に垂れ流す遊女もいた。

舟饅頭《ふなまんじゅう》とは、むしろ状の屋根のある苫舟《とまぶね》を川べりに泊め、

「こう、寄っていきねえなぁ、こう」

と、通りがかりの男に声をかけ、舟のなかに誘う私娼である。日ごろは舟で生活していた。

揚代はちょんの間で三十二文と、夜鷹と並んで最下級の遊女である。その全盛は明和～安永期（一七六四～八一）、十代将軍・家治《いえはる》のころで、寛政のころまでは出没していたが、その後は絶えた。

戯作『太平楽巻物《たいへいらくのまきもの》』（森島中良著、天明二年〔一七八二〕）で、阿千代《おちよ》という舟饅頭が言う――


「二階の小用所は廓《くるわ》ばかりと自慢らしく言うけれど、それはお客の小便所。わしらが舟の重宝は、あれ見なさえ。苫《とま》の脇の四角にあいたところから、おいどを川へ突き出して、しゃっ、しゃっとはじく気散じ。行く水の流れは絶えず。あとはきれいな潮《うしお》を汲んで、手水《ちょうず》水にも事欠かず」

舟から川に放尿し、川の水で手も洗っていた。小便にしか言及していないが、大便も同じように川にしていたのであろう。

陰間茶屋

芳町《よしちょう》（現在の中央区日本橋人形町周辺）は、陰間《かげま》茶屋が多数集まっているので有名だった。

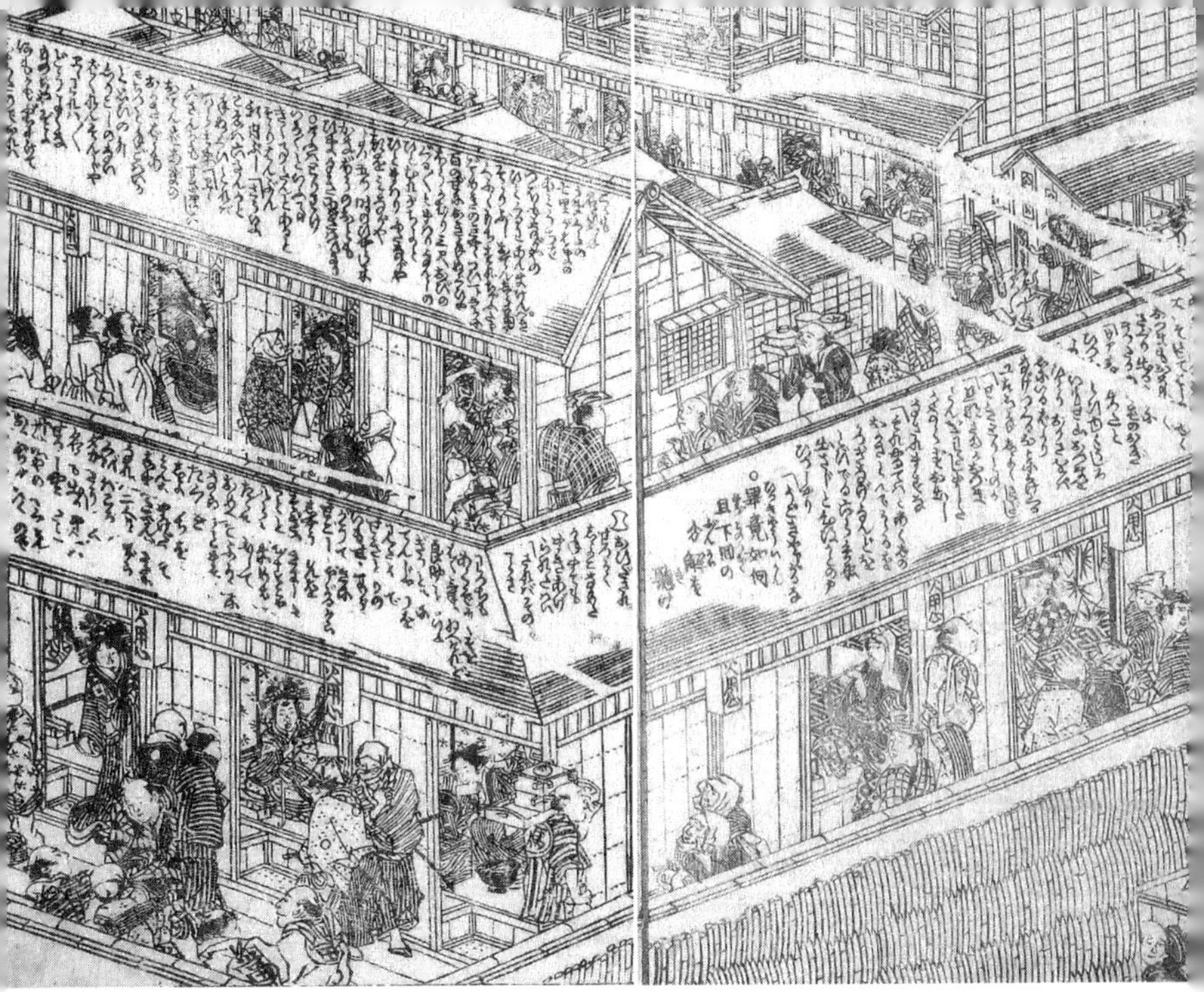

岡場所でも最下級の女郎屋だった「切見世（局見世）」。
上：図 2-26　曲がりくねった細い路地の両側に、長屋形式で並んでいた。絵の右上にあるのが総後架。式亭三馬『五色潮来艶合奏』（文化 13 年〔1816〕）より。早稲田大学図書館蔵。

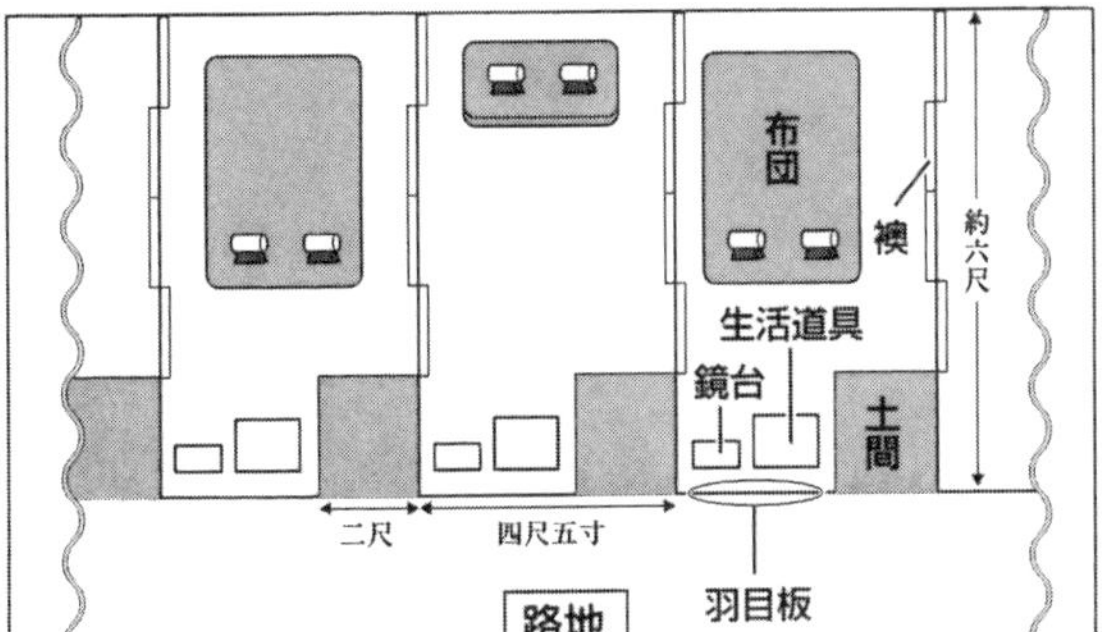

中：図 2-27　各部屋は、鏡台などを置くスペース以外は二畳しかなく、ここで遊女は生活し客を迎えた。永井義男『図説 吉原事典』（学研M文庫）より。

下：図 2-28　便所が少なく行くのに面倒だったため、遊女のなかには溝に放尿するものもいた。小松屋百亀『房事選』（安政年間〔1854 ～ 60 年〕）より。

陰間は男色の相手をする男娼で、美少年が多かった（図2－29・30参照）。

春本『天野浮橋』（前出）では、僧侶が芳町の料理屋の二階座敷にあがり、陰間を呼んで酒食を共にする。なお、陰間のことを子供と呼んだ。

酒宴が終わったあと、料理屋の奥座敷に案内され、いよいよ陰間と同衾である――

〔子供は〕帯を解き、上着の振袖脱ぎ、屛風《びょうぶ》にかけ、細帯にて鼻紙と通和散《つうわさん》を持ち、梯子《はしご》をとんとんとおり、手水場へ行く。あとで、長老は帯を解き、ひとり寝枕に、いまやおそしと待っている。子供はかの通和散を唾《つば》にて溶き、肛門の内へ塗り、手を洗い、静々と屛風の内へはいり、布団の上に座り、そっと寄りかかり……

通和散とは肛門性交用の潤滑剤で、いわばローションである。トロロアオイの根から作り、和紙に貼ってあった。使用時には紙からはがして手のひらにのせ、唾液で溶かす。

梯子は階段のこと。

陰間は、通和散を肛門に塗るにあたって、わざわざ一階の便所まで行っていた。いわば楽屋内を客に見せないのは、プロの心得といってよかろう。

このように、遊里の便所は本来の排泄のほかに、陰間の事前準備や遊女の事後処理の場でもあった。

陰間は男色の相手をする男娼で、美少年が多かった。陰間は客と同衾する際には、１階の便所に降りていって、潤滑剤の通和散をつばで溶き肛門に塗り準備をした。これらの絵は、さらに客がつばを塗って潤滑をよくしている場面。

上：図 2-29　喜多川歌麿画。18 世紀末。F. M. Bertholet Collection. **下：図 2-30**　陰間と女との３人プレイ。つばをつけて陰間の一物をしごきながら、女と性交している。鈴木春信画。18 世紀末。

第Ⅲ章

江戸での都市生活と便所

しんみりのはなしは夜が更《ふ》けてから
長屋の厠《かわや》が定式《じょうしき》。
ほんのこれがくさい仲さ。

戯作『白狐通』（寛政12〔1800〕年）より

ゐなかにまさるきたなさは
のきをならぶる町中で
おいえさんでもいとさんでも
くるりとまくつて立小便

『半日閑話』（江戸中 - 後期）より「京風いろは短歌稿」

［章扉の図］
江戸では、便所は愛欲の場所でもあった。女が放尿しているところに、男が強引に侵入してきて、「俺がふいてやろう……」などと囁いている（歌川国芳『花結色陰吉』より。国際日本文化研究センター蔵）。

1……もし江戸の町中でもよおしたら……

江戸時代の老若男女は屋外で放尿することに、ほとんど抵抗感はなかった。男は平気で立小便をしたし、女も物陰にかがんで放尿した。

図３－１〜３では、庶民の男女が人目もはばからず道端で放尿している。

しかし、江戸時代にもそれなりに公衆便所は設けられていた。もちろん、現在の公衆便所のように各所に設置され、しかも清潔というわけにはいかなかったが、場合によっては大身の武士も利用したことは後述する。

こうした公衆便所には設置者の思惑もあった。つまり、たまった糞便を農民に売りつけることができたからである。

図３－４は明治中期の公衆便所であるが、右側の大便所と左側の小便所はすべて木造であり、江戸時代と基本的に変わらない。

武家や大店の妻女の場合

武家や大店《おおだな》の妻女ともなると、人目につく路上や汚い公衆便所ははばかられる。出先で尿意をおぼえたときは、水茶屋などの便所を利用した。しかし、水茶屋もないときはどうするか。

そんな切羽詰まったときの様子が、戯作『清談峯初花《せいだんみねのはつはな》』（十返舎一九著、文政四年〔一八二一〕）にある。

江戸の老若男女は、屋外で放尿することに、ほとんど抵抗感はなかった。男は平気で立小便をしたし、女も物陰にかがんで放尿していた。

上：図 3-1　歌川国芳『艶本逢絵山』より。日本国際文化研究センター蔵。**下左：図 3-2**　『春画小判摺物』（文政〜天保年間）より。国際日本文化研究センター蔵。**下右：図 3-3**　桜川慈悲成『押強者何茂八文』より。

上：図 3-4　公衆便所。右側の男が入っているのが大便所、左側が小便所で、すべて木造。明治中期の絵だが、江戸時代のものと基本的に変わらない。『再来膝栗毛』（明治 23 年）。国会図書館蔵。

下 2 点：図 3-5　江戸の橋のたもとには公衆便所が設置されていた。そこでの出来事を描いた絵入り小咄。「橋ぎわのせついん〔雪隠〕にはいらんとすれば、うちからも出ようとする人あって、互に顔を見合わせ『これは与兵衛さん、只今、貴公の所へ、まいる所、かねて、おたのみの婚礼の相談ができました』「これはいかいお世話、よい所でお目にかゝり、よろこびまする」。『笑上戸』（安政年間）より。

捨五郎《すてごろう》は、「日暮の里《ひぐらし》」とも呼ばれる日暮里に風流な隠宅をかまえて住んでいた。おりしも三月、あたりは花見客でにぎわっている。

隠宅の前を、武家屋敷の六、七人の女が通りかかった。花見に出かけた、ある大名の側室と奥女中の一行で、弁当や水筒をかついだ中間《ちゅうげん》が従っていた。

一行は隠宅を見て、なにやら小声で話をしていた。ややあって、年かさの奥女中が枝折戸《しおりど》をあけて庭に入り、鉢植えをながめている捨五郎に声をかける──

「ちと、ご免くださりませ」

「はい、どなた。何のご用でござります」

「卒爾《そつじ》ながら、ちとお願いがござります。どうぞ用達所《ようたししょ》をご無心申し上げとうござります」

「はい、それはお安いご用。さあさあ、こちらへお通りなさりませ。ご遠慮には及びませぬ」

たまたま閑静な場所で水茶屋も商家もない。そこで、目にとまった民家に便所の借用を頼んだのである。

ただし、交渉はお付きの女中がおこなう。「用達所」や「ご無心」など、奥女中の言葉づかいがわかる。

大名の場合

さて、男の場合、武士であれ庶民であれ、外出先で尿意をおぼえたときは町中であっても、たいてい立小便ですませていた。ところが、ある程度以上の身分となると立小便はできない。

郡山（奈良県大和郡山市）藩の二代藩主・柳沢信鴻《のぶとき》は、安永二年（一七七三）、五十歳で藩主を退き、隠居した。隠居後の、駒込の下屋敷（現在の六義園）での日々を記したのが『宴遊日記』である。信鴻は多趣味で、男女の供を連れて芝居や行楽に出かけることも多かった。

安永三年六月一日、信鴻は供を連れて外出し、帰途──

榀娘水茶やへ寄廁《より》へ行《ゆく》。

榀娘の意味は不明。一行のなかの女中の名の隠語だろうか。とすると、女中のひとりが用を足したいと訴え、信鴻はわざわざ水茶屋に寄ったことになる。ただし、この記述では小用なのか大便なのかはわからない。

出先で便意をおぼえたときは厄介である。

図3－6は、出先で便意をおぼえた武士が我慢できず、公衆便所で用を足しているところである。両刀を差した若党ひとりと中間ふたりを供に従えているので、かなりの身分の武士と知れる。

前出の『宴遊日記』に拠ると、安永十年（一七八一）四月八日、柳沢信鴻は、家臣や女中を連れて中村座で芝居見物をした。終わったあと茶屋で休息し、その帰途——

五《いっ》ツを聞て起行、同道。月昼の如し。新材木町通、疝瀉《せんしゃ》の気味故《ゆえ》昌平橋廁《かわや》へ行。

疝瀉は下痢のこと。信鴻と一行は五ツ（午後八時頃）の鐘を聞いて茶屋を出立した。ところが、信鴻は下痢気味でとても便意を我慢できないので、昌平橋のきわの便所にはいった、と。この便所はいわゆる公衆便所であろう。

隠居とはいえ、大名が公衆便所を利用したのだから、よほど差し迫っていたに違いない。

昌平橋は、湯島聖堂の東南、神田川に架かる橋である。

信鴻は供の者を待たせておいて、公衆便所で大便をしたことになる。夜とはいえ、月が出て昼のように明るいというのだから、まさに図3－6そのものだった。警護のために便所のそばにひかえている家臣は、それこそ鼻をつまんでいたかもしれない。

遊里見物の最中の場合

では、遊里はどうだったであろうか。

吉原を描いた戯作『総籬《そうまがき》』（山東京伝著、天明七年〔一七八七〕）に、朝帰りのふたり連れの男が描かれている――

伏見町のかたより、ふたり連れにて帰る。ひとりは桐屋の横手の小便所、向こうの羽目へ、小便で、のの字を書きながら、

「こう、鉄へ、待てえ」

伏見町は、吉原のなかの町名。桐屋という引手茶屋の横手に小便所があった。ひとりが小便所の羽目板に向かって放尿しながら、さっさと先を行く鉄と呼ばれる連れに、待ってくれと声をかけているところである。

戯作『青楼真廓誌《すががきほんちょうし》』（寛政十二年〔一八〇〇〕）では、丁通《ちょうつう》、おき坊、安公《やすこう》の男三人が吉原で遊ぶ。無駄口を叩きながら――

お「ぬしの名はなぜ丁通といいなさいますねえ」

安「丁のことなら、まあ、頭で細見《さいけん》をそらで覚えて、どこの裏にはいくつ後架あるというまで」

丁「それを知っちゃあ」

お「とんだ肥取りだね」

図 3-6　武士が出先で便意を我慢できず、公衆便所で用を足しているところ。両刀を差した若党ひとりと中間ふたりを供に従えている。歌川広景『江戸名所道外尽』（安政 6 年〔1859〕）。国会図書館蔵。

丁は吉原のこと、細見は吉原遊びのガイドブック『吉原細見』のことである。

丁通と呼ばれる男は吉原細見を暗記し、便所の場所もすべて知っている、と。

ふたつの戯作から、吉原には公衆便所、とくに男用の小便所があちこちに設置されていたことがわかる。

これには特有の事情があった。

吉原は江戸最大の観光地だった。藩主の参勤交代に従って江戸に出てきた勤番武士が最初に行きたがったのが吉原である。遊ばないまでも、せめて見物をしたがった。そのほか、江戸見物に出てきた庶民が浅草の浅草寺に参詣したあと、裏手にあたる吉原に足をのばすのは一種の定番コースになっていた。

そのほか、当時は娯楽が少なかったため、金がないので登楼はせず、ぶらぶら見物するだけの男も多かった。

こうして妓楼にはあがらず、見物するだけの男が多数ぶらついていた。彼らが尿意や便意をもよおしたとき、好き勝手に妓楼の壁に立小便をしたり、物陰で脱糞したりすればたまったものではない。

そこで、公衆便所を設置したのである。妓楼の自己防衛でもあった。

ただし、糞便は下掃除人が汲み取っていたであろうが、小便所の小便はお歯黒どぶに垂れ流しになっていたであろう。

時には、妓楼も手をこまねいているしかない場合もあった。

留守居役《るすい》は藩の渉外担当の役職である。諸藩はどこも財政難だったが、留守居役の接待交際費は制限しなかった。それをいいことに、情報交換などを名目に諸藩の留守居役同士、吉原で豪遊するのは珍しくなかった。

熊本藩細川家に白杉庄助という留守居役がいた。白杉が他藩の留守居役と連れ立って吉原に出かけたとき、大通りである仲の町《なかのちょう》の真ん中で尻をまくって脱糞した。そのあと、じっとしゃがんでいる。

ちょうど大勢の供を引き連れて花魁《おいらん》が通りかかった。

「拙者、細川越中守《えっちゅうのかみ》の家来、白杉庄助と申す者なり。急にきざして、ここへ糞《くそ》を垂れたが、あいにく紙がなくて、はなはだ難渋しておる。何卒、一枚、ご無心申したし」

花魁は苦笑すると、ふところから懐紙を取り出して渡し、歩き去る。

白杉はもらった紙で尻をふき終えるや、糞便の上にかぶせ、さらにその上に一分金《いちぶきん》をのせ、悠然と歩き

【コラム】

糞尿を詠んだ狂詩

屁臭　屁くさい　蜀山人《しょくさんじん》

一夕飲燗曝　一夕　燗曝《かんざまし》を飲みてより
便為腹張客　便《すなわ》ち　腹張りの客《かく》と為れり
不知透屁音　透屁《すかしべ》の音を　知らざりしが
但有遺失跡　但《ただ》し　遺失《うんこ》の跡　有り

ある晩、燗冷ましの酒を呑んだところ、腹の具合が悪くなった。透かし屁をしたら音こそ出なかったが、実《み》が出てしまった。

蜀山人とは、大田南畝である。

至野雪隠　野雪隠《のせっいん》に至りて　滅法海《めっぽうかい》

欲低臨雪隠　低《た》れんと欲して　雪隠に臨《のぞ》みたれば
雪隠中有人　雪隠の中には　人有りけり
咳払尚未出　咳払いすれども　尚《なお》　未だ出でざれば
幾度吾身振　幾度《いくたび》か　吾《われ》は身振いしたる

外出先で便意をおぼえ、便所に駆けつけたが、あいにく先客がいる。咳払いをして急《せ》かしたが、いっこうに出る気配がない。こみあげる便意を、身悶えしながら我慢したものだった。

滅法海とは、京都の儒学者・畠中観斎である。

去った。

『寐《ね》ものがたり』（安政三年）に拠ったが、多くの人が行き交う仲の町だけに、さすがに糞便の上の一分金に手を出す者はいなかったという。

けっきょく、通りかかった下掃除人が始末をして、一分金をもらったのであろう。留守居役は日ごろ美食をしているので糞便の質もいい。下掃除人は良質の下肥を入手したばかりか、一分金まで手にしたことになる。

江戸近郊にも公衆便所があった

公衆便所は江戸の町だけでなく、近郊の村にもあった。

喜多見《きたみ》村（現・東京都世田谷区）のなかを、津久井往還《つくいおうかん》がつらぬいていた。津久井往還とは、三軒茶屋（現・世田谷区）から津久井（現・神奈川県相模原市）にいたる街道である。

天保五年（一八三四）三月十五日、旅人風の三十五、六歳の男が、喜多見村の街道沿いにある髪結床《かみゆいどこ》の雪隠《せっちん》にはいろうとしたかに見えたが、そのままばたりと倒れてしまった。

近くにいた人が駆けつけたところ、全身は血だらけである。あわてて医者を呼んで手当てをしたが、まもなく絶命した。

あらためたところ、腹部に深い刺し傷があり、手ぬぐいを押し当てて応急の血止めをしていた。また、喉にも刺し傷があった。財布には六十五両（小判で六十両、一分《ぶ》金で五両）がはいっており、ほかに銭で百八十五文を所持していた。

事件を記した『藤岡屋日記』（前出）には役所への届け書が写されているので、死んだ男の衣装や所持品などがくわしくわかるが、それは省略しよう。

興味深いのは、男が髪結床の雪隠にはいろうとしたことである。外便所なのはもちろん、街道を行く旅人の公衆便所の役割も果たしていたことがわかる。

現代の感覚では、自宅の便所を通行人に自由に使用させるなど考えられないが、江戸時代は違った。糞便は農民が買い取ってくれるだけに、髪結床の主人は、

【コラム】

「くそったれ」——糞尿と罵倒語

現代でも「くそったれ」など、罵倒語に糞便を用いるが、江戸の方がもっと多彩だった。

戯作『花暦八笑人《はっしょうじん》』（滝亭鯉丈著、嘉永二年〔一八四九〕）で、図武、野呂、卒公、左次、眼七と呼ばれる遊び仲間が、茶番の打ち合わせをしている——

図武「なんでも糞桶《こえたご》の荷縄《になわ》じゃあねえが、大丈夫にしておかねえと、始末のわりいことができるて」

野呂「ちげえねえ、ちげえねえ。卒公、まあ、案事《あんじ》はついているか」

卒公「へん、なくってさ」

左次「これさ、そう、くそ落ち着きがあぶねえの親玉だよ」

眼七「さればさ、雪隠《せっちん》の上水《うわみず》を見るように気障《きざ》に澄ましていて、たいへんなことをしでかすめえぜ」

卒公「こう、おめえたちは、何のこったな。や、糞《こえ》桶《たご》だの、くそ落ち着きだの、やれ、雪隠の上水だの、爺《じじ》むせえたとえばかり言う手合いだ」

肥桶や便壺の上水がたとえに用いられるのは、汲取り便所、そして汲み取りが人々の生活に密着していた証拠でもあろう。

なお、便壺の糞尿の上部に、外見は澄んだ水が薄くたまることがあり、これを「雪隠の上水」と呼んだ。澄ました顔をしているのを茶化して、こう言ったのであろう。

「どうぞ、自由に使って、たっぷり大便を落としていってください」
と願っていたに違いない。

さて、この殺人事件については犯人や動機などは不明であるが、おそらく旅人は街道を歩いていて刃物で襲われたのであろう。かろうじて逃げ出し、喜多見村の便所に隠れようとして力尽きたのではあるまいか。

2……頻発していた便所や肥運びでの事故

町中で肥桶を引っくり返す

江戸の町中を天秤棒で肥桶をかついだ下掃除人や、肥桶を背に積んだ馬が行き交っていた。人々には見慣れた光景だったろうが、事故はなかったのだろうか。

戯作『七偏人《しちへんじん》』（梅亭金鵞著、文久三年〔一八六三〕）で、虚呂松《きょろまつ》という男が粗暴な男と喧嘩になるが、相手がはずみで溝《どぶ》に落ちたのをさいわい、愚弄《ぐろう》して逃げ出す——

「べべべべべイのべっかこう」

と、尻を叩いていっさんに逃げ出す先の横丁から、担《にな》いて出る糞桶《こいたご》に出合いがしら突っかかると、桶は揺れてドンブラコとこぼれる糞《こい》を、虚呂松は半身あびて向こうへよろけ、鼻をつまんで立ちすく

図 3-7　肥桶を積んだ馬が暴れ出し、道に糞尿をぶちまけてしまったところ。「霞が関の眺望」とあり、場所は霞が関で江戸湾が見える。右側は福岡藩黒田家の上屋敷、左側は広島藩浅野家の上屋敷。『江戸名所道戯尽』（歌川広景）より。国会図書館蔵。

み、

「ああっ、えええ、おお、臭《くせ》え、おお、臭え」

往来の人、

「おお、臭え、おおお、臭え」

図3－7は、肥桶を四つ（二荷）積んだ馬が暴れ出し、道路に糞尿をぶちまけてしまったところである。「霞が関の眺望」とあるので、場所は霞が関。江戸湾の海が見えるので、その位置関係から右側は福岡（福岡市）藩黒田家の上《かみ》屋敷、左は広島藩浅野家の上屋敷である。

ところで、『七偏人』や図3－7のような状況は、あくまで作者や絵師の誇張と諧謔《かいぎゃく》なのであろうか。

『宴遊日記』に、つぎのような記述がある――

安永四年十一月二十五日

加賀裏にて五間計《ばかり》先へ僧侶独り、老婆婦人二三人前行、加賀辻番へ廻れハ屎桶を覆し四方糞水路上にみち、先行の僧侶も老婆も衣裾を汚し拭居たり、少し後れし故此難を免れ……

柳沢信鴻が供を連れ、本郷の加賀藩前田家の上屋敷のあたりにさしかかったときのことである。信鴻の五間（約九メートル）ばかり先を僧侶ひとり、老婆や婦人二、三人が歩いていた。

下掃除人が運んでいた肥桶をひっくり返し、僧侶と老婆の着物の裾に汚水がかかってしまった。あたり一帯は糞尿でドロドロである。信鴻はあやういところでこの災難をのがれることができた、と。

なんと、『七偏人』のような事故が、江戸の街角で実際におきていたのである。

江戸は道が狭い上に、場所によっては人でごった返していた。

天秤棒で前後に肥桶ふたつをかつぎ、人ごみのなかを歩いているのだ。人や物にぶつかり、道のまんな

【コラム】

馬に喰いちぎられた陰茎

文政九年（一八二六）六月二十八日のこと。

昼八ツ（午後二時ころ）すぎ、牛込水道町（現・新宿区水道町）にある豆腐屋に二十七、八歳くらいの農民が馬を引いてやってきた。馬の背には肥桶がつまれており、汲み取りの帰りのようだった。

居酒屋などで一杯ひっかけてきたのか、男はかなり酩酊している様子だった。

「オカラがあれば、売ってくだされ」

「あいにく、売り切れてしまいました」

豆腐屋の主人の幸助が告げた。

やむなく、男は馬を引いて帰ろうとするが、馬がなかなかいうことをきかない。酔った勢いもあり、腹立ちまぎれに、手綱《たづな》で馬の鼻面をピシリと打った。

とたんに、馬が暴れ出した。

男があわてて鎮めようとしたが、その際、はずみで手綱が足に絡みつき、馬の顔の下あたりにステンと転んでしまった。着物は尻っ端折りしている。ふんどしがゆるみ、陰茎がポロリと姿を見せた。

それを見て、馬は口を近づけるや、ガブリと嚙み付き、頭をひとふりした。陰茎は根元に二、三本の毛が付着したまま、スッパリと切断されてしまった。

たちまち陰部から血があふれ出るが、酔っている男はさほど痛みも感じないのか、気絶するでもなく、ごく平然としていた。

あわてたのは、一部始終を見ていた幸助のほうである。男の傷口に薬を付け、綿を押し当てて血止めをするなどの応急処置をほどこしてやった。

「もう、だいじょうぶでございます。ひとりで歩いて帰れます」

男は礼を述べたあと、馬を引いて、しっかりした足取りで歩き出す。

幸助は落ちていた陰茎を拾い、紙に包むと、渡してやった。

見ていると、男は紙包みを手にしてしばらく歩いていたが、何を思ったのか、道端にポイと放り投げ、そのまま行ってしまった。

幸助があとを追いかけ、陰茎を回収したが、すでに男の行方は知れない。しかも、住所や名前も聞いていなかった。

処分に困った幸助は、陰茎を鮑《あわび》の貝殻に入れて町内の自身番に持参し、月行事《がちぎょうじ》（月番の町役人）の源右衛門に届け出た。

源右衛門は陰茎をあらためた上、近所で若者のことを問い合わせると、けさ、牛込五軒町の小普請組稲尾左門の屋敷に肥汲みに来た農民で、下練馬村（現・練馬区）の孫右衛門の倅《せがれ》で孫四郎ということが判明した。

翌日、源右衛門は陰茎を竹の皮に包み、下練馬村に孫右衛門を訪ね、いきさつを話した。

「そのようなことは、倅から何も聞いておりません。そういえば、倅はけさから、具合が悪いといって、臥《ふ》せっておりますが」

応対に出た父親の孫右衛門は、あきれ返っている。

そのとき、隣の部屋に寝ていた孫四郎がようよう頭をあげ、苦しそうに挨拶をした。

「きのうは、とんだことで、お世話になりました。きょうになって傷が痛み、どうにも起きあがることができません。寝たままで、申し訳ありません。じつは、親父にはまだ話しておりませんでした。女房には昨夜、打ち明けたのですが、とりのぼせてしまい、嘆き悲しみ、わたしと同様、寝込んでしまいました」

「それはお気の毒なことでございますな。ともあれ、このような物を町内に捨てられると、お奉行所にお届けしなければならず、そうなると町内の物入りはかさみ、はなはだもって迷惑でございます。ここに持参いたしましたので、どうか、お受け取りください」

源右衛門が神妙な口上を述べ、陰茎を取り出した。奥から、孫四郎の女房が出てきた。二十一、二歳くらいで、髪を櫛巻《くしま》きにしていた。

「昨日、亭主がご町内で思いがけぬ怪我をして、たいへんなお世話になり、しかも今日は、わざわざ魔《ま》羅《ら》をお持ちいただき、まことにありがとう存じます。あらためた上で、受け取ります」

涙ながらに礼を述べたあと、女房は竹の皮包みをほどいて、中身をとっくりとながめた。

太さは一寸五分（約四・五センチ）ほどで、長さは二寸三分（約七センチ）あった。

「亭主のものに相違ございません。たしかに、お受け取りします」

そう言うや、女房は陰茎を小ぶりな風呂敷に包み、うやうやしく床の間に置いた。

「では、たしかに、お渡しいたしましたよ」

源右衛門は一家から丁重な礼を述べられ、帰途についた。


『兎《と》園《えん》小《しょう》説《せつ》外《がい》集《しゅう》』（滝沢馬琴編）に拠ったが、珍事件といってもよかろう。もちろん、当事者の孫四郎にとっては災難だったろうが。

孫四郎は馬で肥桶を運んでいることからみても、下掃除が専業だったのであろう。息子が下掃除に従事していたくらいだから、裕福な農家だったはずである。

「馬にのりねぶる」。農民が、肥桶と一緒に馬に乗りながら、居眠りをしているところ。場所は江戸日本橋で、見ている者が「ありやありや、おちよぞ」（あれじゃ、落ちるぞ）とはやし立てている。早朝に出発してきたため、帰路でうたた寝をしてしまったのだろう。如儡子『可笑記』（寛永 13 年〔1636〕）より。早稲田大学図書館蔵。

かで肥桶をひっくり返してしまうのは珍しいことではなかった。

『宴遊日記』には、つぎのような記述もある――

天明四年十二月三日

追分にてこやし付たる馬顛倒《てんとう》今引起したる棒馬士も穢をあひたる様子。

追分とは、道が日光御成道《おなりみち》（岩槻街道）と中山道に分れる駒込追分であろう。加賀藩の上屋敷からほど近い場所である。肥桶を積んだ馬が追分で転倒した。下掃除人がようやく馬を起きあがらせたが、全身に糞尿をあびいた、と。

江戸の街角で、まさに図３－７のような事故が実際におきていた。図３－７はけっして作り事ではなかった。

肥溜《こえだ》めに落ちる事故も珍しくなかった。

肥溜めに落ちる

江戸の近郊農村（現在の葛飾区あたり）を舞台にした戯作『田舎談義』（竹塚東子著、寛政二年〔一七九〇〕）に、二十歳くらいの若者と十七、八歳の娘の逢引が描かれている――

「そこなぁ、お兼《かね》じゃあねえか」

「誰だ、徳どんか。いかく待ちましたぁよ。あせ、はあ、そんなにおそくござる」

「俺も、はあ、気ぃせくから、日ぃ暮れると（中略）道をくるとって、権右衛門どんの糞溜《こえだ》めへがら落っこち申して、散々はぁ、面《つら》も体も糞だらけになり申した。とんだ目に合いましたよ。どうもはぁ、

【コラム】

便壺に金品を落とした場合

文化四年（一八〇七）の夏のこと。

幕臣・鍋島十之助の家来に、川島という小柄な男がいた。

川島は、数人と連れ立ち、浅草に遊びに行った。浅草寺を参詣したあと、並木町の茶屋にあがり、酒を呑んだ。

便所に行ったところ、穴の上に踏み板をふたつ渡しただけの簡易なものだった。うっかりして、ふところに入れていた財布を便壺のなかに落としてしまった。

財布には、南鐐《なんりょう》二朱銀七片と印形《いんぎょう》も入っている。竹竿などを使って取り出そうとしたが、うまくいかない。

ついに川島は、着物を脱ぎ捨てて真っ裸になり、便壺のなかにはいって、足の先で底をさぐった。

たまたま、女が数人連れで茶屋にあがった。ひとりが小用のため、便所に行った。まさか便壺のなかに人がいるとは知らず、着物をまくる。すると、下に人の手があった。

「ぎゃー」

女は叫んで気絶し、もろに便壺に落ちてしまった。茶屋は大騒ぎになった。

大勢が駆けつけ、川島と女を便壺から引き上げ、水をかけて全身を洗い清めた。

『耳袋』（根岸鎮衛著）に拠《よ》ったが、いくら大事な物を捜すためとはいえ、真っ裸になり、便壺の糞尿のなかに素足を突っ込むのは、現代人の感覚ではとうてい信じがたい。

当時、便所は汲み取りであり、人々は物心ついたころから、その臭気や形状に慣れていた。人々は、糞尿に対して現代人ほど抵抗感がなかったのかもしれない。また、下級武士は、庶民とほとんど変わらない生活実感を有していたこともわかる。

すべいようがござんねえから用水堀へどんぶりと飛び込んで、あにかぁ、洗濯のうし申して、弥兵衛後家を頼んで、袷《あわせ》のう、そっと兄嫁のとけえそう言ってやって、ようよう、うま、きました。これ、見さえ。まだ糞の匂《にお》えがします」
「ほんになぁ、薄ぐさくござる。どこも怪我なあ、し申さぬか」
「あに、はあ、怪我はしなえが、ただ糞《くそ》にばえなったことよ」
「そんだらいい。今夜は内の首尾もでかくいいから、思入れに遊んばえ。どけえ行くべいかな」

糞尿の匂いをただよわせた男を、女はとくに忌避《きひ》する様子はない。そのあと、落ち着ける場所を見つけたふたりは、たっぷり性行為を楽しんだであろう。若い男女の逢引という意味では江戸も農村も変わりはなく、ほほえましい光景といえよう。

当時の農民は子供のころから下肥に慣れており、日常的な匂いだったことがわかる。

フィクションではあるが、肥溜めに落ちる事故は少なくなかったに違いない。また、江戸近郊農村の農民の言葉遣いもよくわかる。

3……愛欲の場所としての便所

「ほんのこれが〝くさい仲さ〟」

江戸では男女の密会の場所として、現在のラブホテルに相当する出合茶屋や、料理屋や船宿《ふなやど》の二階座敷、茶屋の奥座敷、さらには隅田川に浮かべた屋根舟などが利用されたのはよく知られている。こうした場所で情交している男女を描いた春画も多い。

しかし、こうした場所はかなり金がかかるし、普段から使い慣れていないと交渉もできない。若くて貧しい男女にはとうてい無理だった。

では、どうしたか。

彼らは人目を避けてふたりきりになれる場所なら、それこそどこでも利用した。便所も例外ではなかった。

戯作『白狐通《びゃっこつう》』（〔一世〕梅暮里谷峨著、寛政十二年〔一八〇〇〕）に、下女と飯炊《めした》きの下男の逢引についてー

しんみりのはなしは夜が更《ふ》けてから長屋の厠《かわや》が定式《じょうしき》。ほんのこれがくさい仲さ。

下男と下女には、長屋の総後架ぐらいしか忍び会う場所はなかった。

春本『春情指人形』（溪斎英泉著、天保九年〔一八三八〕頃）に、ともに長屋住まいの十七歳の指吉と十六歳の娘の情交についてー

これまで軒下や総後架で、ちょんの間《ま》で、玉茎《へのこ》を半分くらい入れると、指吉が先に気をやり、鶏や猫のようにちょいちょいと、とぼしたこともあるゆえ……

指吉と娘は逢引の場所に苦労し、軒下や長屋の共同便所で情交していた。ただし、場所が場所だけに、ちょんの間にならざるを得なかった。

図 3-8　裏長屋の総後架で、男女が逢引しているところ。頬被りで脇差を差した男がのぞき込み、いまいましそうに言う。「とんだところで開（ぼぼ）をしやぁがる。糞のようなやつらだ」。喜多川歌麿『艶本常陸帯』（寛政 12 年〔1800〕）より。国際日本文化研究センター蔵。

図 3-10　武家屋敷の外便所と思われる。女は腰元、男は髪結で、かねてより相思相愛の仲。女は男の足音を聞いて、そっと屋敷から抜け出してきた。便所は、スリル満点の密会の場でもあった。宮川春水『百色初』（明和〔1764 ～ 71〕中期）より。国際日本文化研究センター蔵。

図 3-9　大きな屋敷の外便所での奉公人らしき男女。男は、女が便所に行く機会を狙い「本望遂げた」。女は「これ、滅相な」と驚き嫌がっているが、最後は「ああ、よい」と言っている。右側の垣根の隙間から、女ふたりがのぞき、「腹の立つ」「言うて、なぶってやろう」と妬んでいる。『床すず免』（司馬江漢）より。国際日本文化研究センター蔵。

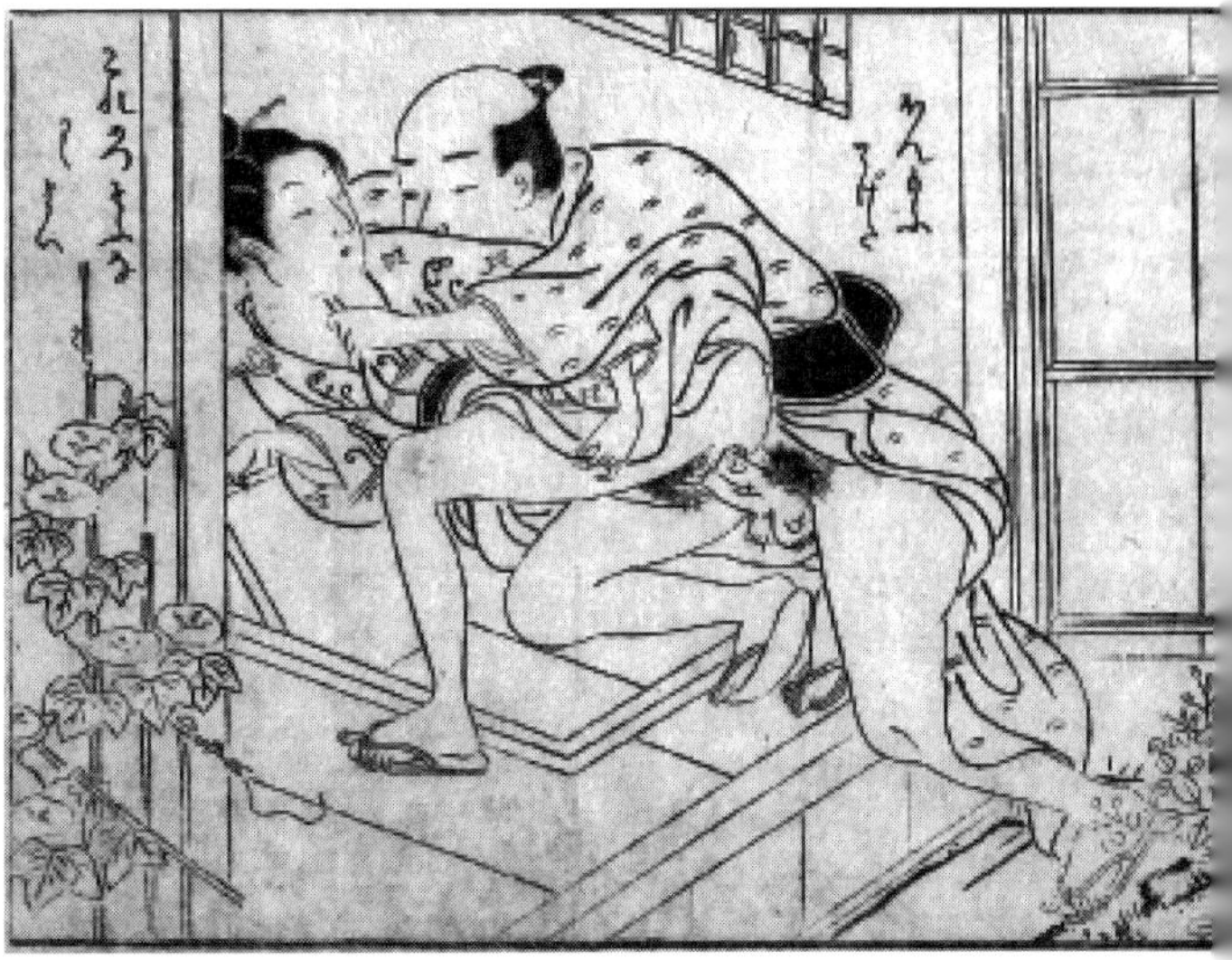

ちょんの間とは、低級な女郎屋の短時間で安価な遊び方だが、男女間のせわしない性行為や、早漏気味の性交も「ちょんの間」といった。「とぼす」は性交の意味である。

現代の洋式の水洗トイレは蓋をおろせば椅子にもなるが、当時の汲み取り便所は床の中央にぽっかり穴があいていて、うっかりすると足を便壺につっこみかねない。悪臭のなかで危険と隣り合わせの性行為だったが、燃えあがった若い男女は、そんなことはものともしなかったといおうか。困難があればあるほど燃えあがるのは人間の恋愛心理である。

便所でもいいので、とにかくしたい男と、それに応じる女。いじらしい光景といえるかもしれない。

図3－8は、裏長屋の総後架で男女が逢引しているところである。頬被りをして脇差を差した男がそっと近づき、のぞき見て、いまいましそうに悪態をつく――

「とんだところで開《ぼぼ》をしやぁがる。糞《くそ》のようなやつらだ」

開は女性器と性交のふたつの意味があるが、ここは後者である。

なお、先述したように裏長屋の総後架の扉は半分しかなかったので、しゃがんでも頭が見えた。

雪隠で忍びあふとは糞だわけ
雪隠の戸おさへ不義ものめつけた

など、便所で逢引する男女を詠んだ川柳は多い。後者は武家屋敷の光景であろう。

武家屋敷の便所でも

図3－9は、大きな屋敷の外便所である。ともに奉公人であろうか。

女が便所に行く機会を狙っていた男は、

「本望遂げた」

と満足げである。

一方の女は、「これ、滅相《めっそう》な」と驚き、嫌がっていたが、最後は、「ああ、よい」と、これまた満足げである。

狭い場所だけに、体位は後取《うしろど》り（後背位）にならざるを得なかった。なお、便所の扉があいたままなのは、ふたりの性行為を見せるための絵師のサービスである。こうした設定をした上で、諧謔も加味した。

垣根の隙間から女ふたりがのぞき、

「腹の立つ」

「言うて、なぶってやろう」

と、便所での情交をうらやましがっている。

図3－10は、武家屋敷の外便所のようである。絵の書入れに拠ると、女は腰元、男は髪結で、かねてより相思相愛の仲だった――


「足音が聞こえたから、きやした」

「心が通じてこの出合い。ひとしおよいぞ」


女は男の足音を聞いて、そっと屋敷から抜け出してきた。男はスリル満点の密会だけに、かえって燃えるようだ。

江戸にもいた〝のぞき魔〟

図３－12および第Ⅲ章扉は、商家の内便所であろう。女が放尿しているところに、男が強引に侵入してきた。背後から男がささやく――

「俺がふいてやろう。なんなら、よくなめてやろうか」

「こんな狭いところで、どうするものかね。おまえも、よっぽど物好きだねえ」

女が放尿中の便所にはいり込み、放尿後の女の陰部をふいてやる、さらにはなめて清めるなど、まさしく変態行為であろう。

江戸にも変態の男はいた。また、便所は変態行為の場でもあったということになろうか。

変態のひとつに、便所ののぞきがある。

図３－11は、女の放尿を男がのぞいているところである。場所は東海道の宿場の鳴海《なるみ》（現・名古屋市緑区）。便所は外便所のようだ。

鳴海は名物の有松絞《ありまつしぼり》で知られるが、書入れによると女は有松絞屋の女房で、放尿しながら、こう述懐している。

「ああ、こらえていた小便をするほど、いい心持ちはないぞ」

図３－13・14ものぞきだが、場所は屋外である。

春画特有の誇張はあるにしても、庶民の女が物陰で放尿するのはごく普通のことだったから、のぞきも容易にできた。なかには、図３－13のように、のぞき見をしながら自慰をする男もいたに違いない。

上：図 3-11　女の放尿をのぞく男。東海道の鳴海宿。女は名物の有松絞り屋の女房で「ああ、こらえていた小便をするほど、いい心持ちはないぞ」。恋川笑山『旅枕五十三次』（嘉永年間）より。

下：図 3-12　女が放尿しているところに、男が強引に侵入してきて「俺がふいてやろう。なんなら、なめてやろうか」と囁いている。歌川国芳『花結色陰吉』（天保 8 年〔1837〕）より。ともに国際日本文化研究センター蔵。

4……上方の汲み取り

上方では小便も肥料として活用していた

江戸近郊の農村では、小便の肥料効果は低いとみなしていた。そのため先述したように、裏長屋では男用小便所の尿は溝《どぶ》に流してしまっていた。そのほか、男はあちこちで立小便をして、道に垂れ流していた。

一方、上方《かみがた》では事情はことなり、小便を肥料として活用していた。

紀州藩徳川家の医師が江戸に滞在中の見聞を記した『江戸自慢』（著者不詳、幕末期）に、江戸では小便に価値がないのに驚き――

　御府内ハ言ニ不レ及《およばず》、村落たりとも小便桶なく、大道へたれ流しなり。又糞取を見しに、厠《かわや》中の糞塊《こえのかたまり》のみすくひ取て、小便は残し置て汲取らず……

江戸でも近郊農村でも、小便は専用の小便桶で集めず、道に垂れ流しにしている。汲み取りの様子を見ても、下掃除人はもっぱら糞便だけをすくっているようだ、と。

もちろん、厳密に糞便と小便を汲み分けられるものではないし、肥溜めでもいっしょくたになっていたのだから、江戸では上方ほど小便を重視しなかったということである。

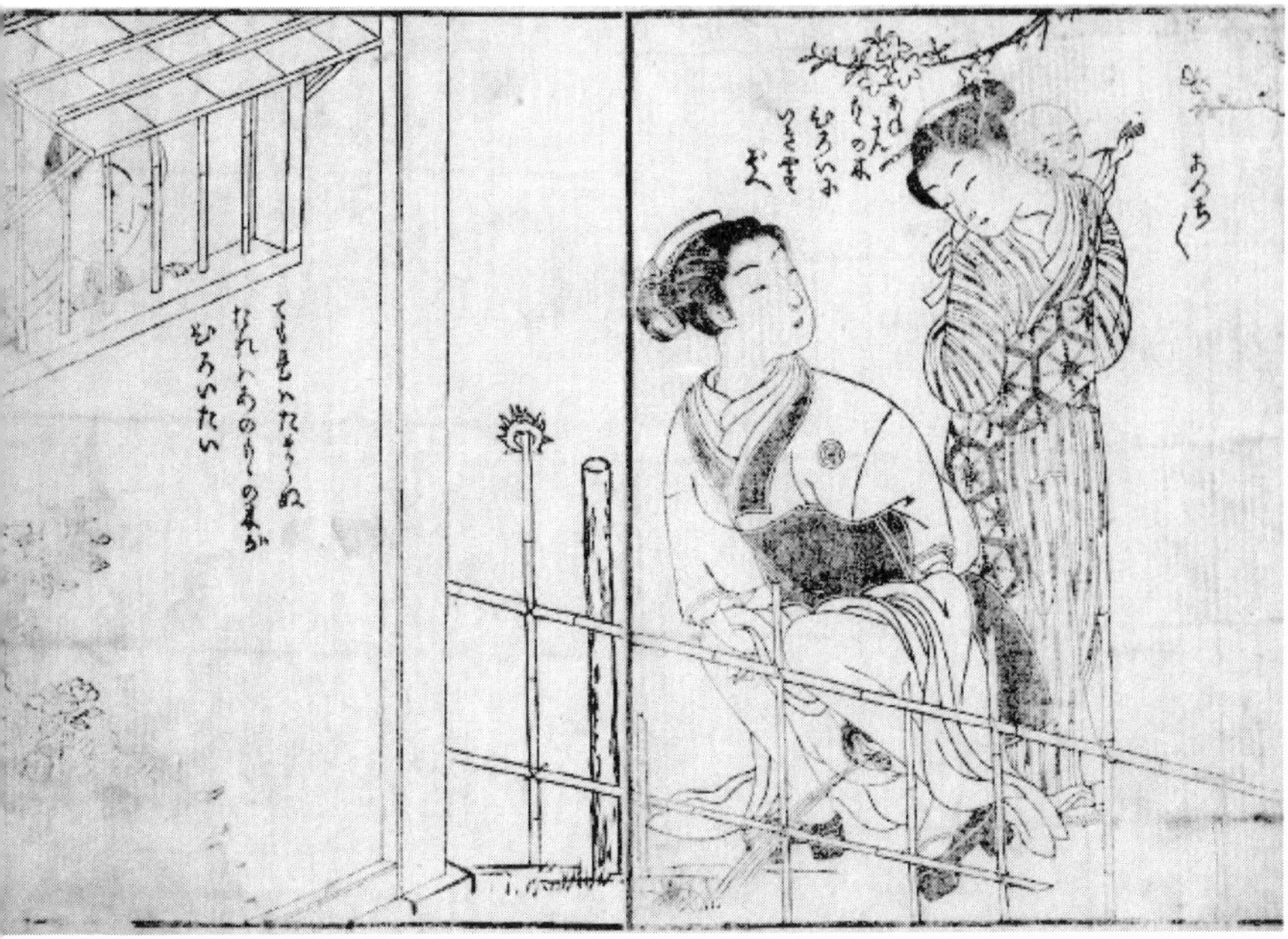

上：図 3-13　女が物陰で放尿し、男が垣根からのぞき、自慰をしている。喜多川歌麿『艶本多歌羅久良』（寛政 12 年〔1800〕）より。**下：図 3-14**　女は話しながら放尿をしており、左側の窓から男がのぞき見している。司馬江漢『艶道増加が見』（明和 6 年〔1769〕）より。ともに国際日本文化研究センター蔵。

さらには、江戸でも一部では小便の利用があった。

『世のすがた』（前出）に——

又小便溜を市中の小路に埋置事《うめおくこと》、文政の始《はじめ》よりはじまり、これを汲取て近村に遣《つかわ》す事を請合《うけあう》ものあり、一つの株のやうに成《なり》しと聞《きく》。

とあり、道のかたわらに小便用の樽を埋めて収集し、これを農村に売ることが文政のころから始まった。樽の設置は株として、権利のようになっているらしい、と。

また『守貞謾稿』（前出）にも、江戸の裏長屋では——

図3-15　『百人一首地口絵手本』より。国会図書館蔵。

稀《まれ》に尿を蓄ふ者あり。皆代家主に収む。

とあり、裏長屋ではまれに男の小便をためるところがあって、汲み取りの代金はすべて大家の収入になる、と。

注目すべきは図3－15である。扉が半戸なので、江戸の外便所である。左に小便用の肥桶が置かれており、小便を集めているようだ。

江戸時代も後期になると、江戸の近郊農村でも小便を野菜などの肥料に利用する動きが出てきたことがわかる。

【コラム】

江戸のスカトロジスト、柳沢淇園

柳沢淇園《きえん》は、江戸時代中期の文人・画家で、柳里恭《りゅうりきょう》の名でも知られる。その著『ひとりね』（享保九年〔一七二四〕）につぎのような話がある

柳沢淇園が、かつて大和の生駒山に遊んだときのことである。生駒山は役小角《えんのおづぬ》が修業した山で、仙人が住んでいると伝えられてきた。

山中で淇園はひとりの老人と出会った。けわしい道を軽快な足取りで歩き、顔色は桃の花のように若々しい。

不思議に思った淇園が声をかけた。

「そなたは、いかなる人でございますか。なぜ、そのようにすこやかなのでしょう。お年は少なく見積もっても七十歳くらいとお見受けします。仙人のお子まではいかずとも、孫くらいにはなるのではありませんか。もし不老不死の薬をお持ちであれば、少し譲っていただけませんか」

老人が笑って言った。

「よく見抜きましたな。わしは地元の者で、諸国を徘徊しているような仙人とは違いますぞ。わしは仙薬を用いております。けっして他言をしないと約束すれば、その製法をお教えしましょう」

「けっして他言はいたしません」

「では、お教えしましょう。京都の島原遊廓の遊女の糞を、江戸の吉原遊廓の遊女の小便でよく練るのです。これを服用します」

「それはなんとも、きたない仙薬ですな」

「なんの、きたないことがありましょう。惚れた遊女の糞や小便であれば、きたないことはありませんぞ」

『ひとりね』は随想で、さも自分が体験したかのように書いているが、とても事実とは思えない。淇園の作り話、あるいは創作であろう。淇園にはスカトロジーの傾向があったのだろうか。

京女の立小便

もともと、小便を活用する上方では、女の立小便もこまめに回収するほどだった。

京都の女の立小便に言及するとき、必ずと言ってよいほど引用されるのが、滝沢馬琴が享和二年（一八〇二）に上方を旅したときの紀行文『羇旅漫録《きりょまんろく》』である。

同書に、「女児の立小便」として——

京の家々厠の前に小便担桶《たご》ありて、女もそれへ小便をする故に、富家の女房も小便は悉《ことごと》く立て居てするなり。但《ただし》良賤とも紙を用《もちい》ず。妓女ばかりふところがみをもちて便所へゆくなり。月々六斎ほど

【コラム】

女形の立小便

江戸時代、男も女も平気で屋外で放尿していた。

文化期（一八〇四～一八）のころの話が『多話戯草《たわけぐさ》』（石塚豊芥子著）に出ている。

おりしも三月芝居に出ていた歌舞伎役者の松本小三郎と岩井梅蔵は、役を終え、八ツ（午後二時ころ）時分から、向島に花見に出かけた。小三郎、梅蔵夫婦、供の者の四人連れである。

咲きほこる桜をながめながら茶屋で休んでいると、酒に酔った武士四、五人が、どやどやと茶店にはいってきた。

梅蔵夫婦は、武士の集団に恐れをなし、こそこそと座を茶店の隅に移した。ところが、小三郎はそのまま茶店の真ん中に居座り、平気な顔で煙管《きせる》をふか

せていた。

小三郎は女形で、年齢は二十歳そこそこだった。芝居小屋からそのまま出かけてきたため、縞縮緬《しまちりめん》の半襟《はんえり》の付いた小袖《こそで》を重ね着して、燃えるような緋縮《ひぢり》緬《めん》の湯文字《ゆもじ》、水浅黄《みずあさぎ》の手ぬぐいで髪を包むという粋な娘のいでたちである。

武士たちは、小三郎をてっきり年ごろの娘と思い、ちょっかいを出してきた。

小三郎は、若い女の声色を使い、色気たっぷりに応じた。武士たちは図に乗り、しなだれかかる始末である。

そばで見ていて、梅蔵夫婦は気が気でない。

ふたりが気をもんでいるのを察して、小三郎が目配せし、先に行くようにうながした。

梅蔵夫婦は茶代を払うと、そそくさと立ち去った。

増長した武士は、頬ずりしたり、裾から手を入れようとする。

やおら、小三郎が恥ずかしそうに言った。

「わたくしは、ちと、はばかりに参りますから、少しのあいだ、ご免を願います」

「そうか、では、早く用を足してまいれ」

武士たちはニヤついていた。

茶屋の前は、隅田川の土手である。

小三郎は土手に横向きに立つと、裾《すそ》をめくって陰茎を引っ張り出し、その場でシャーシャーと立小便を始めた。

武士たちは驚き、

「あれは、あれは」

と、娘とばかり思っていた小三郎の陰茎を指差している。

小便を終えると小三郎は、まわりの見物人に向かって、

「どなたもお静かに、お静かに」

と言いつつ、悠然と歩き去った。

呆然と見送った武士たちは、茶店の女将《おかみ》にたずねた。

「いまの者は、いったい何者じゃ」

「あの人は歌舞伎芝居の女形で、松本小三郎という役者でございます」

「うーん、にっくきやつめ」

武士たちは酔いもさめてしまい、口々に憤懣《ふんまん》を述べながら茶店を出た。

づゝこの小便桶をくみに来るなり。或《あるい》は供《とも》二三人つれたる女、道ばたの小便たごへ立ながら尻の方をむけて小便をするに耻《はじ》るいろなく笑ふ人なし。

京都では、便所のそばに女用の小便桶があって、女はこれに向かって立小便をする。事後は身分にかかわらず紙で処理しないが、遊女だけは懐紙を持って小便に行く。一ヵ月に六回ほど、農民が尿を回収にくる。供の者を二、三人ほども連れた身分の女が、道端に置かれた小便桶に尻を向けて立小便をしても恥ずかしいと思わないし、これを見ても誰も笑わない、と。

京都近郊の農村では、尿を野菜用の肥料として重宝していたため、家屋の便所のそばに小便桶を置くのはもちろん、路傍にも置いて、

「どうぞ、ここに放尿してください」

と呼びかけていたのである。

なお、京都では遊女以外の女は、放尿後に紙でしずくをふき取る習慣がなかったようだ。いわば自然乾燥にまかせていたわけだが、当時の下着である湯文字（腰巻）は現在のパンティーのように肌に密着しないので、それなりに合理的かつ快適だったのかもしれない。

『松屋筆記』（小山田与清著、江戸後期）も――

婦女の立小便は田舎に限らず京大坂にもおほかり。

と明言している。

ところで、女の立小便は、男の立小便とはかなり姿勢がことなる。男が立ったままで小便をするとき、陰茎に指をそえれば上下左右、自在に放尿の方向を変えられる。ところが、女は自由に方向を変えること

ができない。

女が放尿する場合、たとえば図３－13・14（139頁）などのようにしゃがんで腰を落とし、股をひらき、尿は前方斜め下に噴射される。ところが、図３－16にあるように立ったまま股をひらき、上体を前傾させて尻を突き出した姿勢で放尿すると、尿は後方斜め下に噴射される。これが女の立小便である。

京都では女が道端で小便桶に向かって尻を突き出し、後方に向けて立小便をしていた。

『平口閑話』（前出）に、「京風いろは短歌稿」として、つぎのような戯文《ぎぶん》が出ている——

ゐなかにまさるきたなさは
のきをならぶる町中で
おいへさんでもいとさんでも
くるりとまくつて立小便

上方で「おいへさん」は奥さん、「いとさん」はお嬢さんの意味である。京都では女が人前でも平気で立小便をしていることは、江戸でもよく知られていた。

もちろん、江戸でも女が道端で平気で放尿していたのだが、立小便ではなく、しゃがみ小便だった。

図 3-16　京都では、女は道端で小便桶に向かって尻を突き出し、後方に向けて立小便をしていた。『好色調方記』より。

5……外国人の見た下肥利用

江戸時代、日本に滞在できた外国人は長崎のオランダ商館の関係者に限られており、しかも狭い出島から自由に出ることは許されていなかったため、江戸まで旅をして各地で見聞を広げることができた者はごく少数だった。

限定されていたとはいえ、彼らは当時としては高い教育を受けており、科学精神もそなえていたし、人種的な偏見もなかった。そんな彼らの目に、わが国の糞尿事情と下肥利用はどう映ったのであろうか。

ドイツ人医師、ケンペル

ドイツ人の医師のケンペルは元禄三年（一六九〇）、五代将軍・綱吉のときに長崎のオランダ商館に着任した。商館長の江戸参府にも二度、随行した。その著『江戸参府旅行日記』に――

街道を管理する者は、近所に住んでいる百姓が欲得ずくで不潔なものを利用するので、道路を清潔に維持することについては、ほとんど苦労することがない。毎日落ちてくる松葉や松かさを彼らは焚《たき》物《もの》として集め、それで多くの土地でみられる薪《たきぎ》の不足を補っている。百姓の子供たちは馬のすぐ後から付いてゆき、まだぬくもりのあるうちに馬糞《ばふん》をかき集め、自分たちの畑に運んでゆく。そればかりでなく旅行者の糞尿さえ同じ目的で拾いあげ、またそのために百姓家近くの街道脇には、便所として作った小さな粗末な小屋があり、その中にも糞尿が溜《た》めてある。すり切れて投げ捨てた人馬の草鞋《わらじ》も同様にこの小屋に集められ、焼いて灰をつくり糞尿にまぜるのだが、これはどこでも肥料として使われる。田畑や村の便所のそばの、地面と同じ高さに埋め込んだ蓋もなく開け放しの桶の中に、この悪臭を発するものが貯蔵されている。百姓たちが毎日食べる大根の腐ったにおいがさらにそれに加わるので、新しい道がわれわれの眼を楽しませるのに、これとは反対に鼻の方は不快を感ぜずにはいられないことを、ご想像いただきたい。

（中略）

便所は後屋の脇にあり、二つの戸口を通って入るように造ってある。中に入ると清潔な床の上に莫蓙《ござ》が敷いてあり、素足でふれるのがいやな人には、一足のイグサか藁で作った新しい草履《ぞうり》が置いてある。用を足すやり方はアジアの流儀で、つまり、しゃがんで床の狭い穴の中にする。もみ殻か刻んだ藁がいっぱい入っている一個の長方形の桶《おけ》が外から差込んであって、それで悪臭はたちまち吸収されてしまう。身分の高い人たちの場合には、穴の上のしゃがむ前の所にある小さい板〔きんかくし〕や引戸の取っ手に、その都度一枚の白い紙を貼りつける。便所の近くには手水鉢《ちょうずばち》があり、すぐに手を洗うことができる。それは普通は丈が高く、まっすぐに立っている凸凹《でこぼこ》の石で、上の所は水を入れるためにきれいにくりぬき、新しい竹の柄杓《ひしゃく》が備えてある。しかもそのうえ、その他の所は松かヒノキの板で蓋《ふた》がしてあるが、人人が頻繁に蓋をとる時に持ちやすいように竹のつまみが差し込んである。これは竹というものがいつもきれいで、ニスが塗ってあるような性質を持っているからである。

表現にわかりにくい点があるが、江戸時代前期には下肥の利用が定着し、農民はいろんな手段で糞尿を確保しようとしていることがわかる。

オランダ商館長の江戸参府は、大名の参勤交代と同じ待遇だった。ケンペルの便所に関する記述は、本陣など当時の最高級の宿泊施設であることに留意しなければなるまい。

高級な旅籠屋では、汲み取り便所特有の悪臭をできるかぎり消すため、いろんなくふうをこらしていた。

スウェーデン人医師・植物学者、ツンベルク

安永四年（一七七五）、十代将軍・家治のときに長崎のオランダ商館に着任したスウェーデン人の医師・植物学者のツンベルク（ツュンベリー）は、翌安永五年、商館長の江戸参府に随行した。その著『江戸参府随行記』にこう書いている――

世界中にこの国ほど、より丹念に肥料を集めている国はない。言うなればこの点に関しては、利用できるものはすべて利用するのである。（中略）ヨーロッパの畑では滅多に利用しない尿さえも、ここでは大きな壺に丹念に集められる。その壺は農村だけでなく、街道の端のあちこちにも埋めてある。（中略）農民は、人間や家畜類の糞や厨房から出る屑はすべて水と尿で混ぜ合わせて完全な粥状にするという厄介な作業を行なう。それを二つの大きな桶に入れて自分の畑に運び、一クヴァテール（約一五センチメートル）ほどに伸びた作物に柄杓《ひしゃく》でかける。そうすれば肥料は非常に有益に利用でき、その養分はすぐ根元にまで達する。

ツンベルクの記述にはピンとこない部分もあるが、すでに下肥の利用が完全に定着していたことがわかる。農民は尿も可能なかぎり収集しようとしていた。

通人のスカトロジー趣味、穢《きた》な細工

【コラム】

式亭三馬の戯作『浮世風呂』（文化十年〔一八一三〕）に、松の内の女湯の情景がある。二十七、八歳の妾

のおかこが、知り合いの女に旦那の愚痴を言う。旦那が、酒孝、雅文という遊び仲間のほか、幇間《ほうかん》を四、五人連れてやってきて、酒盛りになった。そのあげく――

かこ「『もう昆布《こぶ》鱈《たら》に鰤《ぶり》の糀漬《こうじづ》けというお定まりでもあるめえ』とか言って、いろいろ取り寄せたあげくに、旦《だん》の思い付きがいいじゃあねえか。

『去年の暮れには年忘れをしたから、きょうはめでたく年覚えをしよう。こう、また、いい顔のそろうこともねえ。何でも、てんでに一番ずつ趣向して、穢細工《きたなざいく》の料理をしよう』

と言い出すと、

『こりゃあ妙だ』

とか言って、てんでにどこか行って案じてきたとこが、もうもうきたなくって、たまらねえのよ」

女一「いやだのう。ついぞねえ」

かこ「まず雅文さんが、あたらしい煙草盆を提《さ》げて出たからと、見るとの、火入れのなかへはむしり海老をこまぁかにして桜灰《さくらばい》と見せて、なかにちょんぼりと火の埋《い》けてある形が海老の殻《から》の赤いところさ。かたかたの灰吹きのなかが雲丹《うに》」

女一「ええ、きたな」

かこ「それから酒孝さんが、買い立ての耳盥《みみだらい》のなかへ、えまし麦に海苔のどろどろまじったのさ」

女二「おやおやおや、きたねえ。そりゃあ、小間物《こまもの》店《みせ》に見立てたのか」

女三「そうだろうよ、いやだのう。聞いても胸が悪いよ」

かこ「そうすると旦が、あたらしいおまるをずっと持って出て、きたなそうに蓋《ふた》をつまんでわきへ置くと、そのなかが、つゆだくさんの卵のふわふわさ」

雅文の趣向の雲丹は、煙草盆のなかに吐いた痰に見立てたものであろう。酒孝の趣向を小間物店と言っているのは、俗に反吐《へど》を吐くのを「小間物屋をひらく」と言ったことによる。旦とは旦那のことで、卵のふわふわは下痢便を模したものであろう。

通人と呼ばれた男たちは、通常の遊びに飽きてくるとスカトロジーに走る傾向があった。

ドイツ人医師・博物学者、シーボルト

シーボルトはドイツ人の医師・博物学者で、文政六年（一八二三）、十一代将軍・家斉《いえなり》のときに長崎のオランダ商館に着任した。

文政九年、オランダ商館長の江戸参府にシーボルトも随行した。そのときの紀行文『江戸参府紀行』に、山陽地方の下肥利用について――

山の斜面の下の方では日本の農民は驚くほどの勤勉さを発揮して、岩の多い土地を豊かな穀物や野菜の畑に作りかえていた。（中略）人目を引くのはたくさんの粘土の小さい小屋で、丸い穴の上に藁をおおい、中に肥料を貯える。このような貯蔵所はおおいのあるのとないのを問わず、畑の至る所に作ってある。農民はその中に主な肥料、すなわち糞尿を自分自身の家や近くにある町から取って来て貯蔵する。農夫はその際に担い桶か、さもなければ牛馬が運ぶ幅の広い蓋のある樽を使う。大部分の有用植物は列をなして作られるが、それによって、畑仕事や肥料をやるのがいちじるしく容易になる。液状の肥料は担い桶で畑へ運び、長い柄のついた木の汲取り杓で列に沿って、作物の根に注がれる。牛馬の糞も利用するが、農民はわが国のように、それを畑へ運んで行ってまかないで、まず家で藁や木の葉やほかのものの屑といっしょに腐敗させる。居肥《いごい》と呼ばれる。こういう古い肥料をオオムギやコムギを播《ま》く時に利用する。人々は手鋤でおこした畝の中にまぜて、そこに穀物を播くか、あるいは居肥と種子をまぜて播くかする。液状の肥料と乾いた肥料を施す実用的なやり方のおかげで、農民は野菜や穀物の豊作に恵まれるのである。

やや理解に苦しむ記述もあるが、シーボルトが通辞《つうじ》（通訳）を介して、熱心に農業と肥料について理解しようとしていたのがわかる。

ただし、通辞はおそらく農作業については無知だったであろう。意味が徐々にずれていったとしても無理はない。

6……下肥利用の弊害

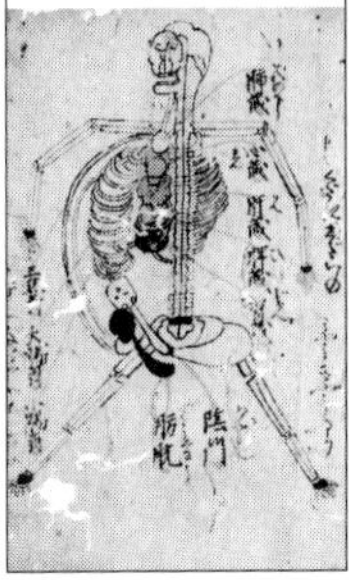

江戸の病——疝気と癪

江戸寺時代に多かった疾病は、病理史学者の立川昭二の著『江戸病草紙《やまいのそうし》』（平成十年〔一九九八〕）に拠ると、つぎのような順位である。

一、眼病
二、疝気《せんき》
三、疱瘡（天然痘）
四、食傷（食中毒）
五、歯痛
六、風邪
七、瘡毒《そうどく》（梅毒）
八、痔

九、癪《しゃく》
十、精神病

日本人に眼病が多かった理由として、前出のツンベルクは糞尿を指摘している。その著『江戸参府随行記』に、安永五年（一七七六）四月、伊勢地方を通過したときのことが書かれているが――

しかしながらどこの村を行く時も、楽しみどころか、そこかしこで苦渋をもたらすような困難に堪えねばならず、たいていは乗り物の窓を閉めたままにしておかざるを得なかった。各家に不可欠な私的な小屋〔厠《かわや》〕は、日本の村では住居に隣接して道路に向けて建てられている。その下方は開《あ》いているので、通りすがりの旅人は表から、大きな壺のなかに小水をする。壺の下部は土中に埋められている。尿や糞、また台所からの屑類は、ここでは耕地を肥沃にするために極めて丹念に集められているが、暑熱下にしばしばそこから非常に強く堪え難いほどの悪臭が発生する。

それは鼻にどんな詰め物をしても防ぎ切ることはできないほどの、またふんだんに香水を使いこんでもまったく無駄なほどの悪臭である。この経済性の高い日本人の分室〔厠〕は、どこでも非常に役立ち有益であるが、また一方、彼らの目にはとりわけ有害であることがわかった。というのは、そこから発散される蒸気に国民は徐々に馴化してしまっているが、それは目を強く刺激し、大勢の人々とくに高齢者はそのために目が真っ赤になり、痛み、そして目やにを出している。

必ずしもすんなりと納得はできないが、ツンベルクは医者だけに、その指摘はまったくの見当違いともいえないであろう。下肥の使用が眼病の原因のひとつになっていたのは間違いあるまい。

注目すべきは、二位の疝気と九位の癪である。

江戸時代、痛みをともなう胸部・腹部・下腹部の内臓疾患を一般に癪とか疝気と呼んでいたが、その原因の多くが寄生虫だったと推定されている。
癪に苦しむ若い女の痛々しくも色っぽい姿は、戯作や歌舞伎にしばしば登場するが、その理由が寄生虫と知ると、なんとも興ざめと言おうか。

図3－17は、癪に苦しむ女を描いている。介抱する女と男がそれぞれ、こう言っている――

「喜八どん、足をよく押さえさっせえよ」
「どうしなさった、また癪かえ」

ともあれ、疝気と癪を合わせると疾病の一位になるかもしれない。江戸の老若男女がいかに寄生虫に悩まされていたかがわかろう。

その背景には、田畑に下肥をまいていたことがあった。下肥こそが寄生虫、とくに回虫を蔓延させた原因だった。

下肥と回虫の関係は『環境考古学への招待』（松井章著、平成十七年〔二〇〇五〕）の一節がわかりやすい――

人間を宿主《しゅくしゅ》として寄生することに成功した回虫はやがて成熟し、一日、何十万個という卵を産み、受精した卵は糞便を通じて体外に排出され環境に拡散する。糞便によって汚染された食べ物や飲み水を通し、卵が人間の体内に取り込まれて再び寄生が始まる。成熟した回虫は、体内をさまざまに廻り、寄生数が多くなると、ついには宿主の口から飛び出すという。

私の子供時代、春から初夏になるとモンシロチョウの幼虫を採集に、畑に立ち入ってキャベツの葉っぱの裏の幼虫や蛹をつまんで集めたものだ。その時キャベツの株と株の間には、干からびた糞尿が残っていたことが記憶に残り、今から思うと寄生虫はいつも身近にいたのだとつくづく思う。小学校時代を通じて、年一回、検便や肛門にセロファン紙のような検査紙を押し当てて寄生虫の検査があった。検査の日からしばらくすると、二、三人の生徒が給食時に先生から呼ばれて虫下しを飲まされていたことがあった。

著者の松井章は、環境考古学の研究者で、昭和二十七年（一九五二）、大阪府の生まれで、筆者より三歳若い。寄生虫体験に関するかぎり、この三年の差は大きいようだ。

というのも、ちょうど筆者や松井の小学生時代、検便と虫下しの薬による駆除で日本人の寄生虫事情は劇的に改善されたからだ。松井は、回虫が「宿主の口から飛び出す」のを実際に目撃したことがないのに対し、三歳年長の筆者は眼前に見ている。

昭和三十三年（一九五八）のある日、場所は福岡市内の小学校。休み時間、同じクラスの男の子が突然、ものすごい形相で、

「ううう」

と、胸や喉のあたりを手で押さえて、苦しみ出した。

驚いて見ていると、その男の子の口から一匹の回虫がくねくねとくねりながら出てきた。

不思議なことに、その後の光景はまったく記憶にない。おそらく、みな恐怖に駆られてわーッと、その場から逃げ出したか、あるいは職員室に知らせに走ったのであろう。

みなが見ていないあいだに男の子は口から回虫を吐き出し、どこかに捨てて処分したに違いない。

なお、回虫を見たことのない読者のために説明すると、真っ白なミミズと形容したらよいだろうか。ただし、体にはミミズのような環状の筋はなく、つるんとした白色である。

その後しばらくのあいだというもの、筆者はうどんを見るたびに回虫を思い出し、かすかな吐き気をおぼえたものだった。

図 3-17　癪に苦しむ若い女の痛々しくも色っぽい姿は、戯作や歌舞伎にしばしば登場するが、その原因の多くが寄生虫だったと推定されている。『御覧男女姿』（勝川春英、寛政元年〔1789〕）より。国際日本文化研究センター蔵。

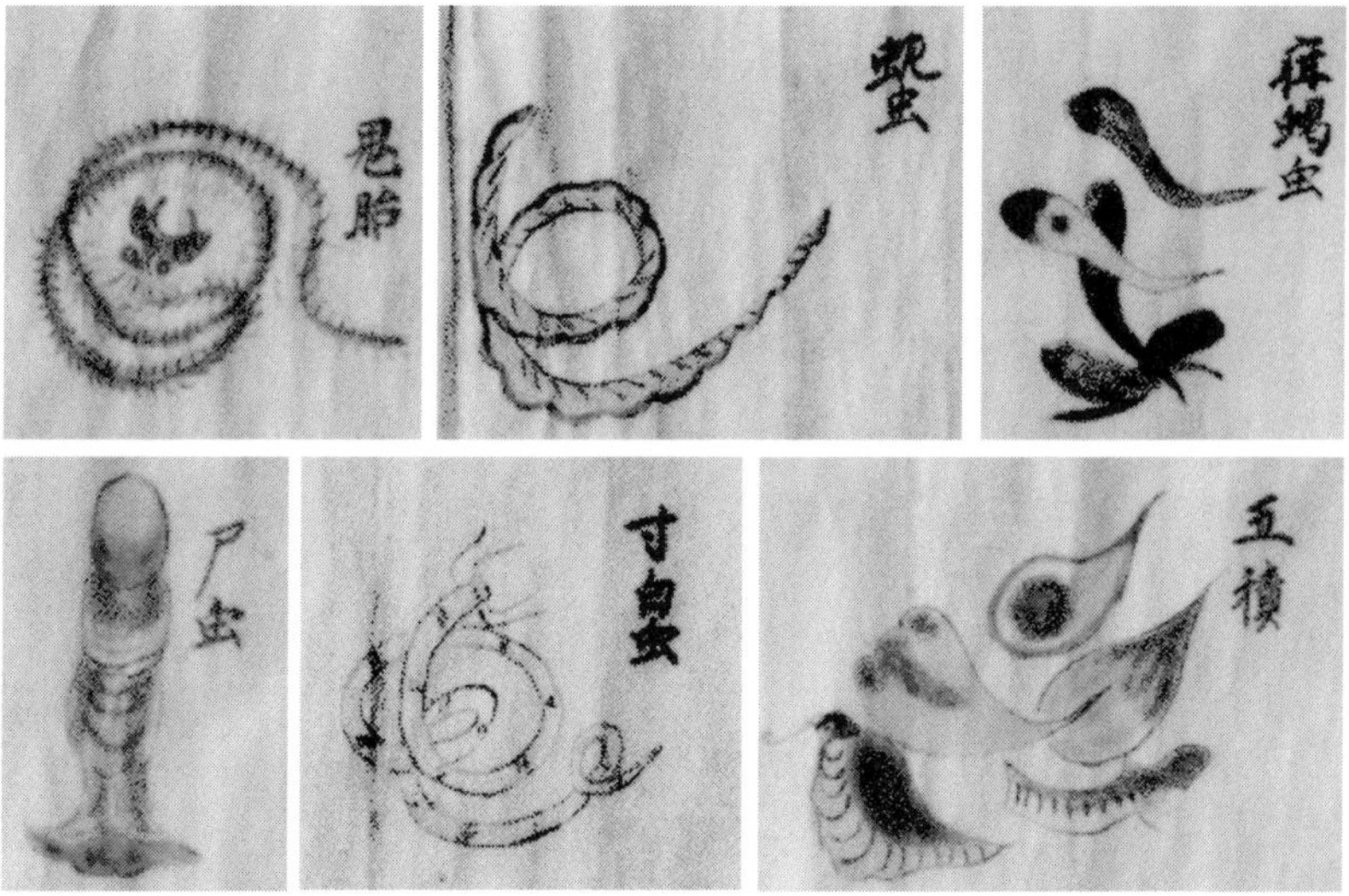

図 3-18　中国から伝わった「五臓六腑の虫」を描いた江戸時代の巻物。『五輪砕並び病形』より。国際日本文化研究センター蔵（宗田文庫）。

【コラム】

寄生虫の主な種類

下肥が媒介となる寄生虫に、回虫・鉤虫《こうちゅう》・鞭虫《べんちゅう》、サナダ虫がある。これらの寄生虫は、人糞がないと生きていけない生物といえよう。

古代の藤原京の便所遺構からも卵は発見されており、回虫は日本人とともに生きてきた寄生虫といえる。

回虫

回虫は、人間の小腸に寄生して栄養を受け取る。体内を移動し、胃・脳・泌尿器に移行することもある。

非常に強い生命力を持っていて、メスの成虫一匹が一日に産卵する卵はおよそ二十万個で、大便にまじって外に出る。下肥をまくことで卵が野菜などに付着し、ふたたび人間の体内にはいり込む。

回虫の成虫は、オスが体長十五〜二十五センチで、尾の端が鉤《かぎ》状に曲がり、メスは体長二十〜四十センチで、尾の端が鋭くとがっている。

大きな寄生虫なので、体内で増えすぎると、腹痛・下痢・腸閉塞・食欲不振・貧血などを引き起こす。

かつて日本人にもっとも多かった寄生虫は回虫であり、結核と並ぶ日本の「国民病」でもあった。

鉤虫

かつては十二指腸虫と呼ばれていた鉤虫は、血を吸うため、寄生された人は貧血を起こしやすい。

体内に寄生している鉤虫の卵は、大便にまじって外に出ると、土のなかや植物につく水滴のなかで幼虫となる。人の皮膚が触れると、そこから幼虫が侵入して血管にはいり、血液に運ばれて小腸にいたり、成虫となって吸血生活を始める。

鉤虫が減少したのは、下肥を使わなくなったことはもとより、農村で裸足の生活をしなくなったことも大きいと見られている。

鞭虫

鞭虫も、下肥をかけた農作物を人が食べることで感染する。

成虫の体長は、オスが三〜四センチ、メスが三〜五センチ。卵が体内にはいると、小腸で孵化して幼虫となり、成虫になると盲腸付近の粘膜上皮に体の前半分を差し込んで栄養を取る。

症状は軽いが、貧血・下痢・腹痛などを引き起こす。鞭虫は体を粘膜内に埋めて寄生しているため、薬が効きにくく、駆虫は困難とされる。

サナダ虫

漢字表記は真田虫で、形状が真田紐に似ていることに由来している。長さは数メートルに及び、十メートルに達するものもあるという。

人間の体内で育ったサナダ虫の卵は糞便にまじって体外に出て、川のなかで幼虫になると、中間宿主を経てマスやサケなどの魚の筋肉内に侵入する。人間がこれらの魚を生で食べることで、幼虫は小腸内にはいり込み、発育して成虫となり、また卵を産む。

『譚海』（津村淙庵著、寛政七年）に、「疝気《せんき》の薬」という項があり――


大便のとき、白き虫うどんを延したるやうなる物、くだる事有《ことあり》。此《この》虫甚《はなはだ》ながきものなれば、気短《きみじか》に引出すべからず。箸か竹などに巻付《まきつけ》て、しづかに巻付々々、くる〱として引出し、内よりはいけみいだすやうにすれば出る也。必《かならず》気をいらちて引切《ひきき》べからず、半時計《はんときばかり》にてやう〱出切る物也。此《この》虫出切たらば、水にてよく洗て、黒焼にして貯置《たくわえおく》べし。せんきに用て大妙薬也。此虫せんきの虫也、めつたにくだる事なし。ひよつとしてくだる人は、一生せんきの根をきり、二たびおこる事なし、長生のしるし也。


ここで言う「うどんを延したような白き虫」はサナダ虫である。

肛門から先端が出たら、箸や竹べらに巻きつけるようにして、半時（約一時間）をかけてそっと引き出さねばならない。強く引っ張ると体が途中でちぎれ、サナダ虫の半身は体内に残ったままになり、ふたたび成長する。そのため、根気よく全身を引き出さなければならない、と。

それにしてもサナダ虫の黒焼きは疝気の妙薬というのだが、俗信にすぎない。

『江戸病草紙』に拠ると、昭和初期の日本人の回虫の寄生率は五七・二パーセント、太平洋戦争の敗戦直後は七〇～八〇パーセントだったという。

江戸では、人々の八割以上が回虫を寄生させていたのではあるまいか。

滝沢馬琴一家と寄生虫

『馬琴日記』の記述から、滝沢馬琴とその家族の寄生虫事情を見ていこう。

文政十一年（一八二八）八月十六日――


昼後ゟ《より》、予、疝癪気ニて、中脘《ちゅうかん》いたミ難儀、夜ニ入同断。


中脘は胃のなかほどのこと。六十二歳の馬琴はこの日、昼過ぎから寄生虫による胃の痛みに悩まされたのである。夜になっても痛みはおさまらなかった。

息子で医者の宗伯が調合した漢方薬を服用したが痛みは続き、仕事どころか、苦痛に耐えかねて横になることもあった。ただし、読書はやめなかった。

ようやく痛みがおさまったのは十八日だった――


予、疝癪痛少〻快方、只下部へ下り、腰痛有之。


胃痛はどうにかおさまったものの、今度は腰が痛み出す始末だった。寄生虫はおそらく回虫で、体内を移動したのであろう。

翌十二年の九月十日には、六十六歳の妻のお百が癪で苦しみ出した――

お百、虫癪つよくさし発《おこ》り候ニ付、予、介抱いたし遣《つかわ》し、九半時比《ころ》、少ゝ治り候間《そうろうあいだ》、就寝。

虫癪と書いていることから、癪の原因が寄生虫であることはわかっていたようだ。癪に苦しむ妻を、六十三歳の馬琴が介抱している。

「ここか、ここか」

と確認しながら下腹部などに指圧をしたのだろうか。ようやくお百が落ち着き、寝床についたのは夜中の一時ころだった。

同日、宇都宮（栃木県宇都宮市）藩戸田家の用人渥美覚重から手紙が届いた。渥美覚重は、馬琴の三女おくわの夫である。覚重の手紙によると——

おくわ、持病之癪ニて、打臥居《うちふしおり》候よし。

なんと、三十歳になるおくわも癪で寝込んでいるとのこと。持病とあるので、しばしば癪に苦しんでいたことがわかる。

天保三年（一八三二）三月二十二日——

お百、此節《このせつ》寸白《すばく》ニて、起居不自由のよし。但《ただし》、腰痛のミにて、余病なし。

お百はこの年、六十九歳。このところ寸白で腰が痛み、身動きするのもつらいという。

寸白とは、広義では婦人病の総称だが、狭義ではサナダムシなどの寄生虫、またそれによって生じる病気のこと。寄生虫による症状の総称でもある。

お百は寄生虫で体調が悪かったのは間違いあるまい。

嘉永元年（一八四八）六月六日――

おさち、蛕虫《ゆうちゅう》丸薬の功ニて、折々一ツ二ツヅ、下り候所、今日は二寸許《ばかり》の小蛕虫数不知《かずしれず》多く下り候由《よし》也。

蛕虫は回虫のこと。

滝沢馬琴の孫娘で十六歳のおさちは、虫下しを飲んだ結果、このところ毎日のように肛門から回虫が一四、二匹と下っていたが、今日は六センチくらいの小さな回虫が肛門から数えきれないくらい、ぞろぞろと出た、と。

花も恥じらう二八《にはち》（十六）の歳《とし》の娘の肛門から回虫がうじゃうじゃ出てくる様子を想像すると気分が悪くなり、幻滅するかもしれないが、それは現代人の感覚である。

『馬琴日記』に克明に記されていることから、おさちは詳細に母親のお路や祖父の馬琴に報告しており、馬琴家ではごく普通の話題だったことがわかる。

当時としては、いわば、

「熱がさがった」

「それはよかった」

くらいの感覚であろうか。

けっして仰天したり、狼狽したりするような事態ではなかった。

同年七月二十三日――

　昼時、吾等《われら》、蚘虫壱《ひと》ツ口中ゟ《より》出ヅ。長サ小尺八寸五分あり。老蚘《ろうゆう》也。

なんと、昼ごろ、八十二歳の滝沢馬琴の口から回虫が出てきたのである。その長さはおよそ二十六センチで、成虫だった。

馬琴は冷静に観察しており、いささかも動揺した気配はない。当時の人々にとって回虫が口から出るなど、ごくありふれたことだった。

ともあれ、馬琴一家は全員が回虫をはじめとする寄生虫を持っていたようだ。同じ野菜などを食べるのだから、当然と言えば当然であろう。馬琴一家にかぎらず、当時のほぼすべての日本人に共通する症状だった。

同年八月二十九日、豆腐屋の娘のおまきが、馬琴宅に夏の着物三点を受け取りに来た。豆腐屋の女房は洗濯を請け負っており、その使いである。

「昨夜から腹痛が激しくって。よい薬があればください」

おまきの求めに応じて、お路が呑み薬をあたえた。

その後、おまきは寝付いてしまい、医者にもかかったようだが、体調は思わしくないようである。

九月四日、お路が心配して、娘のおさちに見舞いに行かせたところ、おまきは――

　蚘虫も起り候や、今朝、蚘壱《ひと》ツ吐たりと云《いう》。

おまきは四日の朝、口から回虫を一匹、吐いたと。

先月末からの激しい腹痛は、増えすぎた回虫によるものだったようだ。

当時、すでに虫下しの薬は多数あり、服用すれば寄生虫を肛門から排出することはできた。しかし、根絶はできない。増えすぎた寄生虫を押し出すという、一時的な処置にすぎなかった。

体内にとどまった寄生虫が、ふたたび増殖していく。

江戸には少なかったアレルギー？

下肥を田畑にまくという循環を廃止することによって、日本人はほぼ完全に寄生虫から解放された。江戸時代にはありふれていた口から回虫を吐き出す光景など、現在ではまずお目にかかることはあるまい。

一方で近年、花粉症や各種食物アレルギーなど、アレルギーに苦しむ日本人が急増している。このアレルギー増加について、日本人が寄生虫を体内に宿さなくなり、抗体が減ったからだとする説がある。

とくに、サナダ虫を体内に宿すことでアレルギー症状が改善されるほか、ダイエット効果も大きいという。イタリアのオペラ歌手マリア・カラスがサナダ虫の幼虫を飲んで体内で生育させ、その後の二カ月で百五キロから五十五キロにまで減量したのは有名である。

医師で寄生虫学者の藤田宏一郎の著『獅子身中のサナダ虫』（一九九九年）に、つぎのような例がある。幼いころからアトピー性皮膚炎に悩んでいた男性が、あるとき症状が急に消えた。調べてみると、サナダ虫に感染していたことがわかった。しかし、サナダ虫を駆除したあと、皮膚炎の症状が再発した。ついに男性はサナダ虫を「飼う」ことにきめ、その後はアトピーも完治した、と。

ちなみに、藤田自身も体内にサナダ虫を「飼って」いた時期があるという。

ただし、寄生虫を選ぶか、アレルギーを選ぶかという選択は、簡単には答えられない問題であろう。

7……同時期のヨーロッパのトイレ事情

古代ローマの水洗トイレ

古代ローマ時代、完備した上下水道を利用した水洗便所がすでに設けられていた（図3－19参照）。公衆便所も水洗式で、排便するための穴が等間隔にあいた長椅子状の便座に坐り、壁に背をもたせかけて用を足す。穴と穴の仕切りはないので、隣の人と談笑しながらのこともあったろう。長椅子状の便座の下は排水溝になっていて、落下した糞便は下水に流れていく。

排便後は棒の先に取り付けられた海綿で肛門をぬぐい、よごれた海綿は足元を流れる細い水路ですすぎ洗いをする。手は、給水口の下に設けられた水槽で洗った。驚くべき先進性といえよう。

とはいえ、水洗便所といっても汚水を最終的に処理するわけではない。都市住民の目から隠し、最後は糞尿をそのまま川、そして海に垂れ流しているにひとしい。

都市は清潔さを実現していたとしても、人口が増加して汚物の量が自然の処理能力を超えれば、やがて川や海に深刻な環境汚染を引き起こしていたであろう。それにしても、使用者には清潔で快適な水洗便所だった。

「不潔時代」中世ヨーロッパ

物事は時代が下れば必ずしも進歩するとはかぎらない。

上の２点：図 3-19　古代ローマの遺跡エフェソス（トルコ西部）にある公衆トイレ。下に水が流れており、水洗式だった。公衆浴場とともにトイレも情報交換や社交の場で、この部屋の中央には泉があり音楽も演奏されていた。

中世のヨーロッパは、糞尿処理システムがなく野外に廃棄していたため「不潔時代」と呼ばれる。**左：図 3-20**　レンブラント『木陰で排尿する農婦』（17 世紀、エッチング）。**右：図 3-21**　ビデで性器を洗う女性。水洗トイレや風呂がなかったため、ビデが普及した。L. L. ボワイー（1761 ～ 1845 年）画。

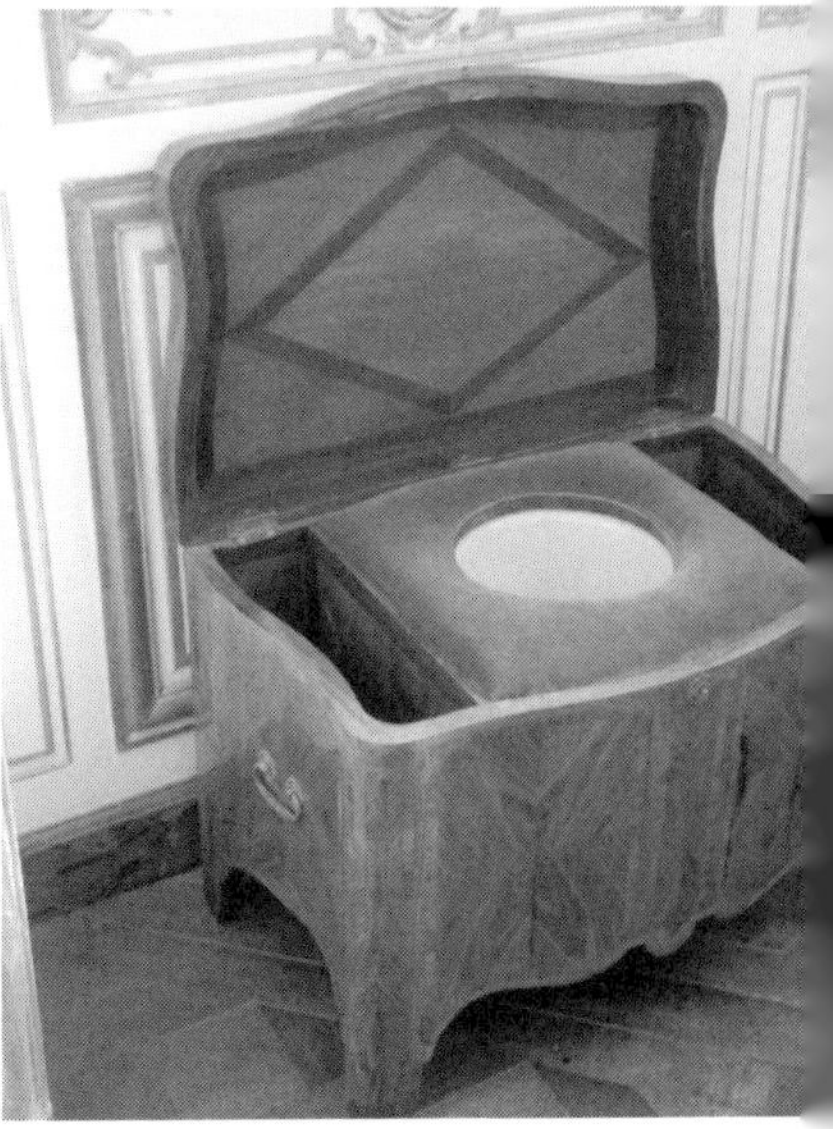

右上と右下：図 3-22　太陽王ルイ 14 世の肖像（リゴー画、1701 年、ルーヴル美術館蔵）と使用していた椅子型の便器（ヴェルサイユ宮殿に展示）。椅子の中におまるが入っている。ルイ 14 世は下痢が多かったため、この椅子に座り用を足しながら、訪問者に謁見することもあった。排泄が終わると、訪問者の目の前で召使によっておまるが取り出された。

左上と左下：図 3-23　マリー・アントワネットの肖像（ヴィジェ＝ルブラン画、1783 年、ヴェルサイユ宮殿蔵）と愛用の椅子型の便器。彼女が暮らしたヴェルサイユ宮殿の庭園にある小トリアノン宮殿に展示されている。

こと便所に関するかぎり、古代ローマのあと、ヨーロッパでは完全に退化してしまった。

西洋史ではヨーロッパの中世は「暗黒時代」と称されるが、衛生史では「不潔時代」と呼ばれる。その大きな理由は糞尿の処理方法にあった。

当時、人々はおまるを利用することが多かった。フランスのルイ王朝は代々、「シェーズ・アフェール」（用を足す椅子）または「シェーズ・ペルセ」（穴あき椅子）と呼ばれた箱形蓋付椅子の便器を利用していた。おまるを組み込んだ椅子である（図3－22・23参照）。

ヴェルサイユ宮殿を造営したことでも知られる太陽王ルイ十四世（在位一六四三〜一七一五年）は、便器付の椅子に座り、用を足しながら訪問者を謁見した。排便が終わると、召使によって訪問者の目の前でおまるが取り出された。そして夜になると、宮殿の窓からおまるの中身を外に投げ捨てたという。ルイ十四世の在位期間は、わが国では徳川三代将軍・家光から七代・家継の時代にあたる。

ヴェルサイユ宮殿では便所が少なかったため、廷臣は庭園の片隅で適当に排便や放尿をした。そのため、壮麗な庭園にはまぎれもない臭気がただよっていた。

宮殿がこんな状態なのだから、パリの町の状況は推《お》して知るべしである。

当時、一般の住居には便所がなく、人々は室内でおまるを使用していた。おまるの中身はいちおう捨て場所（糞尿溜め）が決められていたが、人々は捨てに行くのが面倒なので、たいてい夜のあいだに窓から外の道路に投げ捨てた。そのとき、通行人に、

「下の人、気を付けて」

「そら、水がいくぞ」

などと叫ぶのが風習だった。

こんな状態であれば、夜道を歩いていると、いつ頭上から糞尿が降ってくるかわからない。

道を歩いていて、頭から糞尿をあびせかけられた貴族の逸話は数えきれないほどである。国王のルイ九

3点とも：図 3-24　スカートにかからないようにまくり上げて“おまる”に排尿する淑女。おまるは、貞淑を見つめている器具として、17 世紀に実在したイエズス会説教師の名からとって「ブルダルー」と呼ばれた。内側に眼が描かれているものもあった。F. ブーシェ画（18 世紀）。

図 3-25　ブルダルー。左はセーブル焼の高級品（1776 年頃）。右は、目が描かれたもの。「私はすべてを知っている」と言葉が書かれたものもある。

世（在位一二二六～七〇）すら被害にあったというのだから、何をかいわんやであろう。

街には糞尿の捨て場所もあったと先述したが、専門の業者が汲み取ったあと、パリ近郊の指定場所――モンフォーコンに捨てるだけだったため、そこは巨大な糞尿溜めと化し、強烈な悪臭を放っていた。

男も女も路傍や物陰、木陰で排便するのはごくあたりまえのことだった。パリの町中が便所だったと言っても過言ではない。

近世パリの排泄事情

中世から近世にいたっても、ヨーロッパの都市の排泄事情はほとんど変わらなかった。

図3-26は、十八世紀初めのロンドンを描いた版画で、わが国の八代将軍・吉宗のころだが、依然として窓からおまるの中身を道に捨てていた。

一八四四年、パリのマレー地区の使用人の女が窓からおまるの中身を外に捨てているところを見つかり、裁判所に召喚された。いちおう禁止されていたが、窓から道に糞尿を捨てる風習はまだやんでいなかったことがわかる。一八四四年は、わが国では十二代将軍・家慶のときである。

十九世紀の中ごろまで、パレ・ロワイヤルや大通りの並木は、立小便や野糞《のぐそ》で悪臭ふんぷんたる状態で、セーヌ川にはパリのあらゆる汚物が流れ込んで異臭を放ち、土手は糞便ですさまじい悪臭を放っていた。


これほど不衛生な状態であれば当然、伝染病の発生も多かった。

まさに惨状と形容してもよいほどの不潔さであるが、これほど都市に糞尿があふれたのは、けっきょく農村に運び出して肥料として利用しなかったからである。

ヨーロッパでも人糞に肥料の効果があることは古くから知られており、一部には下肥を利用している地域もあったが、ごく限られていた。これには牧畜の影響があるであろう。

ヨーロッパは牧畜が盛んだったので、農村では牛や馬の糞を堆肥として利用できた。農民にしてみれば

図 3-26　18 世紀初め、ロンドンの夜の光景。右側の 2 階の窓から、おまるの中身が捨てられている。ヨーロッパの都市では、夜になると、おまるの中の一日分の糞尿を窓から道路に投げ捨てていた。その際、フランスでは「ガーディ・ロー（そら、水がいくぞ）」と叫ぶのが風習だった。ホガース『一日の四つの時』より「夜」（1738 年 ）。

手間暇かけて、わざわざ都市に人糞を汲み取りに出かける必要はなかったのである。一方の都市住民にしてみれば、農民が買い取ってくれるわけでもないので、糞尿はただの厄介な汚物だった。排泄したあとはすみやかに外に捨てて、厄介払いをしたのである。

ここで、日本人の証言を示そう。

一九二三年（大正十二年）にパリに滞在した社会主義者の大杉栄が、その著『日本脱出記』に安ホテルのありさまを書いている。大杉が案内されたのは三階の部屋だった。部屋に便所はなく、二階の階段わきの共同便所を使用するように言われた――

が、その便所へ行って見ておどろいた。例の腰をかける西洋便所じゃない。ただ、タタキが傾斜になって、その底に小さな穴があるだけなのだ。そしてその傾斜の始まるところで跨《また》ぐのだ。が、そのきたなさはとても日本の辻便所《つじべんじょ》の比じゃない。

僕はどうしてもその便所では用をたす事が出来なくて、小便は室の中で、バケツの中へジャアジャアとやった。洗面台はあるが、水道栓《すいどうせん》もなく、従ってまた流しもなく、一々下から水を持ってきて、そしてその使った水を流しこんで置く、そのバケツの中へだ。僕ばかりじゃない。あちこちの室から、そのジャアジャアの音がよく聞える。大便にはちょっとこまったが、そとへ出て、横町から大通りへ出ると、すぐ有料の辻便所があるのを発見した。番人のお婆さんに二十サンティム（ざっと三銭だ）のところを五十サンティム奮発してはいって見ると、そこは本当の綺麗な西洋便所だった。

貧民窟の木賃宿だから、などと、日本にいて考えてはいけない。その後、パリのあちこちを歩いて見たが、こうした西洋便所じゃない、そして幾室或は幾軒もの共同の、臭いきたない便所がいくらでもあるのだ。

二十世紀にはいってもなお、パリの庶民の便所事情は依然として劣悪だったことがわかる。

上：図 3-27　パリの画家ロートレック（1864-1901年）が、野外で用を足している決定的瞬間。仏アルビ・ロートレック美術館蔵。
左：図 3-28　おまるを手にしたパリの娼婦。20 世紀初めの絵葉書。

右：図 3-29　パリでは 19 世紀になっても、歩行者の頭上に " 災難 " が降り注いだ。左の壁には「ゴミ捨てるべからず」と書かれている。1820 年代のリトグラフ。仏カルナヴァル美術館蔵。**下：図 3-30**　1900 年頃の絵葉書。壁には「小便禁止」とある。

第Ⅳ章

下肥の循環システム経済

「黄金の宝」だった糞尿

百姓与茂作が話に、肥やしのうんこは
芝居、又は色町のうんこがよく肥やしにきくなり。
故に値段も高し。
これは美味《おいし》きもの沢山ゆえなり。

山東京山『朧月猫の草紙』（天保 13 年〔1842〕）より

牢の内の罪人共《ども》の糞土を、
百姓に取らすれ共《ども》とらず、
何程《いかほど》田畑へかけても養にならず、
依《よっ》て舟に積、帯刀《たてわき》が下屋敷へ遣し、
川へ流し捨ると也。

中田主税『雑交苦口記』（明和期〔1764 ～ 1771〕頃）より

［章扉の図］

葛西は水路が発達していたため、舟で糞尿を大量輸送でき、この舟を「葛西舟」といった。舟を所有するには資力が必要なため、葛西の下掃除人には中級以上の農民が多く、江戸城内の汲み取りも任されていた。『葛飾区郷土と天文の博物館』で展示されている葛西舟と肥桶。

1……商品としての糞尿

当初は、農民が個別に江戸の町に出向き、懇意の家から糞尿を汲み取らせてもらっていたのであろう。ところが江戸の発展と人口の増加につれ、汲み取るべき糞尿が増加した。

一方で、近郊農村でも江戸の人口増に対応して農産物、とくに野菜の生産を増やさなければならなかった。

農民からすれば米は年貢として供出しなければならないが、野菜は江戸で販売することで現金収入につながる。野菜類の収穫を増やすためには速効性のある下肥は必須であり、江戸の糞尿はますます必要になった。

こうして、江戸の糞尿増加は農村にとって歓迎すべきことだったのだが、問題は量の激増である。農民が個別に出向いていくらいではとても間に合わなくなってきたのだ。

そこで生じてきたのが、専業化の傾向である。

農民のなかには汲み取りを稼業にし、村のほかの農民に販売する者が出てきた。いわば専業の下掃除人である。

さらに、多数の契約先を持ち、複数の農民を下請けに使って汲み取りにまわらせる者が出てきた。組織的な糞尿の汲み取り・輸送・販売業である。こうなると、ある程度の資力のある者でなければできない。請け負うのは名主や豪農が多かった。

表4－1

村	年代	肥料	江戸からの距離
〈東郊〉			
桑川村（江戸川区）	寛政6（1794）	下肥	2.5
上小合村（葛飾区）	延享3（1746）	下肥	3
松戸宿（千葉県松戸市）	天明4（1784）	下肥、馬糞	5
清水村（千葉県野田市）	天保12（1841）	下肥、ワラ灰	9
上金崎村（埼玉県春日部市）	天保14（1843）	草肥、下肥	9.5
桐ヶ作村（千葉県野田市）	宝暦7（1757）	糠、鰯	12
〈西郊〉			
徳丸本村（板橋区）	嘉永3（1850）	下肥、刈草	4
関村（練馬区）	享保5（1720）	下肥、灰、萱草、馬糞	5.5
関前新田（東京都武蔵野市）	天保14（1843）	下肥、馬糞、糠、灰	6
小川村（東京都小平市）	寛政2（1790）	糠、灰	8

＊距離の単位は里（1里＝約4キロ）　　『都市と農村の間』より

さらには、仲買人、売捌世話人《うりさばき》、問屋なども現われた。売捌世話人とは、糞尿を積んだ舟が着く河岸場にいて、下肥の集荷を差配し、手数料を得る商売である。

糞尿は、商品として取引されるようになった。

都市と農村をつないだ糞尿の運搬方法

江戸から二〜三里（八〜十二キロ）までの近郊農村では、肥料はもっぱら即効性のある下肥を使用していた。江戸から遠ざかるにつれて下肥の利用は減り、その他の有機肥料の割合がふえていく傾向があった。

『都市と農村の間』（渡辺善次郎著、昭和五十八年〔一九八三〕）は、享保から明治までのおよそ百五十年間について、江戸の近郊農村を東郊・西郊・北郊・南郊に分け、下肥利用の状況をまとめている。ここでは、もっとも特徴的な東郊と西郊について、表4－1に示した。

表4－1を見ると、江戸から遠くなるにつれ、たしかに下肥の利用が減る一方で各種有機肥料の割合が増えていっているのがわかる。しかし、東郊では、かなり遠方の村でも下肥の使用が多い。これは下肥の輸送方法に理由があった。

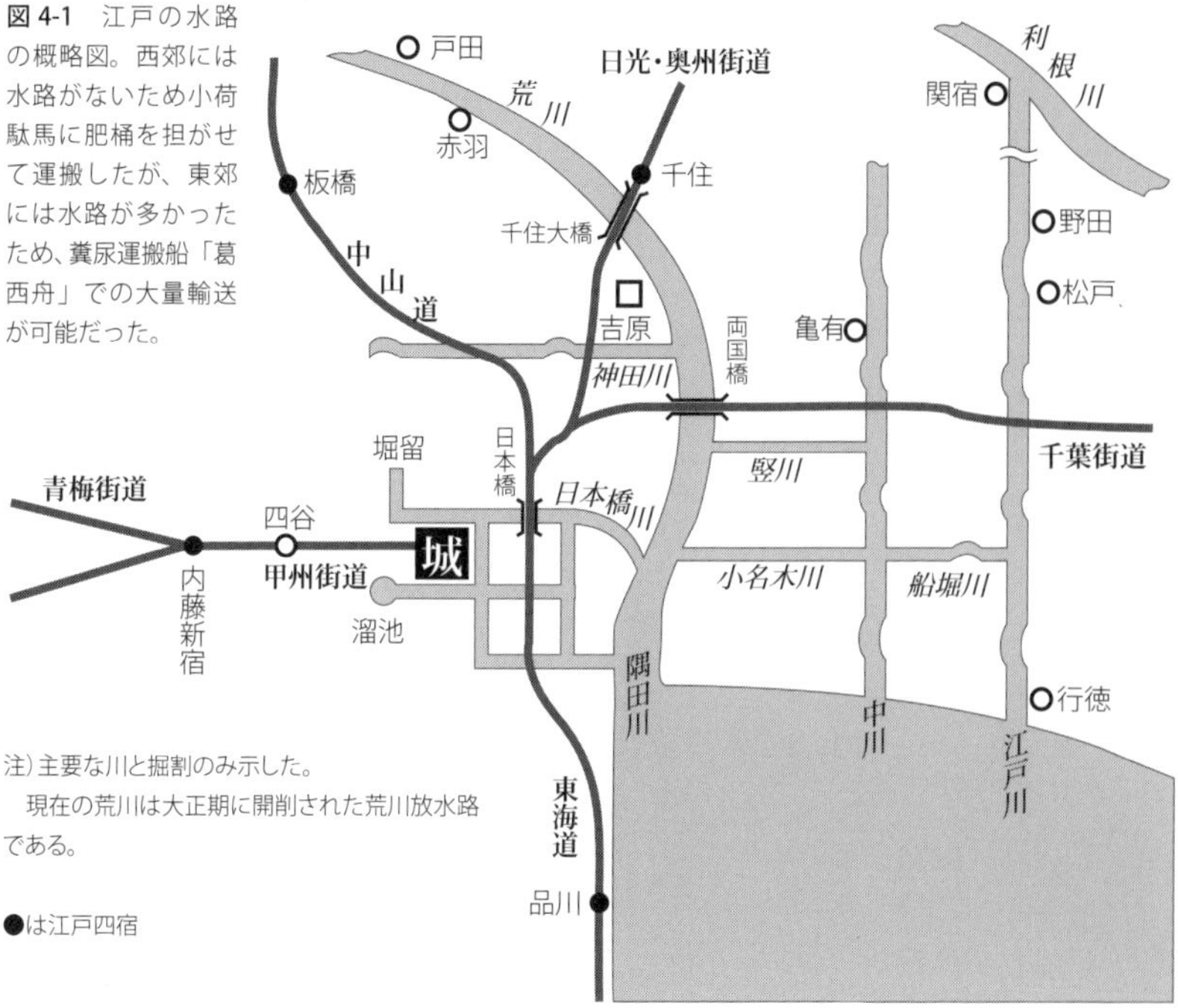

注）主要な川と掘割のみ示した。
現在の荒川は大正期に開削された荒川放水路である。

図4-1 江戸の水路の概略図。西郊には水路がないため小荷駄馬に肥桶を担がせて運搬したが、東郊には水路が多かったため、糞尿運搬船「葛西舟」での大量輸送が可能だった。

図4－1を見ると、東郊と西郊の違いがわかる。

東郊には幹線ともいうべき水路が複数あるのに対し、西郊には水路はない。

江戸の町で糞尿を汲み取るのは同じだが、東郊と西郊では運搬方法がことなっていた。この運搬方法の違いこそが、その後の下肥利用にもつながった。

掘割が縦横に走っていた江戸の町では水運が発達し、物資を迅速かつ大量に輸送するときの主役は舟だった。

西郊の農民は舟が使えないので、人力か馬の背に頼るしかない。人間が運べる糞尿は一荷《いっか》（肥桶ふたつ）、馬でも二荷《にか》（肥桶四つ）までだった。また、馬を使うにしても、農民がすべて歩いて往復することに変わりはない。効率が悪かったし、おのずと距離に限界があった。

かたや、東郊の農民は江戸市中の掘割の河岸場に舟を停め、武家屋敷や町家をまわって糞尿を汲み取ったあと、舟に戻って船槽に流し込んだ。船槽がいっぱいになると、舟で村に戻る。

舟一艘に五十荷の糞尿が積めた。その積載量は時代により、つまり舟の大きさによりことなるが、人力や馬にくらべ、舟の輸送力は圧倒的だった。

この糞尿運搬船は一般に葛西舟《かさいぶね》といわれているが、肥舟《こえぶね》・糞舟《こえぶね》・長舟《ながふね》・汚穢舟《おわいぶね》とも呼ばれた。

糞尿の質

江戸の汲み取り場所と下掃除、糞尿の質の関係について述べよう。

もともと大名屋敷は、由緒ある農家や豪農に下掃除を任せていたが、農民のほうは盆暮に農産物を納めたり、庭の掃除を手伝ったりするだけで、とくに汲み取り料は支払わなかった。糞尿を事実上無料で得ていたのである。

大名屋敷は鷹揚《おうよう》だったといえよう。

しかし、下肥の値段があがり、糞尿が商品であることがあきらかになるにつれて、大名屋敷も下掃除代を要求するようになった。この傾向は享保年間（一七一六～三六）、八代将軍・吉宗のころに定着した。

大名家が財政難に苦しむようになったことも背景にあろう。糞尿でも収入を得ようとしたのである。

一方、町屋では、とくに裏長屋では大家の収入になったため、当初からきちんと金額と期間を契約した上で、農民に総後架の汲み取りをさせた。

なお、下肥にも品質に上・中・下の等級があった。

上――大名屋敷、旗本屋敷、大店から汲み取った糞尿。
中――一般の武家・町屋から汲み取った糞尿。
下――貧民の多い長屋から汲み取った糞尿。また、糞便が少なく小便の割合が多いものは「たれこみ」と呼ばれ、下級品だった。

人糞は栄養豊富

【コラム】

人糞は他の動物のものに比べて、内容の変動が大きいようだ。たぶん人間の食事がきわめて多様だからだろう。（中略）人間のウンコは七五パーセントが水である。それ以外に、毎日排出する一五〇グラムには、平均一〇〜一二グラムの窒素、二グラムのリン、三グラムのカリウムが含まれる。炭素はほとんどが糞として出る（炭素には腸壁の細胞と、大量の——時には体積の半分を超える——移出してきたバクテリアが含まれる）が、人間は窒素とカリウムの大部分を小便で排出する。リンは尿と糞に半分ずつ分かれる。私たちの排泄物には八パーセントの繊維と五パーセントの脂肪も含まれている。これはやはり未消化の食物、バクテリア、細胞などの形をとっていることがある。

栄養と化学という観点で話を続けると、ヒトのウンコには、食事によっても違うが、食べたものの八パーセントのカロリー値（エネルギーの共通尺度）が残っている。私たちはコメのタンパク質の二五パーセント、ジャガイモのタンパク質の二六パーセント、トウモロコシ粉のタンパク質の四〇パーセントをウンコに出している。

これは『排泄物と文明』の記述であるが、人糞にはかなりの栄養分がふくまれていることになろう。豚が人糞を嬉々としてむさぼるのも、川や海に落ちた人糞に魚が群がってくるのも、みな栄養があり美味なのを知っているからにほかなるまい。

著者のカナダの公衆衛生学者デイビッド・ウォルトナー＝テーブズは、栄養の点から、人間はたぶん人糞だけを食べて生きていけるであろうと推定している。ただし、必要なたんぱく質とエネルギー摂取量を得るには、「大量」に食べなければならないであろう、と。

『雑交苦口記』（中田主税著、明和期〔一七六四～一七七二〕頃）に、牢屋敷《ろうやしき》の糞尿について――

牢の内の罪人共《ども》の糞土を、百姓に取らすれ共《ども》とらず、何程《いかほど》田畑へかけても養にならず、依《よっ》て舟に積、帯刀《たてわき》が下《しも》屋敷へ遣《つかわ》し、川へ流し捨ると也。こやしにはならず、いかさま考へみれば其筈《そのはず》也、是等《これら》が妙々不思議ともいふべし。

いささか怪異譚めいているが、実態はこういうことであろう。

つまり、小伝馬町の牢屋敷から出る糞便は下肥にならないとして、農民も引き取ろうとしない。そのため、汲み取って舟に積み、いったん囚獄・石出《いしで》帯刀《たてわき》の下屋敷に運んでもらい、そこから川に捨てている、と。

牢屋敷の糞尿が下肥にならないのは、収監されている罪人の食事が粗悪だったからにほかなるまい。農民は経験から、牢屋敷から出る糞尿には下肥としての効き目がないのを知っていたのである。

このことからも、牢屋敷がいかに劣悪な環境だったかがわかろう。先述した遊里の糞尿とは対照的である。

全般から言えることは、生活水準が高い、つまりうまい物を食べている人間は上質の下肥の生産者だった。

下肥の値段

下肥の値段は、場所と季節によって変わった。ここでいう下肥の値段は、下肥の利用者である農民が下掃除人から買い取るときの価格である。

場所によって変わったのは、距離によるものだった。やはり遠くまで運ぶほど高くなっていった。

下肥ではなく、マグロも肥料に

【コラム】

畑の肥料としては下肥のほか、干鰯《ほしか》（干鰯）も有機肥料として有効だった。

干鰯は、脂をしぼったイワシを乾燥したもので、ニシンを用いることもあった。

さて現代、マグロは高級魚である。寿司ネタはもちろんのこと、丼などでもマグロの人気は高い。ところが、江戸時代にはマグロは下魚だった。貧乏人の食べ物として、さげすまれていたのである。

文化文政期（一八〇四～一八三〇）の巷の話題を書き記した『街談文々集要《がいだんぶんぶんしゅうよう》』（石塚豊芥子著）に、つぎのような話が出ている。

文化七年（一八一〇）の十二月初めくらいからマグロがおびただしく獲れ、前代未聞の大漁となった。

漁師はこう話した。

「伊豆の沖合いから、銚子の沖合いにかけて、海面はマグロで埋め尽くしたかのようだ」

江戸の魚河岸には、毎日、千尾、二千尾とマグロが水揚げされる。

そのため、値段も安くなり、大きなもので一尾が約一貫《かん》五百文《もん》、中ぐらいが約一貫二百文、小さなものは八、九百文で取り引きされた。

それでもさばききれず、肥料にするため上州や信州のほうに送られていった。なんとイワシの代わりにマグロを干鰯にしたのである。

魚屋が道端に屋台を出してマグロの切身を売ったが、より取り三十八文という札が立っていた。

人々は安くなったマグロを買い入れて、みな自家で塩漬けにした。そのため、塩ジャケや塩ダラが売れず、値段も下がったほどだった。

居酒屋でも、一皿四文の豆腐よりマグロのほうが安かった。おかげで、豆腐を頼む客がいなくなったという。

季節によって変わったのは、供給が一定なのに対し、需要は変動したからである。人間の排泄量は季節にさほど影響されないため、江戸における糞尿の生産は一年を通じてほぼ一定である。汲み取りは年間を通して定期的におこなわなければならない。

ところが需要、つまり下肥の必要度は季節によって大きな差があった。稲作や麦作、野菜栽培には、それぞれ下肥をほどこす時季があったからである。

このため、下掃除人は下肥の需要が高まる時季には高値を付けて売り、需要が減る時季には値下げをして売り払った。

例として、文久三年（一八六三）の、中川流域の六ッ木村（現・足立区）の河岸場における下肥相場の一部を挙げよう（森朋久著『幕末期江戸東郊農村における下肥流通』平成五年〔一九九三〕より）。（価格は葛西舟一艘単位）

一月二十日まで　一両三分《ぶ》三朱《しゅ》
四月一日　二両三分
五月十五～六月十五日　二両一朱二百文
七月一日から　一両二分

下肥の値段は毎月変動しているが、もっとも高値の時季は四月から六月まで、もっとも安値は八月ころと十二月ころである。高値時と安値時ではほぼ倍のひらきがあり、農作業と密接に関係していた。需要と供給の関係で価格が変動しているわけで、その意味では下肥の値段は市場原理できまっていたといえよう。

水運の発達した東郊では下肥は河岸場で売りさばかれたが、一艘買いをする豪農もいれば、肥桶単位で購入する零細な農民もいた。大小の差はあっても、下肥がなくてはもはや近郊農業は成り立たなくなっていた。

では、自分で江戸に汲み取りに行く力のない農民は下肥業者からいくらくらいで下肥を購入していたのだろうか。体系的な資料はないが、享保六年（一七二一）の笹ヶ崎村（現・江戸川区）の『村鑑帳《むらかがみちょう》』につぎのような記載がある――

田方壱反《いったん》ニ付下肥三十荷　此《この》代金三分《ぶ》
畑方壱反ニ付下肥六十荷　此代金壱《いち》両弐《に》分

稲作にくらべ野菜栽培には下肥が大量に必要だったことがわかる。また、下肥の購入費は農民にとってかなりの負担であり、しかも年々高くなる傾向にあった。こうしたことが後述する下肥争議に連なっていく。

2……江戸の西郊の汲み取り

寛政年間、十一代将軍・家斉のころの見聞を記した『梅翁《ばいおう》随筆』（前出）に、小荷駄馬《こにだうま》が町のなかに多いため道の混雑を招いているとして、お触れが出たことが書かれている。小荷駄馬とは、背に荷物を積んだ馬のことである。

お触れは、小荷駄馬をつないで引く場合は二頭かぎりとし、前後の二頭とは十間《けん》（約十八メートル）の間隔をあけるようにというものだった。いわば車間距離の規制強化である。

このお触れを批判する者がいた。

それほどあいだをあけては、四谷通り（甲州街道）のように小荷駄馬が多いところでは、あちこちでつかえてしまい、明六ッ《あけむ》（夜明け）に四谷大木戸に来た馬が四谷御門に着くのは日が暮れたころになろう。そのあとから来る小荷駄馬も、内藤新宿、追分、淀橋、高井戸あたりで滞留してしまう――

斯《かく》の如く滞《とどこお》らば、江戸中の掃除支《つか》へて、人々難儀に及ぶべし。

西郊の農村から江戸に入ってくる小荷駄馬が滞留したら、江戸中の下掃除に支障が出る、と心配している。

江戸では小荷駄馬の積んでいる荷物は肥桶が多かった。西郊の農村から、甲州街道や青梅街道を通って内藤新宿を経由し、馬を引いた下掃除人が多数、江戸の町に汲み取りに来ていたことがわかる。

図4－2は、四谷大木戸（現在の新宿区四谷四丁目交差点あたり）の光景だが、下掃除の農民は肥桶を積んだ小荷駄馬を三頭、引いている。お触れは実際には守られなかったようだ。

尾張藩徳川家の上屋敷の汲み取りをめぐる競争

西郊では、豪農が大名屋敷の下掃除を請け負うことが多かった。代表的なのが、尾張藩邸の汲み取りをめぐる中野村（現・中野区）の名主・堀江家と、戸塚村（新宿区）の名主・中村家の競争であろう。

尾張藩徳川家の上屋敷は市谷にあり、敷地は約七万五千坪という広大さで、およそ千百人の藩士が常時居住していた。

豪農にとって大名家、なかでも御三家の筆頭である尾張藩の上屋敷の汲み取りを請け負うのは「尾張

図 4-2　甲州街道の江戸の出入口の関所「四谷大木戸」。西郊への糞尿輸送は小荷駄馬を使用していたが、その数が多いため「渋滞」していたという。左側に肥桶を担いだ馬が見える。『江戸名所図会』より。国会図書館蔵。

徳川様御用達」の名誉と信用を得ることにつながり、その他の事業にもはかり知れない影響があった。

　さて、中野村の堀江家は代々、江戸城本丸と西丸に蒔《ま》く種物などの御用を請け負うと同時に、尾張藩の上屋敷の汲み取りも請け負っていた。もちろん、堀江家の当主が汲み取りに出向くわけではなく、下方《したかた》と呼ばれる多くの農民に下請けに出していた。

　堀江家では掃除代を払うことで上屋敷の下掃除の権利を得て、その権利を多くの農民に小分けして下掃除代を徴収した。農民から徴収する下掃除代の合計は、堀江家が尾張藩邸に支払う掃除代より多いので、その差額が堀江家の収入となった。一種の利権ビジネスである。

　表4－2は、堀江家が支払っていた尾張藩上屋敷の掃除代だが、藩主が藩邸にいるとき（在府）と、国許にいるとき（在国）で値段がことなるのは、藩邸に住んでいる藩士の人数が大幅に違うからである。住む人間の数がことなれば、生産される糞尿の量もことなる理屈だった。

　ところが、堀江家はしだいに尾張藩へ納める

表4－2　市谷屋敷不浄掃除代一覧

年	掃除代	藩主在府・在国別
天明2年（1782）	70両3分	在府
3年（1783）	33両	在国
4年（1784）	69両	在府
5年（1785）	31両3分	在国
6年（1786）	44両2分	在府
7年（1787）	52両	在府
8年（1788）	35両	在府
寛政元年（1789）	40両	在国
2年（1790）	52両3分	在府
3年（1791）	35両	在府
4年（1792）	55両	在府

（『新宿区史 第一巻』より）

汲み取り料に苦しむようになり、ついには滞納した。支払う掃除代に見合うほど利益にはならなかったのだ。

そこで、乗り出してきたのが戸塚村の中村家だった。

文化五年（一八〇八）、中村家は堀江家の滞納金四十三両を肩代わりすることを条件に、尾張藩上屋敷の汲み取りの利権を獲得したのである。

中村家は享和元年（一八〇一）、尾張藩邸に飼われている馬の飼葉《かいば》（飼料）の納入を請け負ったのをきっかけに、尾張藩御用達の豪農として着々と足場を固めてきた。ついには、汲み取りも請け負うようになったのである。

実際の汲み取りは多くの農民に下請けに出すのは、堀江家のときと同じである。安政六年（一八五九）の記録に拠ると、中村家の「下方《したかた》の者」という鑑札を持って尾張藩邸に出入りし、汲み取りをおこなっていた者は四十五人におよび、その内訳は、

「戸塚村四人、大久保村（現・新宿区）三人、沼袋村（現・中野区）二人、保谷村（現・東京都保谷市）九人……」

など、戸塚村以外の者が圧倒的に多かった。

こうして文化五年に利権を引き継いだ中村家だが、早くも文化七年には掃除代の減額を嘆願している。堀江家同様、さほど利益があがらなかったのであろう。

大名屋敷に喰い込んで各種の利権を得ても、さほど儲からなくなってきていた。各藩は財政難に苦しみ、できるだけ支出を切り

表4－3　戸塚村農民掃除場一覧（天保13年〔1842〕8月）

掃除人	掃除場	家族数	掃除代
平右衛門	市谷薬王寺前家主池田屋長右衛門	25人	1両2朱
	音羽台町家主山田屋重兵衛	16人	2分2朱
亀五郎	市谷甲良屋敷家主伊勢屋安兵衛	計23人	1両2朱
	同人持長屋		
杢右衛門	牛込原町二丁目家主武蔵屋治兵衛	14人	2分3朱
忠右衛門	牛込七軒町家主岩田丈山	10人	1両
茂吉	牛込御納戸町家主伊兵衛店	23人	2分2朱、茄子3足（?）、干大根2樽
伊右衛門	市谷川田久保家主伊勢屋太兵衛	17人	1両
	市谷柳町髪結職家主市兵衛	8人	干大根400、茄子350
	牛込馬場下町家主増田七兵衛	10人	1分2朱

（『新宿区史　第一巻』より）

詰めるようになっていたからである。諸藩に金を貸す、いわゆる大名貸をしていた豪商の多くが貸し倒れに終わったのと似ているかもしれない。

中村家の嘆願の結果、汲み取り料は定額三十五両に引き下げられたが、さらに嘆願を続け、文政十三年（一八三〇）には二十九両に減額された。

得意先を汲み取りにまわった農民

戸塚村には、中村家のように利権をもとに利ざやを稼ぐ豪農がいる半面、個別に得意先を持って汲み取りをおこなっている農民もいた。そんな下掃除人の江戸における汲み取り場所と、支払っていた掃除代を表4－3に示した。

汲取りの場所は、みな現在の新宿区内であり、肥桶をかついでひんぱんに通っていたことがうかがえる。先述した、馬琴宅の汲み取りと同様の頻度だったであろう。

それにしても、かなりの金額を支払って汲み取らせてもらっていることがわかる。つまり、余裕のない貧農には汲み取りなどできなかった。

ただし、物納が中心という場合もあった。

徳丸本村《とくまるほん》（現・板橋区）では、慶応三年（一八六七）、江戸市中の武家屋敷や町家で汲み取りをおこなっている者は

表4－4　慶応三年（1867）徳丸本村下肥取引相手一覧

農民名	取引相手所在地など	相手氏名	人数	代金・代納物
伝左衛門	長者町2丁目	手島宇十郎	6	沢庵二樽
善兵衛	下谷	長島真左衛門	5	沢庵二樽、茄子200
七郎左衛門	茅町2丁目	加津屋玉次郎	12	金2両
又三郎	長者町1丁目	中田文右衛門	4	大根200、茄子200
庄左衛門	明神下	伊藤常年	11	大根550
七右衛門	下谷	八田惣安	6	大根300
市兵衛	下谷新屋敷	藤本	6	干大根300
伝七	下谷小藤堂西御門前	山岡太郎	14	干大根7樽、浅漬50
惣兵衛	下谷三前橋	岩崎半次郎	10	大根500
七左衛門	本郷4丁目	伊豆蔵	39	金5両

（『板橋区史　通史編上巻』より）

七十一名にのぼり、村のほぼ半数の農家が汲み取りをおこなっていた。豪農による独占ではなく、個別の農民による汲み取りだった。

七十一名のうちの十名の取引相手や代金・物納を、表4－4に示した。圧倒的に物納が多いが、これは必ずしも戸塚村にくらべて徳丸本村が貧しかったということではあるまい。大根や茄子の産量が多かったことと、先方も金でもらうより農産物でもらったほうが得という判断があったからであろう。

また、表4－4を見ると、相手の人数と大根・茄子の数は必ずしも比例していない。金や農産物をいくら納めるかは、要するに交渉次第だったのである。

いわば公定価格がなかったことから、ともすれば裏長屋の大家などは汲み取り料を高く吹っかけがちだった。これが、後述する下肥争議につながる。

西郊の別な農村の例をあげよう。

太子堂村（現・世田谷区）の名主・森家は、天保十四年（一八四三）、ふたりの男を日雇にして、請け負っている江戸の町の汲み取りに派遣した。

ふたりは毎日のように、青山・赤坂・四谷あたりに通い、汲み取りをおこなったが、太子堂村から青山・赤坂あたりまでは往復三里（約十二キロ）あり、下肥一荷をかついで戻ってくるのは半日仕事だった。

吉祥寺村（現・東京都武蔵野市）では慶応三年（一八六七）、十四戸の農家が主として四谷あたりに汲み取りに出かけていた。四十二ヵ所にのぼる汲み取り先は、三十五ヵ所が武家屋敷、七ヵ所が町家の裏長屋である。

それにしても、吉祥寺村から四谷までは、太子堂村からにくらべておよそ倍の距離があり、まさに一日仕事だった。

3……江戸の東郊の汲み取り

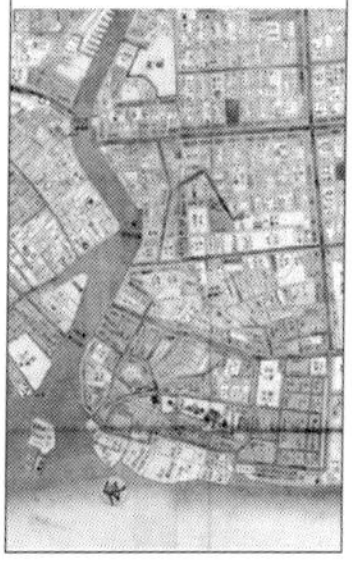

葛西という地名は現在の東京都江戸川区にあるが、本来は葛飾郡の西部の意味で、現在の葛飾区・江戸川区全域と江東区・墨田区の一部をふくむ広い地域をさしていた。

江戸の汲み取りに従事している者は東郊でも、とくに葛西の農民が多かった。

八代将軍・吉宗のとき、寛保二年（一七四二）八月、関東一帯を暴風雨が襲い、利根川や荒川（隅田川）が氾濫して関八州は大きな被害を受け、溺死する者三千九百人、水没した田畑は八十万石にもおよんだ。

このとき、こんな落首が出た。

　葛西にない物は畳しいた家、たまるものは江戸の雪隠

低湿地だった葛西はとくに水害を受けやすく、また葛西が水害などで被害を受ければ一帯の農民が汲み

取りに出てこれないため、たちまち江戸中の便所が糞尿であふれたことを示している。

東郊、とくに葛西では糞尿の運搬に、図4－4および本章の扉に示したような葛西舟と呼ばれる舟を用いていたことは先述したが、舟を所有するとなればかなりの資力が必要である。葛西の下掃除人には中級以上の農民が多かった。

名主や豪農が葛西船を所有している場合は、農民を雇って汲み取りをさせた。

葛西をはじめとする東郊の水路沿いには、下肥取引のできる河岸場が合わせておよそ六十カ所もあった。いかに下肥が大々的に取引されていたかがわかる。

葛西舟は村の河岸場を出発するに際しては、野菜などを積み込んだ。江戸の青物市場で「綾瀬口の荷《あやせぐちのに》」と呼ばれたのは、葛西舟が運んで来る東郊農村の野菜だった。

いくら船槽が空だからといって糞尿を積む舟に野菜を積むなど、現代であれば「食の安全・安心」の観点から大問題になるであろうが、当時はそんな感覚はまったくなかった。むしろ、たっぷりの下肥でよく育った、新鮮な野菜として歓迎された。

巨大ビジネスとなった東郊の下肥

大々的に下肥ビジネスをおこなっていた東郊の農家の例として、中川流域の佐野新田（足立区）の豪農・佐野家がある。

佐野家は、葛西舟を少なくとも三艘所有し、佐野新田や近隣の村の農民を下掃除人に雇って江戸の本所や神田の十三カ所で汲み取りをおこなっていたが、その量は慶応三年（一八六七）の一年間で三千七百八十荷である。葛西舟に換算すると、延べ七十艘を越えていた（一艘に五十荷と計算）。

江戸からたんに佐野新田に戻るだけでなく、販売先の河岸場まで行くことも考えると、佐野家所有の葛西舟は年間を通じてフル稼働だったであろう。

さらに驚くべきは、佐野家が慶応三年の一年間に汲み取り先に支払った金額の合計である。なんと

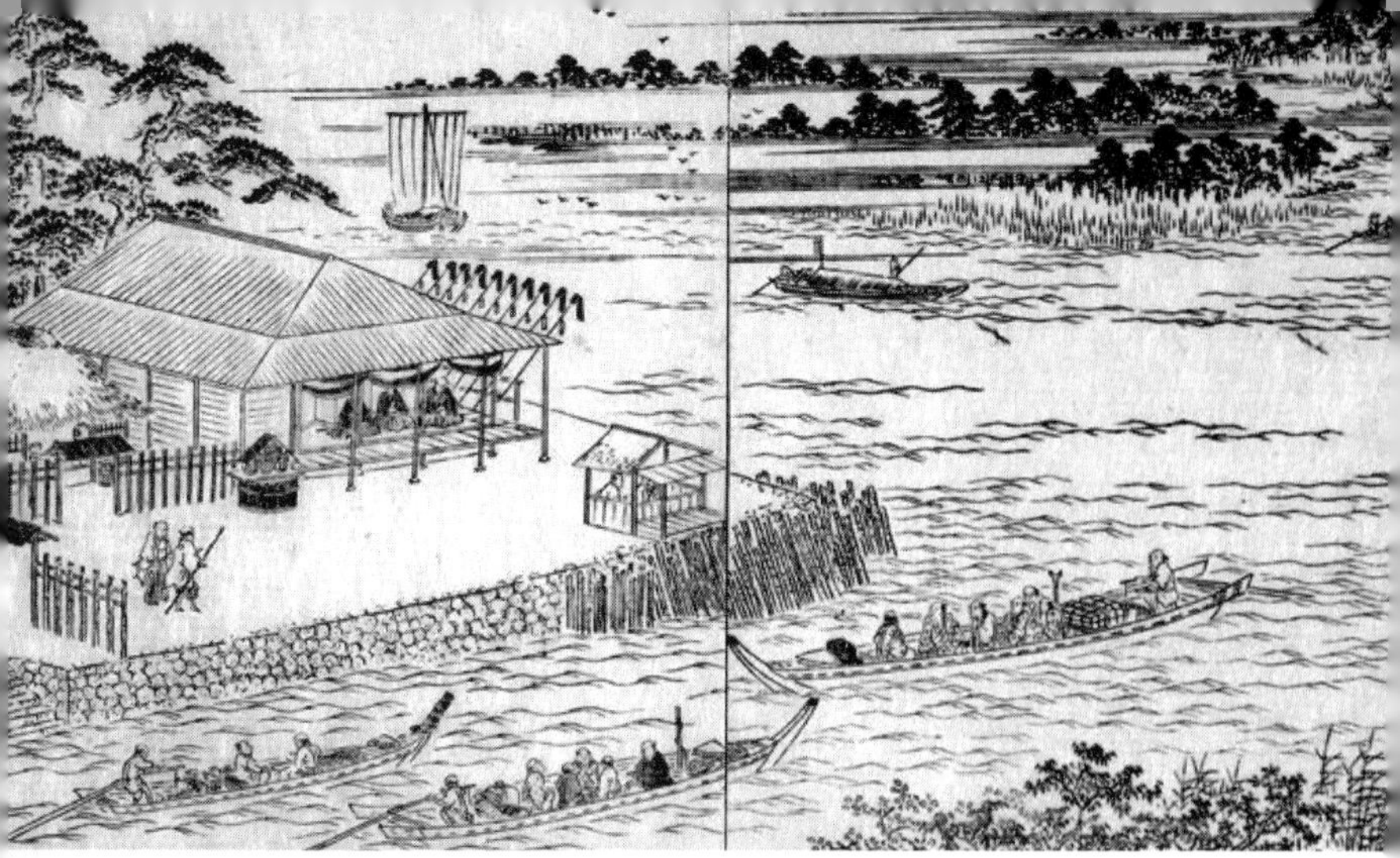

図 4-3　中川と小名木川の交差地点（図4-1の地図を参照）。「中川番所」があった。左上からの川が中川で、左の手前が小名木川。江戸名所図会より。国会図書館蔵。

図 4-4　江東区・深川江戸資料館に展示されている葛西舟と肥桶、肥柄杓。

図 4-5　『和漢船用集』（明和3年〔1767〕）に記されている「部切船（へきりぶね）」。この名は上方の名称で、糞尿の運搬用に船に仕切りあったため。京都大学図書館蔵。

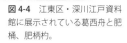

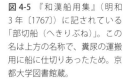

百八十両だった。

もちろん、仕入れに百八十両使っても、最終的な下肥の売上高は百八十両をはるかにうわまわっていたはずで、充分な利益を得ていたであろう。それにしても、仕入れに百八十両という大金を動かしていたのだから、農家の余業としての汲み取りではなく、ビジネスとしての汲み取り・輸送・販売業だった。

なお、支払った百八十両の内訳を見ると、高いところで三十三両、安い所で一両である。高いのは大家、安いのは自身番・医者・下級役人などだった。大家が高いのは裏長屋の住人が利用する総後架を汲み取らせるからで、後者が安いのは自分の住居だけだからである。

では、佐野家では汲み取った糞尿をどこに、いくらくらいで販売していたのだろうか。

下肥の販売先は、中川筋と荒川（隅田川の上流）筋の村々が多い。中川筋の最北の村は赤岩村（現在の埼玉県吉川町・松伏町あたり）、荒川筋の最北は辻村（さいたま市）、樋爪村（埼玉県川口市）などである。

江戸で糞尿を汲み取ってから取引先の村の河岸場に陸揚げするまで、普通、丸三日から四日かかっているが、かなり遠方の村まで行っていたからであろう。

このように遠方の販売先もあったが、やはり取引量からすると、地元である佐野新田や近隣の村々の農家が多かった。現在の足立区、葛飾区の村々である。

ついで取引が多かったのが、中川筋である現在の埼玉県三郷市と八潮市の村々だった。

では、具体的にどの村の誰が、どれくらいの分量を、いくらで購入していたかをつぎに示そう。文久三年（一八六三）の記録のほんの一部である（『幕末期江戸東郊農村における下肥流通』〔前出〕より）。

一月十四日六ッ木村（足立区）　勘五郎一艘　一両三分三朱
二月十二日寄巻村（埼玉県三郷市）清吉一艘半　三両二分二朱

三月十八日鎌倉村（葛飾区）　新五郎一艘半　四両二百九文
四月四日上口村（埼玉県三郷市）　茂左衛門一艘　二両三分一朱
五月二十七日飯塚村（葛飾区）　安左衛門一艘　二両一朱二百文
六月三日二丁目村（埼玉県八潮市）　こなや一艘　二両一朱二百文
七月十三日岩淵村（北区）　岩右衛門一艘　一両三分

などであるが、販売先がいかに広範囲にわたっているかがわかる。

また、同じ葛西舟一艘でも販売価格がことなっているのは、先述したように距離と季節によって価格が変動したからである。

さらに、得意先ともいうべき大口取引先を見ると、

鎌倉村の栄助は弘化三年、安政四年、安政五年に合計十三艘を購入
寄巻村の栄助は安政六年から慶応三年まで合計約三十艘を購入
寄巻村の清吉は安政三年から慶応三年まで合計約八十七艘を購入

などであり、こうした得意先は数年にわたり、一年に最低でも三艘程度購入していた。下肥の販売先は豪農が多かったことがわかる。

糞尿は商取引の対象だった。西郊はもちろんだが、東郊の下掃除に従事する人間にとって糞尿は貴重な商品であり、

「糞尿はきたない、糞尿は厄介」

などという考え方は微塵もなかった。

古典落語と便所、葛西舟

【コラム】

古典落語には、便所、下掃除人、葛西舟などを題材にしたものが少なくない。代表的なふたつの噺を紹介しよう。

『開帳の雪隠』

両国の回向院《えこういん》で開帳があるのを知り、人出を見込んで、ふたりで貸《かし》雪隠を作った者がいた。

地面に穴を掘って、四斗樽《しとだる》を埋め、上に板を二枚渡して、しゃがめば用が足せるようにした。四方に青竹を立てて、そこに菰《こも》を吊るして、なかが見えないようにしただけの簡易な便所だった。

使用料は四文《もん》だったが、女がひっきりなしに利用し、大いにもうかった。

ところが、ある日、ぱったり客足が絶えた。

近くに本式の雪隠ができたのである。屋根は杉皮で葺《ふ》き、四方は青竹で四ツ目垣。なかはきれいに掃除がゆきとどき、線香を点《とも》して臭気を防ぎ、手洗い鉢には水が張ってあり、あたらしい手ぬぐいがかかっている。それで使用料は同じく四文だった。

これでは、粗末な便所には客がこないはずである。

「ちょいと出てくる」

そう言うや、ひとりが出かけて行った。

しばらくすると、粗末な便所に客がひっきりなしにやってくる。残されたひとりは、料金の受け取りに大忙しだった。

夕方、出かけたひとりがぐったりした様子で戻ってきた。

「俺が出て行ったら、客がたんと来たろう」

「ああ、俺ひとりでたいへんだったぞ。どこで遊んでいたんだ」

「四文払って、いままで向こうの雪隠にはいったきりだった」

『汲み立て』

常磐津《ときわづ》の女師匠のもとに、町内の若い者が多数通っていたが、稽古は二の次、目的は師匠を落とすことだった。

ところが、半公と呼ばれる男が、いつのまにか師匠といい仲になっているようで、屋根舟を雇って隅田川に夕涼みに出かけるという。

これを知って面白くないのが、ほかの弟子たちである。同じく舟を雇って、いやがらせをすることにした。

さて、当日。

屋根船で、半公が師匠の三味線で端唄《はうた》を唄おうとすると、大勢が乗った舟が近くに寄ってきて、馬鹿《ばか》囃子《ばやし》を始めた。

半公と師匠は船頭に頼んで舟を移動させ、騒がしさから逃れた。ところが、舟はなおも付いてきて、そばで騒ぎ立てる。ついには半公と大勢で口論になった。

「師匠とどういう仲になろうと、てめえたちにとやかく言われる筋合いはねえや。糞でも喰らえ」

「糞を喰らえ？　おお、おもしれえや。糞を喰うから持って来い」

怒鳴り合っている二艘の舟のあいだに、葛西舟がすーっとはいってきた。

「ははは、どうだね、汲み立てだが、一杯、あがるけえ？」

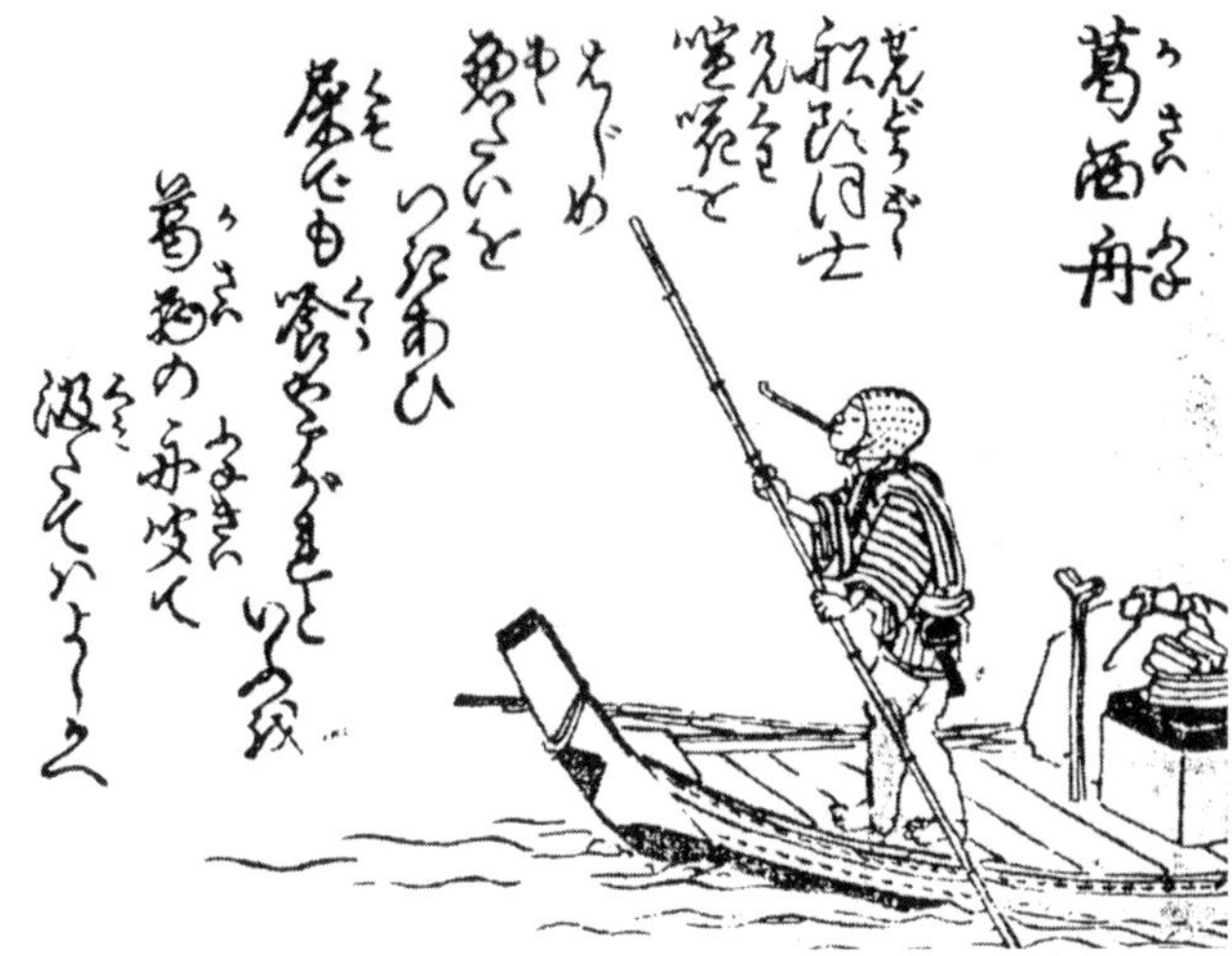

葛西舟「船頭同士、喧嘩をはじめ、悪たいをつきあい、糞でも喰らやぁがれというを、葛西の舟聞いて、汲みたてはよしかえ」。『しんさくおとしばなし』より。

「水増し」の横行

人力や馬に頼るしかなかった西郊にくらべ、舟による大量輸送が可能な東郊では下肥は一大ビジネスとなった。

西郊の江古田村（現・中野区）の旧家である深野家は、従来、高田（新潟県上越市）藩榊原家の江戸藩邸の汲み取りを独占していたが、寛政二年（一七九〇）、東郊の小松川村（江戸川区）や二之江村（江戸川区）の村民に権利を譲渡した。

こじんまりとならともかく、西郊の農民が大々的に下肥ビジネスを展開するのはむずかしかったことがわかる。東郊との競争に敗れたといえるかもしれない。

こうして下肥の取引では優位に立っていた東郊だが、一方で不正行為も横行していた。下肥の水増しである。

河岸場で糞尿を半艘分、販売したあと、つぎの河岸場に向かう途中で川の泥水を船槽に入れてかきまわし、満杯にしたのである。そして、つぎの河岸場ではさも江戸から汲み取ってきたばかりをよそおい、販売した。

水増ししてあるかどうか、外見からは判別ができなかった。途中で水を入れるなど、葛西船だから可能な不正行為だった。

購入した農民は農作物の生育を見て、

「どうも肥しの効きが悪い。さては……」

と、あとになって気づくことになる。

江戸から遠い村ほど、水増しした下肥を買わされる羽目になった。

こうした水増し行為への農民の不満も、下肥争議の原因のひとつだった。

4……下肥をめぐる騒動——高騰する下肥の価格

下肥の値段は、じりじりと上昇する傾向にあった。ここでいう下肥の値段は、最終的に農民が下掃除人や、下肥商人から購入する価格である。

原因のひとつに、長屋の大家の値上げ攻勢があった。

下掃除人が支払う汲み取り料が収入のかなりの部分を占めていたため、大家は契約更新のたびに値上げをせまる傾向があった。下掃除人がなかなか了承しないときなど、

「じゃあ、もう、おめえには頼まない。別な下掃除人に頼む」

などと、脅しまがいのことを言う大家もいた。

便所の汲み取りをしたいという農民は多かったので、大家は下掃除人に対して強気だった。一種の競《せ》りのようにして、汲み取り料をつりあげようとした。

下掃除人は泣く泣く、代金の値上げを呑まざるを得ない。

もうひとつの原因が、下肥が大量かつ広範囲で取引されるに従い、流通の中間に多くの商人が介在するようになったことである。この傾向は東郊で顕著だった。中間業者が増えるほど最終価格は高くなる。

結果として、農民が最終的に手にする下肥の価格は上昇し続けたのである。最終的なつけは農民にまわってきたといってもよかろう。

最初の大きな下肥値下げ運動は、寛政元年（一七八九）におきた。

【コラム】

肥桶の後始末をさせられた武士

江戸では武家地や町家を問わず、朝のうちから天秤棒で肥桶を前後にかついだ下掃除人が歩いていた。人通りの多いところでは、もめごとがおきるのは珍しいことではなかった。江戸後期の医師・加藤曳尾庵《えいびあん》の著『我衣《わがころも》』に、そんな事件が記されている。

文化六年（一八〇九）四月二十日、市谷にある水戸藩徳川家の上《かみ》屋敷の前を、小倉の袴《はかま》に朱鞘《しゅざや》の大刀を差した長身の武士が通りかかった。

たまたま天秤棒で肥桶をかついだ百姓が歩いていた。すれちがったとき、大刀の鞘のこじりが肥桶に触れた。

武士が怒鳴った。

「慮外者《りょがいもの》め。不浄の物を武士の魂に突きあてるとは、何ごとか」

「これは、とんだ粗相をいたしました。どうか、ご勘弁を」

百姓は肥桶をおろし、その場に土下座した。

ちょうど屋敷の表門の近くである。人通りも多いことから、水戸藩の辻番ふたりが道に出て、野次馬を追い払った。

天秤棒を膝の前に横たえ、百姓は平身低頭してあやまった。

ところが、水戸藩の辻番が見守り、見物人が遠巻きにしていることもあって、武士はますます激昂した。あとに引けなくなったこともあろう。

「無礼討ちにしてくれるわ」

腰の大刀を抜いた。

恐怖に駆られた百姓は、膝の前に横たえていた天秤棒をつかみ、夢中で横ざまに払った。

天秤棒で撃たれたはずみで、刀は武士の手からはじけ飛んで、三間《けん》（約五・五メートル）ばかりも離れた溝《どぶ》のなかに落ちてしまった。

武士は呆然としている。

そのすきに、百姓は天秤棒を持ったまま、走ってその場から逃げてしまった。

振りあげた拳の置き場を失ったどころか、武士は大事な大刀まで溝のなかに落としてしまった。やむなく袴の裾《すそ》をたくしあげると、裸足になって溝のなかに入り、刀を拾いあげた。

刀と足の汚れを手ぬぐいでぬぐったあと、照れ隠しに、

「不慮なることにて、面目もなきしだい」

と、辻番に一礼して、そそくさと立ち去ろうとする。

そこを、辻番が呼び止めた。

「お待ちくださいい。屋敷前で人を殺《あや》めたときは、武家屋敷としての手続きがございます。ただいまの一件は、人を殺めたわけではございませぬが、ご貴殿の相手が逃げのびたあとに、肥桶がふたつ残されております。そんなものを屋敷前に放置しておくのは不浄です。どうか、ご貴殿が始末していただきたい」

「それは、なんとも迷惑でござる。しばらくそのままにしておけば、さきほどの肥汲みが取りにまいるでござろう」

「いや、それはなりませぬ。そもそも喧嘩は、ご貴殿と彼《か》の者とのあいだでおこったことではございませぬか。ご貴殿が相手を見事に打ち果たしておればともかく、おめおめと取り逃がしたのはご貴殿の不調法。どうしてもこの肥桶を取り片付けぬとなれば、ご直参か陪臣か、またご尊名もうけたまわった上で、相応の処置をとらせていただきます」

武士は赤面した。

幕臣か藩士か、さらには姓名まで知られてしまうのは困る。ここは身元を知られずに切り抜けたい。

そこで、渋々ながら言った。

「しからば、片付けよう。桶はふたつあるので、天秤棒をお貸しいただきたい」

「天秤棒はございませぬが、六尺の樫《かし》の棒をお貸し申そう」

辻番が、古くなってちょっと反《そ》りのある六尺棒を取り出してきた。

武士は渡された六尺棒で肥桶ふたつをかつぎ、牛込馬場のほうに向かって歩き出した。

遠巻きにしている見物人は、さすがに野次を飛ばしたりはしなかったが、羽織袴で大小の刀を差した武士が肥桶をかついで歩く姿がおもしろいのか、ぞろぞろとどこまでもついていった。

汲み取り料が高騰しているとして、近郊の村々が結束して、値下げのお触れを出すよう、勘定奉行《かんじょうぶぎょう》に嘆願書を提出したのである。

嘆願書に拠ると、江戸の汲み取り料は、延享・寛延年間（一七四四〜五一）とくらべて、

・武家屋敷では、二十両から六十〜七十両

・町家では、十両から三十〜四十両

と、三〜四倍にもなっている、と。

しかし、勘定奉行は下肥の値段が高いのは農民側がおたがいに競《せ》り合っているからだとして、訴えを却下した。

そこで、農民側は相互に競りをしないよう協定を結んだ上で、寛政二年、ふたたび嘆願書を提出した。参加した村は武蔵・下総両国の千十六カ村にもおよび、大規模な運動となったため、もはや無視することはできない。

この一件を扱うことになった町奉行所は、大家と下掃除人とのあいだで個々に引き下げ交渉をおこなうよう申し渡した。

値下げ交渉にのぞんだ農民側は、相手が引き下げに応じなければ、

「二十〜三十日のあいだ、汲み取りはおこなわない」

と取り決めた。

いわばストライキをちらつかせながらの交渉である。

こうした交渉の結果、寛政四年、江戸の町の下掃除代の総計二万五千三百九十八両余のうち、三千六百十九両余が引き下げられた。

しかし、値下げは一時的なものだった。その後、ふたたび下肥の価格は上昇していく。

文政二年（一八一九）になり、またもや下肥価格の高騰が問題化したが、このときは汲み取り先という、より、流通過程の中間業者が槍玉にあがった。話し合いの結果、村々は、

・掃除場の競り合いはしないこと
・水増しなどをして下肥の品質をおとさないこと

などを決め、五カ年協定を結んだ。

二度目の大きな下肥問題が勃発するのは、天保十四年（一八四三）の春である。老中・水野忠邦が主導する天保の改革のもと、諸物価の引き下げが命じられ、米穀や野菜の値段も強制的に引き下げられた。

しかし、下肥の値段は高くなる一方だったので、農民は踏んだり蹴ったりである。当時の幕府の役人は物価を下げると言った場合、商人が小売する商品の値段しか念頭になかったことがわかる。複雑な流通の過程など理解していなかった。

村々の惣代が下肥価格の値下げを求める嘆願書を勘定奉行に提出したところ、今回はすんなり町奉行所に引き継がれた。

町奉行所は調査の上、

・天保十二年の下掃除代金の合計三万五千四百九十両余の一割引き下げ
・高値の原因になる競りの禁止

を言い渡した。

これを受け、村々は協定を結んだ。

弘化二年（一八四五）にも下肥価格が問題化したが、東郊に限られており、各川筋の河岸場ごとの値段を村方、下肥仲買人、売捌人《うりさばきにん》の三者間で協議し、協定を結んだ。

【コラム】

江戸の糞便の蒐集家

笑話集『鹿《か》の子餅《こもち》』（明和九年〔一七七二〕）に、古人の糞便を集めるのを趣味にする男の話がある。

古人の糞《くそ》を集めている者の家に、同好の士が訪ねてきた。

主人がさっそく、たくさんの香箱を出してきて見せる。

箱をあけてながめながら、客が言った。

「拙者も、この道は年季がはいっておりますので、いささか目利《めき》きをします。当ててみましょうか」

「ぜひ、うけたまわりましょう」

「まず、この糞はおよそ六、七百年前のものですな。勇気ある大将の糞のようですが、旅に苦しんだ様子が見て取れるので、源義経のものでございましょう」

「その通り、義経の糞でございます」

「さて、こちらは侍のもののようですが、坊主臭いところもあり、ともあれ勇者の糞。時代は義経と同じころのようなので、武蔵坊弁慶の糞ではございませぬか」

「その通りでございます。では、こちらはいかがですか」

「これはむずかしい。出家と武士がまじっているかのようですが、どことなく品格がありますな。少し削ってみてもよろしいでしょうか」

「どうぞ、お削りなされ」

客は糞を削って、しげしげとながめた。

「わかりました。これは最明寺《さいみょうじ》入道《にゅうどう》時頼の糞でございます」

「どこでわかりますか」

「削ったところに、ちらちら粟《あわ》が見えます」

最明寺入道時頼は鎌倉幕府の執権だったが、出家して諸国を遍歴した。遍歴中、佐野源左衛門の家で粟飯を供せられたというのは謡曲『鉢《はち》の木《き》』で有名。笑話とはいえ、男が収集していたのは糞石《ふんせき》ではあるまいか。

考古学では、糞石とは、人間や動物の糞便の化石である。繊維・種子・花粉・寄生虫卵を分析することで、当時の食事内容、調理法、排泄した季節、健康や衛生状態などがわかるという。

糞の化石である“糞石”の数々。
上は、福井県鳥浜貝塚から出土した縄文人の噴石（同志社大学歴史資料館蔵）。中は肉食恐竜の糞石、下は、草食恐竜の糞石（ともに三重県立博物館蔵）。

嘉永六年（一八五三）には、小便溜《しょうべんだ》めをめぐる紛争もおきた。小便溜め汲み取りをしてきた三田と深川のふたりが、場所を競り取ったとして砂村新田（現・江東区）の農民を訴えたのである。

従来、江戸近郊の農村は小便にさほど肥料価値を認めてこなかった。下肥の高騰が続くなか、いよいよ小便の争奪戦も始まったのである。

慶応三年（一八六七）秋、三度目の大きな下肥値下げ運動がおきた。

事の発端は、下肥の高値はもとより、不正取引を禁止してほしいと、村々が関東取締出役《とりしまりしゅつやく》（八州廻り）・吉田隣助に訴え出たことである。訴えによると、

「かつては、葛西舟一艘に五十荷の下肥を積んでいたが、最近では二、三十荷しか積まず、途中で水を加えて五十荷分として売るため、効き目が悪くて困っている」

また

「汲み取り場を持たない者が、途中で下肥を買い入れ、村方に売りさばいている」

という。

この訴えを認め、関東取締出役は下肥値段の引き下げと不正取引を禁止する回状を村々にまわした。

時代小説では関東取締出役は関八州を巡回し、横行する悪人を取り締まる。だが、実際には下肥をめぐる農民の嘆願にも対処していた。

翌慶応四年九月三日、江戸は東京となり、十月二十三日には明治と改元された。

第Ⅴ章

明治以降の汲み取り事情

下掃除というのも、明治と今日では、非常な違いですな。
明治時代には、掃除屋の方から、掃除料を召しあげたものが、
今では、こっちから差出して、
「どうぞよく汲取っておくんなさい」と哀願に及ぶなンど、
売物が買物になった。

篠田鉱造『明治百話』（昭和6年〔1931〕）より

私たちのヤマベ釣りの場所は、
新河岸の汚穢船《おわいぶね》の着くところと決まっていた。
「汚穢船」を称しては「下肥船《しもごえぶね》」とか「あっぽ船」とかいったが、
ヤマベたちは、その船からこぼれる蛆《うじ》を食いに寄っていたのである。

伊藤晃『私の江戸川』より（昭和14年頃の思い出）

阪神淡路大震災を教訓にして、多摩地区でも、
バキュームカーなどの災害時の緊急対策用資器材を
ストックしておこうということで、
現在、関係者と委員会をつくって検討しているところです。

高杉喜平『屎尿汲取り業の一代記』（平成14年（2002）頃の談話）より

［章扉の図］
昭和30年代の肥桶を荷車で運搬している光景。
（滋賀県大津市歴史博物館蔵）。

1……明治〜大正

明治以降の状況を、文学作品や回想文などから見ていこう。

汲み取りや下肥の重要さは、明治になっても変わらなかった。相変わらず、下掃除人が家々に汲み取り料を支払って糞尿を汲み取らせてもらい、下肥として農家に販売していた。

『明治大正家庭史年表』（下川耿史・家庭総合研究会編、平成十二年〔二〇〇〇〕）に拠ると、明治四十年（一九〇七）の一年間に東京で、農民から支払われた屎尿代金の合計は推定二百三十八万円で、そのうち六十四万円が地主・差配人の収入となった。差配人は江戸時代の長屋の大家に相当する。

ところが、大正期になると下肥の利用が減る一方で、都市への人口集中で糞尿の汲み取りが追いつかず、便所があふれる事態になった。なかには桶やバケツに糞尿を入れ、夜中に川や排水路に捨てに行く人々も現われた。

ついに逆転現象がおこり、農民に汲み取り料を払って汲み取ってもらうようになった。

「金を払うから、汲み取ってくださいよ」というわけである。

東京市は、大正十年（一九二一）、屎尿《しにょう》処理を公営化し、牛込などの三区で実施を始めた。市民が支払う汲み取り料は、一荷（二桶）あたり十銭だった。

明治の下掃除人の風俗

『みみずのたはこと』（徳冨蘆花著、大正二年（一九一三））に描かれた、明治末期の千歳村《ちとせ》（世田谷区）の下掃除人の風俗は、つぎの通りである——

此辺《このへん》の若者は皆東京行をする。此辺の「東京行」は、直ちに「不浄取り」を意味する。東京を中心として、水路は別、陸路五里四方は東京の「掃除」を取る。荷車を引いて、日帰りが出来る距離である。荷馬車もあるが、九分九厘までは手車である。ずッと昔は、細長い肥桶《こえおけ》で、馬に四桶付け、人も二桶荷《にな》って持って来たが、後、輪の大きい大八車で引く様になり、今は簡易な荷車になった。彼の村では方角上大抵《たいてい》四谷、赤坂が重《おも》で、稀《まれ》に麹町《こうじまち》まで出かけるのもある。弱い者でも桶の四つは引く。少し力がある若者は、六つ、甚《はなは》だしいのは七つも八つも挽《ひ》く。一桶の重量十六貫とすれば、六桶も挽けば百貫からの重荷だ。あまり重荷を挽くので、若者の内には眼を悪くする者もある。

（中略）

東京界隈《かいわい》の農家が申合せて一切下肥《しもごえ》を汲まぬとなったら、東京は如何様《どんな》に困るだろう。彼が東京住居《ずまい》をして居た時、ある日隣《となり》家の御隠居婆さんが、「一ぱいになってこぼるゝ様になってるものを、せっせと来てくれンじゃ困るじゃないか」と疳癪声《かんしゃくごえ》で百姓を叱る声を聞いた。其《それ》は権高《けんだか》な御後室《ごこうしつ》様の怒声よりも、焦《じ》れた子供の頼無《たよりな》げな恨めしげな苦情声であった。大君の御膝下《おひざもと》、日本の中枢と威張る東京人も、子供の様に尿屎《ししばば》のあと始末をしてもらうので、田舎の保姆《ばあや》の来ようが遅いと、斯様《こんな》に困ってじれ給うのである。叱られた百姓は黙って其糞尿を掃除して、それを肥料《こやし》に穀物蔬菜を作っては、また東京に持って往って東京人を養う。

江戸時代と同様、西郊は水運が利用できないため、人力で運搬していた。また、下掃除人が来ないと便

図 5-1　明治になっても、汲み取りや下肥の重要さは変わらなかった。ガス灯のある表通りにも、肥桶を積んだ大八車が行き来していた。周囲の人々は鼻を押さえている。金森健生『マンガ明治・大正史』より。

図 5-2　明治 4 年〔1871〕、横浜に「放尿取締の布告」が出され、同年に日本初の公衆トイレが設置された。この絵は、明治 40 年〔1907〕、宮武外骨の『滑稽新聞』に掲載された「公設便所」の状況で、中央は女性だが、立って後ろ向きに用を足している。

図 5-3　大正時代の商家での便所掃除。「下男」が朝顔の下を掃き、女が後ろで鼻を押さえている。当時の絵葉書。「関野勉トイレグッズコレクション」（http://sinyoken.sakura.ne.jp/caffee/cayomo065.htm）より。

所があふれて困るのは、江戸が東京になっても同じだった。

『明治百話』（昭和六年〔一九三一〕）は、明治を生きた古老からの聞き書きだが、そのなかに「下掃除の今昔」と題された回想がある――

（中略）

下掃除《しもそうじ》というのも、明治と今日とでは、非常な違いですな。明治時代には、掃除屋の方から、掃除料を召しあげたものが、今では、こっちから差出して、「どうぞよく汲取っておくんなさい」と、哀願に及ぶなンど、売物が買物になった。

（多摩川の向こうから、回想者の家に汲み取りに来ていた農民）が、盆暮の外、季節々々の野菜物を、少しばかりでも持って来て、「百姓の畑のもので、お口に合うかどうか、知んねエが、新しいでがすから、喰べておくんなせエまし」と、恥かしそうに出すのが、大根に里芋、小松菜に人参といったものが、何ンにしろ、畑から取立てではあるし、旨いこと、唐辛子なんかもいい味でした。盆暮こっちも砂糖の一袋もやって、大層喜ばれたものです。

（中略）

掃除の百姓はなるべく負けて貰いたい、差配人は「店子《たなこ》も人数が殖えたから、肥料代《こやしだい》をあげてくれ、いくら〳〵と申込んで来ている百姓もある」などと、気を持たして、あげる計略をめぐらすンですが、半期八円、一ヶ年拾六円ぐらいと覚えていますが、因業《いんごう》な家《うち》では、随分取立てるということでした。

（中略）

あるお医師の細君が、とても因業で、出入の掃除屋と論判になった。ソレは赤ン坊が一人殖《ふ》えたから一人分出せといい、赤ン坊では出せないという、この論判のイキサツがもつれて、常日頃から憎み悪《にく》んでいた下掃除人、悔し紛れに一柄杓《ひしゃく》を細君の頭から浴びせてしまった騒ぎがあって、警察沙汰とまでなったのを知っていますが、あの厄介物を始末して貰った上に、金を取るのは、地主連も虫がよすぎた。

差配人は、江戸時代の長屋の大家と同じである。大家が共同便所の糞尿を汲み取りの農民にできるだけ高く売りつけようとするのは、明治時代になっても江戸時代とまったく同じだった。

下肥の具体的な使用法

詩人・農民運動家の渋谷定輔《ていすけ》は、南畑《なんばた》村（現・埼玉県富士見市）に生まれた。一帯では下肥を「タメ」と呼んでいたようだ。その著『農民哀史から六十年』（一九八六年）に、下肥の具体的な使用法が書かれている——

私の村では、大正末期はまだ人糞肥料の時代で、水田には熟成させた後で使ったが、桑畑では穴を沢山掘ってそこにじかに投入した。桑三株に穴一つ、そこで熟成させるんで茶畑でも同じです。屎尿《タメ》を充分にやるかどうかで、桑の葉や茶のできがまるで違うので、百姓としてはいやでも応でも屎尿《タメ》を買い続けなければいけない。くさいとか汚いとか言っちゃいられませんよ。

（中略）

私の家の桑畑は五反だったから、五百ほどの穴を掘って肥を入れた。季節によって増減はあっても、一週間に十樽から二十樽は必要だった。その頃、現金収入といえば養蚕が一番なんだから、一年中、屎尿《タメ》ひきに精を出して桑畑を肥やすわけだ、冬でも休むわけにはいかないよ。

（中略）

話を屎尿《タメ》に戻すと、一樽十二貫（四十五キロ）はあったかな。これを車から下して二つの肥桶に分けて天秤棒《てんびん》の両端に付けて桑畑に運ぶ。こぼれたり洩れたりするから全身糞尿だらけだ。それが汚

明治末期の農民と下肥

【コラム】

作家の徳冨蘆花《ろか》は、明治四十年（一九〇七）、北多摩郡千歳村字粕谷（東京都世田谷区）に移り住んだ。当時は農村だった粕谷の生活を記した『みみずのたはこと』（大正二年（一九一三））で、蘆花は、農民と下肥についてつぎのように記している――

「新宿のねェよ、女郎屋でさァ、女郎屋に掃除を取りに行く時ねェよ、饂飩粉《うどんこ》なんか持ってってやると、そりゃ喜ぶよ」

辰爺《たつじい》さんは斯《こ》う云《い》うた。

同じ糞でも病院の糞だの、女郎屋の糞だのと云うと、余計に汚い様に思う。

不潔を扱うと、不潔が次第に不潔でなくなる。葛西の肥料屋《こやしや》では、肥桶にぐっと腕を突込み、べたりと糞のつくとつかぬで下肥の濃薄《こいうすい》、従って良否を験《けん》するそうだ。此辺《このへん》でも、基肥《もとごえ》を置く時は、下肥を堆肥に交ぜてぐちゃぐちゃしたやつを盛った肥桶を頸《くび》からつるし、後《うしろ》ざまに畝《うね》を歩みつゝ、一歩毎に片手に掴《つか》み出してはやり、掴み出してはやりする。或《あるい》は更に稀薄にしたのを、剥椀《はげわん》で抄《すく》うては、ざぶりざぶり水田にくれる。時々は目鼻に糞汁《ふんじゅう》がかゝる。

「あっ、糞が眼ン中へ入っちゃった」と若いのが云う。

「其《そ》れが本当の目糞《めくそ》だァ」爺《おやじ》は平然たるものだ。

明治末の東京近郊の農村が描かれているが、糞尿に対する感覚は、江戸時代の農民とまったく変わりなかったであろう。

なお、辰爺さんの言う「掃除」とは糞尿のことである。

上・右：ジョルジュ・ビゴーが描いた明治時代の肥桶を運ぶ農民。『Yokohama Ballads』（明治 32 年〔1899〕）より。

下：蓑と笠を付けた農民たち。左端の女性らしき農民が肥桶を担いでいる。明治 42 年〔1909〕撮影。F. H. KING, *Farmers of Forty Centuries, or Permanent Agriculture in China, Korea, and Japan*. 1911 より。

いなんていっていたら野良仕事はできない。老農や篤農は嘗《な》めてみて熟成の具合をみたなんて聞くが、色と臭いでだいたいわかる。新しい屎尿《タメ》は色彩が黄色か褐色、臭気が強い。熟してくると灰色がかってきて臭気も弱まる。菌なり酵素なりの作用で分解して、窒素分が作物に利きやすくなるんだろうか。水田の場合、苗が充分根づくまでは、熟した屎尿《タメ》を風呂水などで薄めないといけない。ナス、キュウリなど畑地のものは品種と土質に適した施し方をするんで、こまかい神経がいるんです。

2……昭和

昭和の汚穢舟

上新宿（現・千葉県流山市）に生まれた郷土史家の伊藤晃は、その著「私の江戸川」（『江戸川物語』〔昭和五十六年〈一九八一〉〕所収）に少年時代（昭和十四年〔一九三九〕頃）の思い出を書いている。なお、新河《しんが》岸《し》は江戸川の船着場で、汚穢舟の停泊地でもあった——

私たちのヤマベ釣りの場所は、新河岸の汚穢船《おわいぶね》の着くところと決まっていた。「汚穢船」を称しては、「下肥船《しもごえぶね》」とか「あっぽ船」とかいったが、ヤマベたちは、その船からこぼれる蛆《うじ》を食いに寄っていたのである。今思い出してみると、いささかゾッとする気分があるが、蛆は船の積荷の下肥から発生し、船のいたるところにうごめいていた。そして、その船の上で釣る。餌にも、その蛆を用いた。

（中略）
そんなある日のことだった。私は汚穢船の踏板を踏みはずし、片足を下肥の中に突っ込んでしまった。参った。まことに参った。私は東京の人の汚物を浴びた。早速川に入って、体と衣類を洗ったが、

「江戸のやつらは、川越の恩を尻で返す」

【コラム】

川越（埼玉県川越市）と江戸を結ぶ新河岸《しんがし》川の舟《しゅう》運《うん》は、江戸時代にひらかれ、昭和の初めころまで続いた。

新河岸川が荒川（当時の隅田川の上流）とつながることで、川越と江戸は船で行き来できたのである。

江戸時代、川越から江戸に送られる物資は、米・麦をはじめとする農産物や、木材や戸障子などの建築資材が多かった。

江戸から川越に運ばれてくるものは、日常必需品と衣料品、それに糠《ぬか》、干鰮《ほしか》（干鰯）、木灰などの肥料が多かった。

さらに、下肥を積んだ葛西舟もやってきた。

さすがに葛西舟は河岸場の端に停泊し、農民と直接取引をしたが、これを見て川越の人々は、

「江戸のやつらは、川越の恩を尻で返す」

と冗談を言った。

川越と江戸のあいだを行き来する船の船頭は羽振りがよかったため、女郎屋では上客だった。

隅田川を行く船が千住大橋にさしかかると、千住宿の遊女（飯盛女・宿場女郎）が橋の上から手を振り、河岸場に停泊させようとしたという。

川越舟唄にこうある。

〽千住女郎は錨《いかり》か綱《つな》か。上り下りの舟とめる。

その脚に巻いていたゲートルが毛の物で、十分洗ったつもりだったのに、やがてボロボロに崩れてしまったのには、驚くやら、下肥というものが強い酸性だということを、実地に学ばせられたような次第であった。

ついでに汚穢船の話をすれば、私が知っている江戸川の船の往来では、それがかなりな数と率を占めていた。その船が着く岸の近くには、どこにも大抵肥溜《こえだめ》が並んでいて、一旦《いったん》そこに移された下肥を、農家の人たちが牛車や馬車で来て、肥担桶《こえたご》に詰めて買って行く。沿岸の農業は、大きくこの肥料に支えられていた。

昭和十年代になっても東京の東郊農村では、その下肥の利用は江戸時代とほとんど変わっていない。江戸川という便利な水運があったからであろう。

昭和初期の便所事情

九州のある都市（現在の福岡県北九州市と思われる）を舞台にした、火野葦平の小説『糞尿譚』は昭和十二年（一九三七）年に発表され、翌年、第六回芥川賞を受賞した。

主人公の小森彦太郎は、先祖伝来の土地を担保にして借金し、トラックを購入して糞尿汲み取り業を始めた。

汲み取り先からは汲み取り賃を徴収し、糞尿は下肥として農家に販売すれば一石二鳥で、充分にもうかるという計算だった。しかし、なかなかうまくいかない。

酒に酔った彦太郎が汲み取りの裏話をする場面があるが、昭和初期の便所事情がわかって興味深い――

「便所の中にいろんなものが落ちているのが面白いですよ、女のある家に赤い紙が落ちていたり、赤く染まっていたりするのは当然のことですが、よく便所の中にサックが棄《す》ててあるところがあります、料理屋や遊廓なんぞはありがちなことですが、普通の家にあるのは、産児制限をやって居る証拠ですな、いろんな手紙だとか、へんな妙なものが棄ててあるのですが、便所の中へ棄ててさえおけば、誰も知らないと思っているのが面白いです、また汲取りに行くと、ちょうど、誰かが用便中で、空気抜きに下の方に硝子戸《がらすど》があったりするようなところで、「戸があいておって白い女の足が見えたり」

赤い紙は、便利な生理用品がなかった当時、ちり紙で生理時の出血の始末をしたのである。サックはコンドーム、産児制限は避妊のこと。

彦太郎が汲み取り業を始めたとき、市はそれまで三通りの方法で糞尿を処理していたという。

一、市の周囲にある農村に肥料として売りさばく。

二、特別構造の糞尿船に積み込んで、海をへだてた対岸に運び、売却する。しかし、採算が合わないので、海に投棄してしまうことも多かった。

三、唐人川の河口や各地に穴を掘って溜め置きすること。

市では浄化装置のある処分場を計画したが、いまだ実現していない。

商売がうまくいかず追い詰められた彦太郎。唐人川の河口の肥溜めに糞尿を捨てに行ったところ、半纏《はんてん》を着た男たちが妨害するのに激昂し、ついには肥柄杓《こえびしゃく》で――

彦太郎は糞壺の縁まで来ると、半分は埋められたが、残りの半分に満々と湛えている糞壺の中に長い柄杓をさしこみ、これでも食え、と絶叫して、汲み上げると、ぱっと半纏男たちへ振り撒《ま》いた。わっと男たちは声をあげ、左肩から浴びせられた先刻の背の低い男が、逃げようとしてそこへ仰向け

【コラム】

金剛峰寺の川屋、東アジアの豚便所

下の図は、太平洋戦争前まで、高野山の金剛峰寺の僧坊にあった便所の設備図である（『近世便所考』大熊喜邦監修・田中一編、昭和十二年（一九三七）より）。

まさに厠《かわや》であり、川屋といえよう。

井戸水を、竹筒を通して僧坊の台所、洗い場、風呂、そして便所に流し、排泄した物はすべて隠所《おど》川に流した。

隠所川は、およそ五里（約二十キロ）の溪谷を流れて大滝となり、落ちて有田川に合流する。

いわば川へ垂れ流しであるが、台所にしても風呂にしても合成洗剤などは用いていなかったし、糞尿の量もしれたものだったので、環境汚染をひきおこすほどではなかった。むしろ、水生生物の餌《えさ》になったであろう。

もちろん、これほど大規模な川屋は、金剛峰寺だからできたことである。一般の川屋はもっと簡便だった。

左の図は、中国や東南アジアなどの農村の豚便所《ぶたべんじょ》

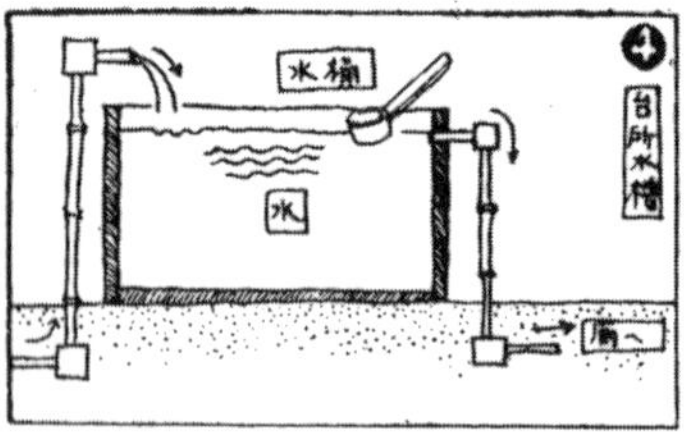

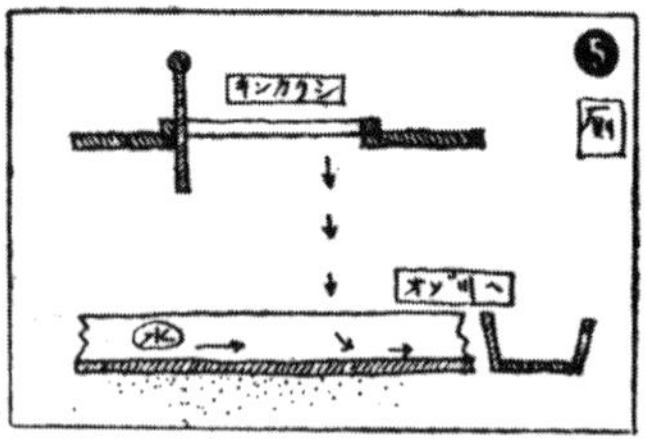

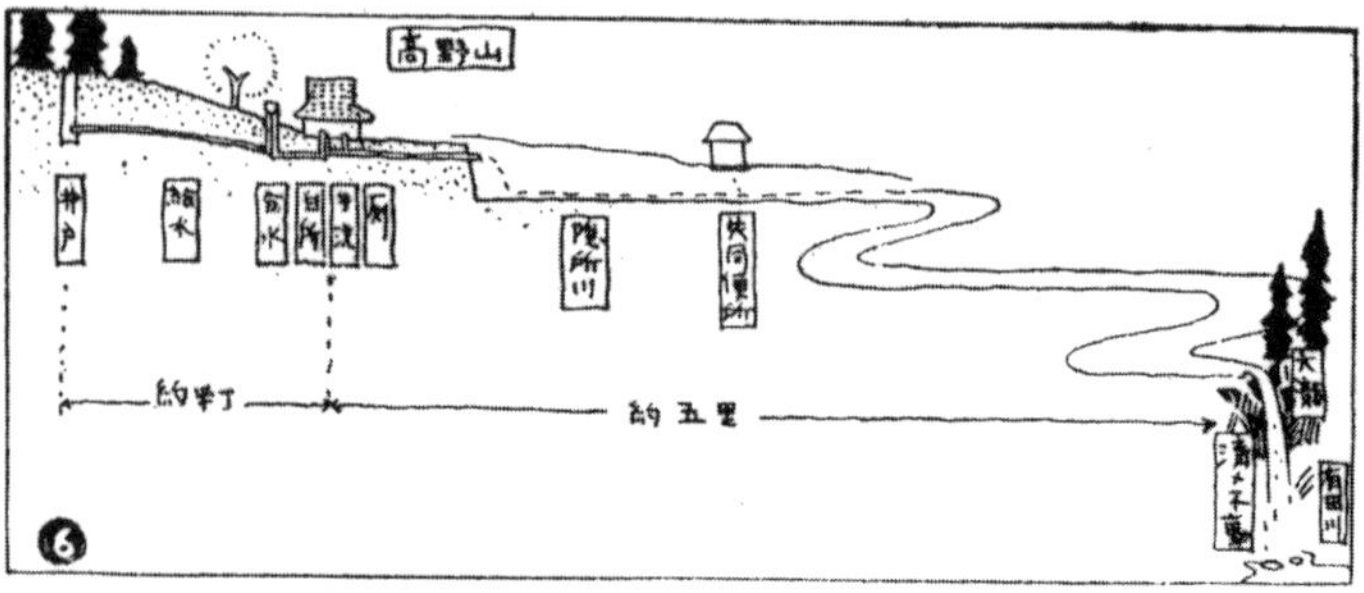

である。

豚小屋と便所が隣接しており、豚が人糞を食べる仕組みだった。もちろん、肥え太った豚は人間が食べる。これも自然の循環で処理していたことになろう。

豚便所は、かつて沖縄にもあった。

上：中国の漢代に陶器で製作された豚便所の模型。ドイツ・リンデン民族学博物館蔵。

中：韓国・済州島の民俗村博物館に再現された豚便所。

下：幕末期の奄美大島の豚便所を描いたもの。名越左源太『南島雑話』より。

に引っくり返った。貴様たち、貴様たち、と彦太郎はなおも連呼し、狂気のごとく、柄杓を壺につけては糞尿を撒き散らした。半纏男たちはばらばらとわれ先に逃げ出した。柄杓から飛び出す糞尿は敵を追い払うとともに、彦太郎の頭上からも雨のごとく散乱した。

昭和十年代、すでに糞尿処理が地方都市でも問題になってきていた。農村で受け入れきれなくなってきたのだ。

ところが、太平洋戦争が始まり、糞尿の衛生的な処理など後まわしになった。

寄生虫の問題もふくめて糞尿処理に真剣に取り組むようになるのは、戦後の混乱がおさまってからのことである。

「黄金列車」が走る

太平洋戦争の戦局の悪化にともない、東京の便所の汲み取り事情も深刻化した。農村では下肥の需要は大きかったが、船舶や車両さらには燃料が不足して、大量運搬の手段がなくなったのである。

そこで登場したのが、屎尿専用の貨車による鉄道輸送だった。

『肥やしのチカラ』（平成十七年〔二〇〇五〕）に「謎の黄金列車」という項があり、この鉄道輸送について述べている。

昭和十九年（一九四四）、西武鉄道と武蔵野鉄道が都市部で出た糞尿の農村地帯への輸送を開始した。西武鉄道は高田馬場―東村山―所沢―本川越を結び、武蔵野鉄道は池袋―飯能《はんのう》を結んでいた。

昭和二十年に西武鉄道と武蔵野鉄道は合併して新たに西武鉄道となったが、戦後も貨車による糞尿輸送は続き、昭和二十六年（一九五一）に終了した。

ほぼ同時期、東武鉄道も現在の伊勢崎線の線路に糞尿輸送専用の貨車を走らせていたようだ。杉戸、武里、大沢（現・北越谷）の各駅に貯留槽をつくり、積み下ろしをおこなっていた。

上右：図 5-4　肥桶を運ぶ牛車。占領軍の米兵は、これを「ハニーワゴン」と呼んだ。陸軍落下傘部隊 R. Lynn Johnson が昭和 22 年〔1947〕撮影。『グラフせんだい』（2000 年）より。
上左：図 5-5　京都駅の前を通る大八車の肥桶。**中右：図 5-6**　砂町下水処理場の「屎尿着船場」。昭和 28 〜 57 年、ここで「ダルマ船」が運んできた糞尿を汲み上げた。東京都下水道局『ＴＯＫＹＯ・下水道物語』より。**中左：図 5-7**　東京都は、1997 年まで糞尿を海洋投棄していた。投機海域を示す地図。東京都清掃局資料より。
下：図 5-8　西武新宿線・井荻駅に並ぶ「黄金列車」。西武線は昭和 10 〜 26 年、都市の糞尿を武蔵野の農村に輸送した。『アサヒグラフ』（1946 年 6 月 25 日号）より。

糞尿輸送の専用車両は「黄金列車」などと揶揄《やゆ》されたが、無蓋車を改造したものだったという。東京だけでなく、名古屋や関西でも鉄道による糞尿輸送はおこなわれた。

東京湾に投棄されていた都民の糞尿

東京都はかつて、糞尿を海に捨てていた。

「海洋投棄船に乗って」（『肥やしのチカラ』〈平成十七年（二〇〇五）〉所収）は、東京都の職員だった鈴木和雄の回想文である。

昭和の初めから、東京市内で汲み取った糞尿を海洋投棄するようになった。農家の下肥利用が減ったからである。

当初は伝馬船《てんません》などによる小規模な投棄だったが（当然、東京湾のなかであろう）、昭和十二年（一九三七）ころから海洋投棄船が次々と竣工し、海洋投棄は糞尿処理の大きな柱になっていった。

戦後の昭和二十年代、投棄場所は東京湾の外で、北緯三四度五八分、東経一三九度三二分の場所だった。七、八艘の船からいっせいに糞尿を投棄するため、あたりの海面は黄色く染まった。たちまちおびただしい数のカモメが飛んできて、船の上を鳴きながら旋回し、海上にただようウジムシや有機物を食べていた。その光景は壮観だったという。

その後、法律が何度か改正され、投棄海域もさらに沖合になったが、昭和三十年代には東京湾内に糞尿を不法投棄する業者が摘発される事件が相次いだ。外海まで出るのが面倒なので、湾内に捨てていたのである。

このこともあって海洋投棄は注目を集め、マスコミは糞尿運搬船に「黄金艦隊」という名称を付けた。日本人があしたに夢を持っていた時代とされる、高度経済成長の昭和三十年代だが、糞尿を盛大に海に捨てていた時代でもあった。

俗に「江戸前の魚はうまい」というが、東京湾内で獲れた魚は東京都民の排泄物で育ち、脂がのってい

【コラム】

獲り立ての黒鯛の腹から人糞

明治・大正にかけて活躍した俳人の内藤鳴雪《めいせつ》は弘化四年（一八四七）、松山（愛媛県松山市）藩の藩士の子として、三田にある松山藩の中屋敷《なか》に生まれた。父が江戸詰めの藩士だったのである。

鳴雪が十一歳のとき、父が役目上のことで咎《とが》めを受け、内藤一家は国許《くにもと》の松山に帰ることになった。その旅で経験した出来事が『鳴雪自叙伝』（大正十一年〔一九二二〕）に記されている。

大坂までは陸路で、大坂からは舟で瀬戸内海を松山まで行く。舟は、松山藩所有の荷舟《にぶね》である。米などを運送するもので、藩士の公用にも用いられていた。

食事は自前でおこなうため、乗船に際して米や野菜、干物などを買い、積み込む。舟に設けられた竈《かまど》で米、魚や野菜の煮炊きをした。

船尾に板で囲った場所があり、そこが便所だった。穴があいていて、下は海である。

鳴雪は他の舟とすれ違うとき、船尾から糞がボトン、ボトンと落下しているのを目にした。自分が乗っている舟はわからないが、ほかの舟が便所を使用しているのは丸見えだった。

ノジと呼ばれる漁船があった。漁業をしながら船上生活をしている人々で、一生を船の上で過ごす。

鳴雪が乗り込んだ荷舟が港で停泊していると、しばしばこのノジが魚を売りに漕《こ》ぎ寄せてきた。獲《と》り立ての魚だから活きがいいし、値段も安い。内藤家もノジから魚を買った。

たまたま、獲り立ての大きな黒鯛を買った。まな板にのせ、黒鯛をさばくと、腹から原型をとどめたままの人糞が出てきた。行き交う舟から落ちた人糞を、黒鯛はぱくりと丸呑みにしていたのだ。

魚が人間の排泄物を食べる。その魚を人間が食べる。まさに海におけるリサイクルであろう。

舟からときどき人糞が落ちる程度であれば、環境を汚染するどころか、自然の循環だった。

たともいえる。

その後、水洗便所と下水、汚水処理場の整備によって汲み取り式便所は減少した。それに応じて、糞尿の海洋投棄も減っていった。

平成九年（一九九七）三月末、東京都による糞尿の海洋投棄は正式に終了した。

逆から言えば、東京都清掃局（当時）は平成九年三月まで、都内の汲み取り式便所から回収した糞尿を船に積み込み、海に投棄していたのである。ほとんどの東京都民が知らなかった事実であろう。

糞尿の海洋投棄の実態が一般に知られていなかったのは、住民感情に配慮して極力目立たないように作業していたことが大きいようだ。

東京都清掃局では人々の注意をひかないよう黄色い色の使用は禁止し、作業服も旗も鉢巻も黄色は使わなかったという。著者の鈴木は、

「同じ都の職員なのにどうして我々はこうもウンコ視されるのかと思ったものです」

と述懐している。

なお、屎尿投棄船は、品川埠頭や大井埠頭に繋留《けいりゅう》されていたという。

汲み取り業者の証言

『屎尿汲取り業の一代記』という聞き書きがある。『トイレ考・屎尿考』（平成十五年〔二〇〇三〕）に収録されているので、平成十四年（二〇〇二）ころの談話であろう。

語り手の高杉喜平は、太平洋戦争の敗戦を沖縄で迎え、その後、東京の多摩地区に復員した。

実家が農家だったことから、高杉はリヤカーを引いて糞尿の汲み取りを始めた。仕事が軌道に乗り、多くの家庭に出入りするようになって――

人助けといいますか、「糖尿病の患者さんがお宅の家にいるのではないですか」と教えてあげたこ

図 5-9　汲み取りめぐる昭和の風景。〔上左〕肥桶を畑に運ぶ。〔上右〕ネギ畑に施肥する。ともに昭和 20 年代。〔中左〕畦道を歩く子供と肥溜め。昭和 30 年代。宝塚市役所HPより。〔中右〕汲み取り作業。昭和 30 年代。熊本県環境整備事業協同組合 HP より。〔下左〕汲み取り中のバキュームカー。昭和 30 年代。〔下右〕綾瀬川を行く屎尿運搬船。昭和 20 年代。（上左・上右・下右は葛飾区郷土と天文博物館蔵）

とがありました。汲み取った屎尿に特有の臭いがありますから、すぐわかります。「早めに病院で治療ができた」と喜んでもらうことが多かったですが、中には「余計なことを言うな」と怒られたこともありました。

仕事の拡大にともない、昭和二十三年（一九四八）ころ、北海道産の農耕馬二頭を購入して、運搬に荷馬車を用いるようになった。荷台には三十六本の肥桶を載せることができたという。荷馬車の車輪にはタイヤを使ったが、鉄輪だと肥桶がガタガタ揺れるからだった。

化学肥料の普及とともに農家に下肥が売れなくなっていく。そのため、各家から汲み取り料を徴収するようになった。昭和二十六年からは自治体と交渉して契約を結んだが、汲み取り料は一桶二十円、半桶十五円だった。雑貨屋で屎尿の汲み取り券を売っていた。

昭和二十七年ころ、二トンのオート三輪車を購入した。タイヤが小さいので肥桶は十二本しか積めず、しばらくは荷馬車と併用した。

昭和三十年代になると、農家の下肥利用がますます減る一方で宅地化が進んで人口が増え、汲み取った糞尿の処分に困るようになった。そこで、千坪ほどの土地を買い、穴を掘って自前の捨て場——自己処分地を確保した。昭和三十三年ころである。

穴は砂利層が出てくるまで十五〜六メートルほど掘りさげたもので、捨てた屎尿は少しずつ地面に吸い込まれていくため、穴がいっぱいになっても、あとから追加して捨てることができたという。

昭和三十六年に、およそ二十五万円という高価なバキュームカーを購入した。高杉はこう述べている——

その頃のバキューム用のホースは、今みたいにビニール製でなく、ゴム製で重かったので、肩に担いで運びました。道路の奥の方の家の場合は、ホースを何本も繋《つな》いで伸ばして使いました。慣れないとうまく吸い取れません。しかし、慣れたらこんなに良いものはないと思いました。アッという間に屎尿を吸い込んで便壺をきれいにできますから。

昭和三十八年、高杉は汲み取り業を有限会社の組織にし、その後、株式会社にした。

多摩地区の大きな市や町は自前の屎尿捨て場を持っていたが、宅地化が進むにつれて周辺住民の苦情が多くなり、どこも苦慮していた。そこでいくつかの市や町が共同で屎尿処理場を造り、高杉の会社も昭和四十六年から処理場に運び込むようになった。

もう捨て場探しに奔走する必要はなくなり、六台のバキュームカーで汲み取りをおこない、会社としてもっとも安定していた時期だった。

昭和五十年代に下水道が普及し、水洗トイレとなるに従い、汲み取りの量も減っていった。それに対応して、会社の業務内容は浄化槽管理や下水処理場のメンテナンスに移っていった。

最後に高杉はこう語っている——

未水洗トイレの家がまだ残っていますので、今でも、バキュームカー一台を使って屎尿を収集しています。各個人の負担です。また、工事現場などの仮設トイレも汲み取っています。商売的にはとても引き合いませんが、当社としても長いお付き合いがあるということで請け負っています。

阪神淡路大震災を教訓にして、多摩地区でも、バキュームカーなどの災害時の緊急対策用資器材をストックしておこうということで、現在、関係者と委員会をつくって検討しているところです。

3……平成

現在、日本のトイレの水洗化率は九〇・七％で、便器も便座に腰かける洋式の保有率が八九・六％となっている（「平成二十年住宅・土地統計調査結果」総務省統計局）。排便後の肛門を水で洗浄するシャワー式も普及し、一般家庭への普及率は七七・五％に達している（「主要耐久消費財の普及・保有状況（一般世帯）平成二十七年三月実施」内閣府）。

便座に腰をおろしたままで水を流せば、自分の排泄物をいっさい目にすることなく排便をすますことも可能である。さらに技術が進めば、トイレ内の臭気を完全に消し去ることもできるであろう。

自分の糞便すら、その色や形を目で見ることなく、その匂いを鼻でかぐこともなくなる……。

たしかに、清潔で便利で快適になるのは悪いことではない。

しかし、一般の人々の視覚や嗅覚の圏外に隠されただけで、糞尿そのものがなくなったわけではない。目立たない場所で汚物や汚水として日々、処理されている。要するに人間の負の産物として、巨額の費用をかけて処理されていることになろう。

江戸時代を振り返ってみよう。糞尿は下肥として有効活用され、ビジネスとしても成り立っていた。江戸の人々が現代の糞尿処理の実態を知ると、「もったいない」と言うに違いない。

糞尿を厄介な負の産物ではなく、有効な資源として利用することはできないのであろうか。そして、ビジネスとしても成り立たせることはできないのであろうか。

もし、将来、糞尿を資源として利用する技術が確立され、またビジネスとしても有望となれば、多くの人材が集まってくるに違いない。そのことは江戸時代、汲み取りに従事する者はけっして貧農や失業者ではなく、むしろ豊かな農民や企業家精神のある者だったことからもあきらかであろう。

もちろん下肥としての復活はあり得ないとしても、技術革新により糞尿が価値ある資源として見直され、商取引の対象となることで、糞尿ビジネスの世界に若者が夢を描ける――そんな日が来ることを願ってやまない。

付録

小説・天保糞尿伝

肥桶を天秤にかけ、
肥柄杓を桶の中へ入れて来たり、
雪隠池に溜りし大小便を汲みとるものを、
下掃除または肥とり、オワイ、オワイヤと俗称す。
これは葛西辺を始め江戸近在より馬を引きて来たり、
汲み取りし肥を馬に付けて運び帰るあり、
また肥船とて一種別様の船を漕ぎて便利よき川岸へ付け、
この船中に肥を汲み入れて漕ぎ帰るあり。

菊池貴一郎『絵本 江戸風俗往来』より

[章扉の図]

右：東西菴南北著・竹齋竜子画『天岩戸初日門松』（文化12年〔1815〕）より。
左上：『しんさくおとしばなし』より。
左下：大石真虎『張替行灯』（天保年間）より。

一、謎の汚穢屋

一帯は武家地なので人通りも少なく、閑静だった。めっきりやわらかくなった陽射しをあび、勘七《かんしち》は一定の歩調で歩いていた。

天秤棒《てんびんぼう》で肥桶《こえおけ》ふたつを前後にかつぎ、右手は天秤棒にそえている。左手には肥柄杓《こえびしゃく》を持っていた。

「三味線堀《しゃみせんぼり》まで、もうひと息だ」

勘七は自分に言い聞かせるようにつぶやいた。

木綿の筒袖《つつそで》を着て、あせた紺色の股引《ももひき》をはいている。手ぬぐいで頬被《ほおかむ》りをした顔は赤銅《しゃくどう》色に日焼けし、いかにも質朴で壮健な二十一歳の「兄《せ》なあ」だった。兄なあは「田舎の若い男」のことである。

足元は素足に草鞋《わらじ》ばきだったが、股引からのぞいた引き締まったふくらはぎは、いかにも健脚と頑健を感じさせた。

そのとき、大きな武家屋敷の裏門から、やはり天秤棒で肥桶をかついだ男が出てくるのが見えた。

（あの足取りは、いかにも素人《しろうと》だな。汲み取り稼業を始めて間もないのかな）

勘七は前を行く男の背中をながめ、内心で判断した。

後ろ姿を見ただけで、天秤棒をかつぐ腰がすわっていないのがわかる。

たっぷり糞尿がはいった肥桶ふたつの重さは、およそ十六貫《かん》（約六十キロ）ある。体力はもちろんだが、天秤棒でかついで歩くにはかなりの修練を要した。男がかついだ前後ふたつの肥桶は激しくゆれ、そのゆれに応じて中身もたぷたぷとゆれていた。

勘七がかついだ肥桶もゆれていたが、中身はゆったりと周期的に波打っているだけで、けっして外にはねることはない。

ところが、前を行く男がかついだ肥桶からはゆれるたびに、濁った茶色の液体が道に勢いよく飛び散っていた。それどころか、しずくが男の草鞋ばきの素足や、浅黄《あさぎ》色の股引まで点々と濡らしている。

いつしか勘七が追い付いていていた。

「どうしたい、腰がふらついてるぜ」

一瞬、男の背中が硬直し、険しい顔で振り返った。たんなる驚きにしてはあまりに険悪な表情だった。歳のころは三十前後であろうか。

勘七を見た途端、顔に安堵の色が浮かんだ。豆絞《まめしぼ》りの手ぬぐいで頬被りした顔をしかめ、片手で下腹をさすった。

「急に下っ腹が痛くなってな。糞《くそ》を運びながら糞がしたくなったんじゃあ、洒落にならねえ。このあたりじゃあ、野糞《のぐそ》をたれるわけにもいかねえし」

「そりゃ、そうだな。もうちっとの辛抱さ。ところで、肥桶がちょいと傾いているぜ。中身が飛び散っている。辻番の番人や、お旗本のお屋敷の門番に見《み》咎《とが》められたら面倒なことになる」

「おっと、それは気が付かなかった」

男はあわてて肥桶を地面におろした。肩にかかる重量から解放され、フーッと大きなため息をついた。

「見かけない顔だが、どこの者だい」

「青戸《あおと》村（現・葛飾区）の継蔵《つぎぞう》という者でさ。巳之《みの》吉《きち》さんの舟に乗っているんだがね」

青戸村の巳之吉は同業者で、隣村でもあることから、勘七はよく知っていた。巳之吉の舟に乗っているとなれば、知らぬ顔もできなかった。

「俺は亀有村（現・葛飾区）の三松屋《みまつや》勘七だ。舟は三味線堀だろう。もう少しだぜ」

「それはわかっているんだがよ、なんせ下腹に力がはいらなくって」

「しょうがねえ男だな。俺が運んでやりたいところだが、あいにくこちらもたっぷりはいっていてな。いくらなんでも一度に肥桶四つは無理だ。俺が先に行って、巳之吉さんの舟に声をかけ、誰か迎えによこしてやるよ。それまで、ゆっくり歩いていな。このあたりは、立ち止まっているだけで、

『そこで何をしておる。桶のなかは不浄の物ではないか。さっさと行け』

なんぞと、うるさく言われることがある。気を付けな」

「ああ」

継蔵と名乗った男がうなずいた。

勘七は肩をひとゆすりして天秤棒の位置を直すと、急ぎ足で歩き出した。

武家屋敷の板塀の角をまがるとき、勘七がふと気になって振り返ってみると、継蔵がへっぴり腰で肥桶をかつぎ、しかもかなり足早に歩いていた。

（無理するな、ゆっくり歩け）

そんな意味をこめ、勘七は遠くの継蔵に手を振った。

三味線堀には十艘以上の葛西舟《かさいぶね》が停泊し、あたり一帯にはかすかだが、まぎれもない糞尿の匂いがただよっていた。

行き交う人々はもう慣れているのか、葛西舟には一顧だにせず、それぞれがさっさと通り過ぎる。

三味線堀は江戸でも有数の葛西舟の停泊地で、下谷《したや》一帯の武家屋敷や町家から集めた糞尿の積み出し場所として知られていた。

勘七が見まわしたところ、巳之吉の舟は停まっていなかった。

「妙だな」

「どうしたい。ぼんやりして。さあ、早く桶をこちらに渡しな」

すでに舟に戻っていた相棒の虎松《とらまつ》が陽気に言った。

勘七から肥桶を受け取り、船槽《せんそう》に中身を手早く流し込んでいく。

「さて、ほぼいっぱいだけどな。もう一回、汲み取りにまわるかい」

「ああ、そうだな」

生返事をするだけで、勘七はしきりにあたりを見まわしている。

「どうしたい、きょろきょろして。いい女をさがしてるのかい」

「そんなんじゃねえ。青戸村の巳之吉は見かけなかったか」

「いや、きょうは見かけねえな。どうかしたのかい」

「いや、ちょいとな」

いまだに継蔵が姿を現わさないのも気になっていた。そのとき、勘七はハッと気が付いた。

継蔵と名乗った男は「あおとむら」と発音していなかったろうか。青戸村の人間は、もちろん巳之吉もだが、青戸を「おうど」と発音する。継蔵は本当に青戸村の人間なのだろうか……。

「きょうはもう、これで帰ろうか」

勘七は浮かんだ疑念を振り払うように言った。

「はいよ」

虎松が威勢のよい返事をした。

棒杭《ぼうくい》に巻いていた艫綱《ともづな》を解き、手にした長い竹竿を堀の水底に押し当てた。もういっぽうの先端を胸に押し当てる。

船べりに足を踏ん張り、胸で竿を押して舟を進める。たちまち虎松の顔が紅潮した。

舟がゆっくりと河岸場から離れ始めた。

「三味線堀から新堀川に出て、大川（隅田川）に出る、と。間違いようがねえな」

虎松が舟の航路をまるで歌うかのような調子で言った。

同じく亀有村の虎松は十八歳である。半年ほど前から勘七の舟に乗り込み、汲み取りの仕事をするようになった。

いまは江戸に出てくることもふくめ、虎松は汲み取りの仕事が楽しくて仕方がないようだった。とくに裏長屋の便所の汲み取りに行って若い女を見かけたときなどは、

「俺が汲み取りに行ったらよ、

『あら、肥取《こえと》りさん。あたしが終わるまで、ちょいと待っててておくれ』

と言って、下駄で便所に走って行った娘っ子がいたよ。田んぼのあぜ道でシャーシャーやってる村の娘っ子とは大きな違いさ」

と、さも嬉しそうに勘七に語って聞かせるのだった。

「うむ、大川に出たら、櫓《ろ》はおめえにまかせるぜ」

勘七はもう一本の竿に手をのばした。

俗に「竿は三年、櫓は三月」と言われていた。広い川で櫓を漕《こ》ぐのはともかく、竿で舟をあやつって狭い新堀川をくだるのは虎松ひとりではとうてい無理だった。

竿を胸のところで押すため、勘七の胸には硬い胼胝《たこ》ができていた。

＊

勘七が継蔵と名乗った男を見かけた二日後である。舟を三味線堀の河岸場に停めると、勘七は夕暮れまでの時間を計算しながら、

「手分けしてまわろう」

と、契約している裏長屋の汲み取りを虎松と割り振った。

分担を知るや、虎松は頬をゆるめた。

「へへ、あの長屋は、いい女がいるんだよなぁ」

「大家さんに挨拶をするのを忘れるなよ」

苦笑しながら、勘七も天秤棒で空《から》の肥桶をかつぎ、舟からおりた。

歩き出してしばらくすると、やはり天秤棒で肥桶をかついでいる巳之吉の姿に気づいた。急いでそばまで行き、声をかける。

「久しぶりだな。元気かい」

「やあ、勘七か。相変わらずさ。どこも景気が悪いようだ。いい話は何もねえよ」

そう言いながらも、巳之吉は角ばった顔をほころばせた。背丈は低いが、肩幅が広く、屈強な体格だった。

「ところで、継蔵という男を知っているかい」

「どうして、そんなことを聞くんだい」

巳之吉のそれまでの笑顔が急にあいまいになった。

勘七は自分の勘が当たっていたと思ったが、つとめて世間話の口調で言った。

「おととい、練塀小路《ねりべいこうじ》のあたりで見かけたんだが、へっぴり腰で肥桶をかついでいたから、ちょいと声をかけたのよ。聞くところでは、おめえの舟に乗っているとか。しかし、三味線堀にはおめえの舟は停まっていなかった。妙だと思ってよ」

「そうか、あの男、そんなことを言っていたのかい。練塀小路のあたりをうろついているのか。困ったな」

「どうしたい、何かわけでもあるのか」

「あまり大きな声では言えないんだがよ」

巳之吉は周囲を見まわしたあと、肩から天秤棒をはずして肥桶をおろした。

勘七は黙ってうなずき、同じように肥桶を地面におろした。

「四、五日前かな、俺が道三堀《どうさんぼり》に舟を停めていると、男がやって来て、『汲み取りの道具を譲ってほしい』と、こういう話よ。その男が、おめえが見かけた継蔵だろうよ」

「汚穢屋《おわいや》になりたいってわけか」

「そうじゃねえのさ。変わった野郎でね。風流人とやらかもしれないが。汚穢屋の真似事をして、みんなを驚かせてやりたいんだと。風流をするのに、わざわざ小ぎたねえ格好をすることもあるめえと思うがね。もちろん、最初は断わったさ。大事な商売道具を、そう簡単には渡せねえ。すると、男は金なら出すと言う。つまりよ、肥桶ふたつ、天秤棒、肥柄杓の一式を売ってくれってことなんだよ。しかも、できるだけ使い込んで古びているのがいいんだと」

「それで、売ったのか」

「ああ、一両と二分《ぶ》くれたよ」

「新品を買っても、おつりがくるじゃねえか」

勘七は苦笑した。

巳之吉も照れたように笑ったあと、急に真面目な顔になった。

「あちこちで俺の名前を出しているとすれば、これはちょいと心配だな。妙なことをしなければいいが」

「すると、継蔵は本名ではないな」

「本当の名前は俺も知らねえのよ。俺のところに来たときは町人のかっこうをしていたが、堅気《かたぎ》のお店《たな》者《もの》には見えなかった。どことなく遊び人風というのか。それで、俺も風流というのを信じたんだがね。

それにしても、物好きな男さ」

「あのへっぴり腰では、いまに往来で肥桶をひっくり返すのが落ちさ。そのうち、いやになるだろうよ。そう心配することもあるめえ。この節、風流も一筋《ひとすじ》縄《なわ》ではいかねえのさ」

「そうよな。汚穢屋が風流なら、俺たちはもっと女にもてるはずだぜ」

「違いねえ」

ふたりは大笑いをして、その場は別れた。

二、糞尿談義

伊勢町の表通りを吹き抜ける風が、紺地《こんぢ》に白く「ましや」と染め抜かれた暖簾《のれん》をゆらしていた。

真志屋は水戸藩御用達の菓子屋である。

帳場に座った主人の徳右衛門は手にした筆の動きを止め、やや眉をひそめた。

風の向きが変わったのか、急に強烈な匂いが店のなかにただよってきたのである。便所の汲み取りが来ているに違いない。

もちろん、毎日使う我が家の便所である。糞尿の臭気にはある程度慣れているはずなのだが、汲み取りのときの柄杓でかきまわし、すくう悪臭はやはり格別だった。

（早目に昼飯をすませておいてよかった）

徳右衛門がひそかに苦笑し、ふたたび帳面に注意を集中させようとしたときだった。

「ほほう、いい匂いがしておりますが、あたらしい菓子でもできましたかな」

暖簾をくぐって土間にはいってきた男が無遠慮な大声をあげた。

黒の十徳《じっとく》を着て、紫色の丸頭巾《まるずきん》をかぶった老人である。いかにも謹厳な表情をたもっているが、目にはいたずらっぽい色があった。

「はあ、これは、いらっしゃりませ」

店先の番頭や手代は当惑し、返答に窮していた。

徳右衛門はあわてて帳場から立ちあがった。

「これは伯父《おじ》さん。お久しぶりです」

とにかく店先ではまずいと、徳右衛門は内心であせった。早く奥に通さなければ、奉公人の前で何を言い出すかわからない人物だった。

明和六年（一七六九）の生まれだから、すでに七十五歳になっているはずである。いちおう杖を手にしているが、顔は色つやがよく、身のこなしは矍鑠《かくしゃく》としていた。

いまは剃髪《ていはつ》して僧形《そうぎょう》になり、長島寿阿弥《じゅあみ》、あるいはただ寿阿弥と名乗っているが、もとは真志屋の主人であり、連歌師でもあった。

いったんは真志屋を継いだが、とうてい商人におさまりきれる人間ではなかった。家業を弟、つまり徳右衛門の父に譲って隠居し、その後は神田新石町で気ままな暮らしをしながら、戯作や浄瑠璃の作者、歌舞伎の台本作者などをしてきた。

寿阿弥の弟はすでに死去し、真志屋は甥《おい》の徳右衛門が継いでいる。

好き勝手なことをしてきたとはいえ、寿阿弥はたんなる道楽者ではなかった。儒学は山本北山《ほくざん》に学び、国学や歌学にも造詣が深く、その博識と話題の豊富さ、さらには人柄の飄逸《ひょういつ》さから、しばしば諸大名から招かれて講義をするほどの人気と信用があった。

「こんな店先ではなんですから。どうぞ、おあがりください」

徳右衛門は伯父の手をとらんばかりに、奥に招き入れようとした。

土間に立ったままの寿阿弥が店のなかを見まわしながら言った。

「近くまで来たので、ちょいと寄ってみたのだが。やはり真志屋も活気がないな。菓子の品数が減ったのではないか。去年の四月だったか、神田須田町一丁目の菓子屋の庄兵衛など二十五名が高価な雛《ひな》菓子を店や屋台で売ったというので、それぞれ過料《かりょう》三貫《かん》（三千）文《もん》のお咎めを受けたとか。馬鹿な話さ。早く妖怪を退治しなければ、江戸の町はさびれてしまうよ」

徳右衛門の脇の下を冷や汗が伝った。店先でお上《かみ》の悪口をあたりはばからない声で言うなど、まさに狂気の沙汰だった。

天保十二年（一八四一）五月に始まった御改革、いわゆる天保の改革以来、江戸の町には奉行所の密偵が徘徊している。とくに、同年十二月に鳥居耀蔵《とりいようぞう》が南町奉行に就任してからは、そのぜいたく品摘発の手段や政治批判に対する弾圧も陰湿になっていた。

町奉行所の同心が客に化けて呉服屋で禁制品となっている贅沢な反物《たんもの》をしつこく求め、それまで断わっていた番頭などがついに根負けして蔵から出してきて販売すると、たちまち奉行所に呼び出される。密偵が不満分子をよそおって髪結床《かみゆいどこ》や湯屋で政治批判をおこない、うっかりそれに相槌《あいづち》を打つと、たちまち引っ張られる……そんな事態すらおきていた。

そのため、南町奉行鳥居耀蔵は甲斐守《かいのかみ》だったことから、耀と甲斐にひっかけて陰では「妖怪」と呼ばれていたのである。

「伯父さん、お願いですから、奥のほうへ」

徳右衛門はひたいに汗を浮かべていた。

そんな甥を横目で見ながら、寿阿弥はまるで楽しんでいるかのようにニヤニヤしていた。

土間から店にあがり、奥に続く廊下を歩きながら、寿阿弥はいちだんと強くなった匂いに、かつてある大名に国学の講義をしたときのことを思い出した。

藩邸に招かれておこなわれたその講義は、洒落本《しゃれほん》を題材にするという型破りのもので、合い間には小《こ》噺《ばなし》をはさんだ。寿阿弥は寄席がよいで落語にも親しんでいたので、小噺を即席の落語仕立てで演じるなど造作もないことだった。

そのときは、安永五年（一七七六）刊の『鳥の町』や享和三年（一八〇三）刊の『咄《はなし》の開帳』にも収録された笑い話を、若い女の声色をまじえて演じた――

下女四、五人が集まり、それぞれの生まれを尋ね合ったときのことでございます。

「お咲どの、おまえは、どこ生まれだ」

「あい、小さいとき、江戸に来やしたが、生れは房州さ」
「お滝どのは」
「わたしは神奈川さ」
「お三輪どのの在所は」
「あい、わたしは」、口ごもっております。
「はて、どこでござんす」
「あい、わたしは尾籠《びろう》ながら葛西」

講義の間にひかえている若い藩士たちは下を向いて笑いをこらえている。いっぽう、分別くさい重役たちは藩主の顔をそっとうかがいながら、ハラハラしている様子。ところが、肝心の藩主だけは、下女が葛西出身を尾籠と言って恥じる理由が理解できず、ひとりきょとんとした顔をしている。

寿阿弥は吹き出したいのをこらえ、ことさらに厳粛な顔をして講義を進めたものだった。

(あのころは、おもしろかった)

廊下を歩きながら、寿阿弥はクスリと思い出し笑いをした。

甥の徳右衛門にみちびかれて奥の離れ座敷に向かいながら、寿阿弥はきびきびと立ち働いている下女のお杉に気づいた。

「おい、おめえのいい人が来ているのかい」

寿阿弥が匂いの方角を指さした。

「いやですよう、いい人だなんて」

お杉はしかめた顔を前垂《まえだれ》で隠す仕草をした。そのあと、口調をあらためて言った。

「はい、勘七さんです」

亀有村出身のお杉は、汲み取りをしている勘七の遠縁にあたる。

気軽に誰とでも親しく話をする寿阿弥は、親の代から真志屋に出入りしている勘七のことも、お杉が勘七と同じ村ということも知っていた。

そもそも、お杉が伊勢町の真志屋に下女奉公の口を得たのも勘七の口ききだったし、亀有村から江戸に出てくるに際しても、勘七が漕ぐ葛西舟に乗ってやってきたのである。まさに川柳の、

糞舟《こえぶね》へ妹を乗せてせなあ来る

の通りだった。

下掃除人は定期的に出入りするだけに、奉公人の紹介や、ときには生まれた犬や猫の子のもらい手さがしまで頼まれることがあった。お杉の場合、真志

屋の番頭が勘七に、

「下女がひとりやめるので、つぎの女をさがしているのだが、口入屋《くちいれや》から来る女はすれっからしが多くて、使いにくい。おめえの村に、真面目でよく働く若い女はいないかい」

と声をかけたのがきっかけだった。

それにしても、お杉が勘七との縁戚関係を指摘されていやがるのは、自分の葛西出身を蒸し返される気がするからだった。江戸の生活に慣れたお杉は、いまや葛西を恥じる心境になっていた。

江戸の汲み取りに従事している者は葛西の農民が多かった。

かつて寿阿弥が大名の前で即席で演じた小噺でもわかるように、江戸の便所の汲み取りと葛西は当時、ほとんど同義語と言ってもよいくらい密接な連想になっていた。そのため、糞尿を運搬する舟も葛西舟と呼ばれたのである。

お杉が葛西出身にふれられるのをいやがるはずだった。まさに「尾籠ながら葛西」なのである。

とはいえ、勘七の家は亀有村でもかなりの豪農であり、葛西舟も所有していた。かつて、お杉が寿阿弥に教えたことがあった。

「葛西あたりでは、『舟一艘は一町株《いっちょうかぶ》』と言うんですよ」

つまり葛西舟を一艘所有していれば、田畑一町《ちょう》歩《ぶ》（約一ヘクタール）に匹敵するくらいの稼ぎがある、と。それくらい、糞尿の汲み取りと運搬、販売はもうかる商売だった。

もともとは勘七の家でも自分の田畑で使用するぶんの下肥を江戸で集めていたのだが、やがて葛西舟を持ち、村民を雇って大々的に糞尿の収集と売りさばきをするようになった。

次男坊の勘七が葛西舟に乗り込んでいたのは、江戸で見聞を広めさせたい、さらには商売を覚えさせたいという父親の考えからだった。

勘七は村で寺子屋にもかよっていたので読み書きや算盤《そろばん》ができたし、家にはかなりの蔵書もあった。

これらは、寿阿弥がかつて真志屋に汲み取りに来た勘七から聞き出したことである。そのとき、寿阿弥はひそかに、

「江戸の裏長屋に住む職人や行商人より、この兄《せ》なあのほうがよほど学があるかもしれないな」

と感心したものだった。

以来、寿阿弥はこの純朴で聡明な若者が気に入っ

て何かと目をかけ、勘七のほうでも洒脱で博識な老人を敬愛していたのである。

＊

離れ座敷で用談を終えた寿阿弥と徳右衛門が廊下を歩いてくると、狭い中庭に面した縁側に勘七が遠慮がちに浅く腰をかけ、弁当の握り飯を食べていた。

寿阿弥が声をかける。

「おう、勘七ではないか」

振り返ってふたりを見た勘七は、まず寿阿弥に頭をさげたあと、徳右衛門に向かって丁寧に挨拶をした。

「これは旦那さま。ご縁先を使わせていただいております」

一礼すると、あわてて弁当を片付けようとしている。

そばに置かれた湯飲み茶碗はお杉が出したのであろう。

仏頂面《ぶっちょうづら》でうなずいている徳右衛門の横で、寿阿弥が擁護するように言った。

「いいんだ、いいんだ、遠慮することはない。食べるがいいさ」

「いいえ、ちょうど食べ終えたところでして。こちらで弁当を使わせていただけるので、助かっております。お茶まで入れていただきまして」

勘七がふたたび頭をさげた。

徳右衛門は軽くうなずいたあと、寿阿弥のほうを見た。

「あたくしは店のほうが気になりますので」

「うむ、おまえさんは店に出てくれ。わしは、この男と清談ならぬ糞談《ふんだん》をしたいのでな」

徳右衛門は勘七が全身に糞尿の飛沫を浴びているような気がしてとても近づく気になれないようだったが、寿阿弥はまったく気にする様子もなく、気さくにそばに座った。

「では、あたくしは」

解放された気分なのか、ほっとした表情を浮かべ、徳右衛門はそそくさとその場を去った。

「糞《くそ》を柄杓でかきまわしたあとで、よく平気で飯を食えるものだな」

かたわらにあぐらをかいた寿阿弥が、ずけずけと言った。

しかし、その口調にはまったく軽蔑や揶揄《やゆ》はなく、好奇心にあふれている。勘七もそれがわかっているだけに、快活に答えた。

「慣れてしまえば、何でもありませんよ。葛西舟には船首の下にセジといって三畳ほどの寝泊りする部屋があるのですが、そこで飯も食います。船槽に糞《こえ》を積んでいるものですから、蛆《うじ》がたくさんいましてね。雨の日など、蛆が這《は》いあがってきて、セジのなかまではいり込んでくるのですよ。飯を食っていると、まわりに白い飯粒のような蛆がもぞもぞ這っているという有様でしてね」

「ほう、それはすごいな」

「わたしも初めて葛西舟に乗ったときはギョッとしましたが、古い船頭などは慣れたもので、持っている箸で寄ってきた蛆をちょいとつまみ、川にぽいと捨てる。そして、その箸で平気で飯を食っているという……」

「うっ」

寿阿弥が下を向き、肩をびくっと痙攣《けいれん》させた。そのあと、フーッと息をはいた。

「すまん、さすがに吐き気がしたもので」

勘七があわてて言う。

「申し訳ありません」

「謝るにはおよばぬ。わしのほうこそ非礼だった。まだ人間ができていないといおうか。それにしても、じつに面白い。戯作に使えるかもしれぬ。もっと蛆の話してくれ。そういう話は大好きじゃ」

「と言われても、ほかには……」

さすがに勘七も蛆の話を続けるのは遠慮した。

寿阿弥が話題を変えた。

「きょうは、これからどうするのか」

「けさ早く、まだ暗いうちに野菜を舟に積んで村を出たんですよ。江戸の青物市場では、葛西舟で運んで来る野菜を『綾瀬口の荷《あやせぐちのに》』と呼んで重宝していましてね。舟番所も、野菜を積んだ葛西舟は黙って通してくれます。神田多町《たちょう》などの青物市場に野菜を運び、帰りは下肥を積むというわけです」

「ふむ、一石二鳥だな。ところで、いま、舟はどこに停めているのか」

「道三河岸に停めています。ここ伊勢町を終えると肥桶の中身を船槽に入れてから、三味線堀に行き、今夜は舟に泊まります。あす、下谷のお武家さまのお屋敷をまわって、舟をいっぱいにして帰るつもりです」

「なるほど、じつに無駄がないな。葛西舟には糞尿をどのくらい積めるものかね」

「わたしどもがかついでいる肥桶には二斗《と》（約三十六リットル）はいります。この肥桶ふたつで一荷《いっか》と呼び、重さは十六貫《かん》（約六十キロ）くらい。わたしらは一《い》ッ荷《か》二桶《ふたおけ》十六貫と呼んでいますが」

「ふむ、天秤棒で前後にふたつかつぐので、肥桶ふたつが一荷か」

「葛西舟には五十荷《か》くらい積めますが、馬では二荷、大八車でも二荷がせいぜいです」

「舟がいかに大量に運べるかがわかるのう」

「葛西など東のほうの百姓は舟が使えるので楽なものです。江戸の西のほうに住む百姓は水路がなくて舟が使えないので、大変ですよ」

「そういえば、わしも内藤新宿のあたりで肥桶を四つ背に積んだ馬を何度も見かけたことがあるな。甲州街道を通って西のほうに行くところであろう」

　寿阿弥はしきりにうなずいている。

　勘七は相棒の虎松が道三堀でさぞイライラしながら待っているだろうと思ったが、寿阿弥と話をするのは楽しかった。

「そういえば、ご隠居さま、最近、こんなことがございました」

　つい先日の継蔵の話をした。

　寿阿弥は「ふむ、ふむ」と相槌を打ちながら熱心に聞き入っている。話を聞き終えたあと、しばらく考え込んでいたが、ようやく口をひらいた。

「継蔵とやらは大きなお屋敷から出てきたと言ったな。下谷の練塀小路には、さほど大きなお武家屋敷はないはずだぞ」

「あのあたりでは際立《きわだ》って大きなお屋敷でした。敷地はおそらく千坪を超えているでしょうね」

「ほほう。で、その継蔵とかいう男はいまも汚穢屋の格好でうろついているのか」

「さあ、その後はわたしも見かけてはいないのですが、人に聞いた噂では、それらしき男が西丸下あたりを歩いていたとか」

「ふうむ。たしかに、面白い話だな」

　寿阿弥は遠くを見つめるような目をしてポツリと言った。

　浄瑠璃や戯作の題材にでもする気であろうか。勘七はふとそんな想像をしたが、まさか肥汲みの百姓を主人公にするわけにもいくまい。

（とはいえ、ご隠居は突拍子もないことを考える人だか

らな）

　そう思いつつ、勘七は、

「では、わたしは、これで」

と、挨拶をして腰をあげた。真志屋で汲み取りを終えた肥桶をかつぎ、これから舟に向かう。

　寿阿弥はうむと軽くうなずいただけで縁側から動こうとはせず、じっと中庭の石灯籠を見つめていた。

三、肥桶の疑惑

　勘七が伊勢町の真志屋で便所の汲み取りをし、寿阿弥と話をしてから十日ほどたった日の朝である。

　天秤棒で肥桶をかつぎ、勘七は本町四丁目の通りを軽快な足取りで、舟を停めた河岸場《かしば》のほうに向かっていた。

　人ごみのなかに寿阿弥を見かけた気がした。

（おや、ご隠居さまに似ているが）

　目でその姿を追おうとしていると、横から不意に声をかけられた。

「汚穢屋さん、ちょいと」

　見ると、松坂木綿の縞《しま》の着物を着て、素足に下駄をはいた若い娘だった。

　薬種問屋と紙問屋のあいだに路地があり、その入口の前である。

「へい、何でしょう」

「ちょいと頼みたいことがあるので、あたしについてきて。この奥の長屋よ」

　娘は木戸門の奥を指で示した。

　勘七は困り切った顔で言った。

「すみません、汲み取りなら、いまは肥桶がいっぱいなんで、あとで来ますよ。いますぐは勘弁してください」

　武家屋敷であれ町家であれ、すべて契約している汲み取り人がいる。ただし、何らかの事情で汲み取りがなかなか来なくて便壺《べんつぼ》がたまってしまった場合、通りがかりの下掃除人に臨時に頼むことがあった。

　また、下掃除人のほうでも葛西舟に余裕がある場合、そんな臨時の汲み取りを期待して、「肥い取ろう、肥い取ろう」や「おわい、おわい」の声をあげながら町のなかをまわった。

　しかし、このとき勘七は黙って歩いていたし、長屋の共同便所があふれて困っているのなら大家か、住人のなかの男か中年以上の女が声をかけてくるのが普通で、若い娘が呼びに来るのは珍しかった。

「そうじゃないのさ。桶と天秤棒はそこに置いて、柄杓だけ持って、あたしに付いてきてよ。ね、恩に着るからさ」

　娘は人目もはばからず勘七の筒袖をつかみ、強く引く。

「ね、すぐすむから。付いてきてよ」

　そのまま引っ張って行こうとする。

　ほとんど有無を言わせない強引さだった。

「はい、わかりました、わかりました。あまり引っ張らないでください」

　へたにさからうと、その場で肥桶をひっくり返してしまいそうだった。

　やむなく、勘七も木戸口のそばに肥桶を置いた。

　まさか糞尿がたっぷりはいった肥桶を盗む者はいないであろう。

「付いてきて」

　娘は木戸をくぐると、狭い路地を奥にはいっていく。

　言われた通り、勘七は肥柄杓を持って娘のあとに続いた。

　狭い路地の両側は長屋である。右側は二階建て、左側は平屋の長屋だった。

　路地の中央にはどぶがあり、上に板をのせているので、娘が歩くと下駄の音がごとごとと反響した。

　路地の奥はちょっとした空地になっていて、中央に共同井戸があり、右手にはゴミ捨て場、左手に総《そう》後架《こうか》と呼ばれる共同便所があった。どこにでもある裏長屋の造りである。

「じつは、大事な鼻紙入れを落としてしまってさ。おまえさん、拾っておくれでないか。お礼はするからさ」

　娘が小声で言った。

　その頬が紅潮している。

　勘七は快活に笑った。ここにいたり、ようやく疑問が解消された安堵でもあった。

「そんなことですか。お安い御用で。お礼なんぞはけっこうですよ。どこですか」

「ここだけどね」

娘は三つ並んでいる大便所のうちの左側を指さした。

真ん中の便所には年増《としま》の女がかがんでいて、扉は半分しかないため横顔が見えていていたが、外のふたりをとくに気にしている様子もなかった。

勘七は器用に便所の床板《ゆかいた》をはずした。

「沈んでいなければいいんですがね」

そう言いながら、便壺をのぞき込む。

武家屋敷や、商家でも大店《おおだな》の便所の便壺にはしばしば高価な簪《かんざし》や、そのほかさまざまな装飾品が沈んでいることがあった。勘七もこれまで簪などを汲み出したことがあるが、そのたびに家人に正直にそれを告げ、落とし主のもとに届けるようにしていた。

一度だけ、これは武家屋敷だったが、立派な簪を見つけ、便壺から出てきた旨を告げたものの落とし主が見つからず――本人は恥ずかしくて口をつぐんでいたのかもしれないが、けっきょく勘七がもらったことがある。そのとき、もちろんきれいに洗ったあとだが、古道具屋に持っていったところ、二朱《しゅ》で買い取ってくれた。古道具屋の主人は二朱金を渡しながら、

「まさに、糞漬《くそづ》けの簪せなあ二朱に売りだな」

と、さも愉快そうに笑った。

勘七はそんな川柳があるのをそのとき初めて知ったのだが、ことほどさように、とくに女の髪飾りなどはうつむいた拍子に、つい便所で落とすものらしかった。

「ああ、あれだな」

勘七は便槽に目を凝らし、肥柄杓を突っ込む。

そっと表面をなで、鼻紙入れをすくいあげた。傾けて糞尿をたらして落としたあと、肥柄杓を手元に引き戻した。

たかが鼻紙入れである。しかも、さほど高価な品とも思えなかった。なかに、大事な恋文でもはいっているのであろうか。それにしても、糞尿が染みて台無しになったであろう。

それでも娘は大喜びだった。

「ありがとう、助かったわ」

受け取った鼻紙入れの端を爪の先でつまむと、小

走りで井戸端に向かった。

いつのまにか長屋の子供たちが集まってきていた。青洟《あおばな》をたらした男の子や、赤ん坊を背負った女の子もいる。

勘七は、かがんで鼻紙入れに水をかけている娘に向かい、

「じゃあ、わたしはこれで」

と声をかけ、路地のどぶ板を踏んで外に出ようとする。

娘はかがんだまま、顔だけを向けた。

「汚穢屋さん、ちょいと待っとくれ。お礼をするからさ」

「なあに、いいんですよ。ちょいと、ご免よ」

勘七は軽く娘に手を振ると、子供の群れを押し分けた。

木戸口を出ると、元の場所に天秤棒と肥桶があった。

肥桶をかつぎあげたとき、勘七はさきほどと重さがややことなる気がした。肩にかかる重量感が微妙に違う。

しかし、いましがた若い娘と親しく言葉を交わしたことで気分が高揚していた。とくに肥桶をたしかめるでもなく、そのまま歩き出した。

江戸の娘を見ると、勘七はどうしても村の娘と比較してしまう。江戸で生活することで、最近ではお杉も見違えるほど垢抜けてきた。もっとも、このごろでは真志屋で顔を合わせても、できるだけ話をするのを避けるようにしているのがわかり、ややさびしく、腹立たしかった。

あの娘とまた会えるだろうか。再会したとき、どう挨拶すればよいのだろうか。

小さな出会いとはいえ、勘七は心がはずむような、しあわせな気分だった。

＊

「汚穢屋、待て」

背後で鋭い声がした。

びくりとして勘七が振り向くと、羽織袴姿の数人の武士が草履《ぞうり》をバタバタさせて、こちらに駆けつけてくるところだった。

たちまち武士に取り囲まれる。

勘七は足をすくませ、肥桶をかついだまま、その場で棒立ちになった。

荒い息をしながら、武士が言った。

「きさま、ご老中水野越前守《えちぜんのかみ》さまのお屋敷で汲み取りをしたな」

「いいえ、そんなお屋敷で汲み取りはしておりません」

「おい、裏門を出入りするとき、顔を見たのだろう。どうじゃ、この男の顔をよく見ろ」

別の武士が、看板法被《かんばんはっぴ》を着て六尺棒を持った中間《ちゅうげん》に言った。

うながされ、進み出た中間は勘七の顔をまじまじとながめたあと言った。

「もっと年かさでした。それに、こんな間抜けな百姓面《づら》ではありませんでした」

「そうか。ところで、きさま、在所はどこか。堀切《ほりきり》村か」

「いいえ、わたしは亀有村でございます」

そう答えながら、勘七は得体の知れない不安に襲われていた。

武士が中間にたしかめた。

「堀切村の百姓と名乗ったのだな」

「へい。堀切村の忠兵衛という百姓がお屋敷の汲み取りを請け負っておりますが、忠兵衛の代わりの者がくるのはよくあることなので、わたくしも裏門を通したのです。どうしますか、ここで肥桶をひっくり返させますか」

「人違いとわかった以上、それにはおよぶまい」

「おい、人違いに手間取っていてどうする。まだ遠くには行っていないはずだぞ」

武士のひとりが、いらだった声でせかした。

ほかの武士も「うむ」とうなずき、ふたたび走り出す。

中間は走り出すに際して、捨て台詞《ぜりふ》を吐いた。

「てめえには、もう用はねえ。何を薄ぼんやり突っ立っていやがるんでぃ。とっとと行け、この糞百姓《くそびゃくしょう》」

まったく横暴な男たちだった。

舟を停めた河岸場に向かって歩き出しながら、勘七には腹立たしさよりも胸騒ぎのほうが強かった。

武士や中間の遣り取りを総合すると、西丸下にある老中水野越前守忠邦《ただくに》の屋敷に、契約している堀切村の百姓と称して男が裏門からはいり、便所の糞尿を汲み取ったあと、ふたたび裏門から出たことになろう。

その男が追われていることになる。なぜか。

堀切村の百姓といつわって汲み取りをしたからか。いや、そうではあるまい。

肥桶をひっくり返して調べるようなことを言っていた。

（ということは、男は水野さまのお屋敷から何かを盗み出したのではあるまいか。肥桶をかついだ男が盗みの疑いで追われている……）

勘七はあらためて恐怖がこみあげてくるのを感じた。

とんでもない事件に巻き込まれるところだった。

（これを終えたら、きょうは早めに引きあげよう）

心をきめると、勘七は足を速めた。


道三河岸に着くと、相棒の虎松もちょうど戻ってきたところだった。

「どうしたい、おそかったじゃねえか」

「ちょいと、途中で野暮用ができてしまってよ」

勘七は舟に乗り込み、甲板の板をめくった。船槽には八割くらい糞尿がたまっていた。いっぱいにするには、まだかなりまわらねばならない。

運んできた肥桶の中身を船槽に空けようとして、ふと気づいた。手にした桶の感触が日ごろ使い慣れているものと微妙に違ったのだ。

あらためて桶をながめる。

ふたつの桶には、かなり判別しづらくなっていたが、まぎれもなく「青戸村」と「関屋」という焼印が押されていた。関屋は巳之吉の屋号である。

勘七は頭を殴られたような衝撃を覚えた。

もしかしたら、継蔵がかついでいた肥桶ではなかろうか。いつのまにかすり替えられていたことになる。すり替えられたとしたら、さきほど、長屋の娘の落とし物を便壺から引きあげてやっているあいだであろう。

このすり替えには、あの娘も加担していたのだろうか。

すり替えは継蔵が仕組んだことなのか。

とすると、継蔵はいま、「亀有村」「三松屋」と焼印の押された肥桶をかついで歩いていることになろう。三松屋は勘七の屋号である。

このすり替えと、堀切村の百姓と称し、いまは水野家の家臣に追われている男と関連はあるのか。

胸の動悸が早くなる。

勘七の顔が青ざめているのを見て、虎松が言った。

「おい、どうしたい、気分でも悪いのか」

「いや、なんでもねえ」

　愚図愚図していると、虎松が不審に思うであろう。勘七は意を決して、両手でささえた肥桶を傾けた。

　桶の内側をごろごろと固い物が転がった。

　一瞬、糞尿の流れとともに大きな白い物が転がり落ちるのが見えた。そのつやつやとした質感は磁器のようだった。

　思わず五感を緊張させた勘七の耳に、船槽の底にコツンと当たる音がかすかながらも、はっきりと聞き取れた。

　全身から汗が噴き出した。勘七はできるだけ気軽に言ったつもりだったが、しゃがれたような声しか出なかった。

「もう切りあげようや。村に帰ろう」

「だって、おめえ……」

　虎松が口をとがらせた。

　契約先で、まだ汲み取っていないところがあるのであろう。

「いや、きょうはおしまいだ」

　そのいつにない強い口調に、虎松はそれ以上反論はしなかった。不服そうな顔をしながらも、舟を出す準備を始めた。


　そのとき、河岸場に立った若い男が呼びかけてきた。

「亀有村の勘七さんですね」

　ドキッとして、勘七が恐る恐る振り返ると、顔だけは知っている真志屋の手代だった。ひそかに安堵のため息をつき、返事をした。

「へい、わたしですが」

「伊勢町の真志屋の者です」

「へい、存じております」

「寿阿弥さまのお使いでまいりました。『三味線堀で待っていてくれ。必ず行くから』とのことでございました。では、お伝えしましたよ」

　手代は軽く一礼して、踵《きびす》を返す。

　葛西舟から一刻も早く遠ざかりたい気分のようだった。

　勘七はさきほど、本町四丁目の通りで寿阿弥らしき姿を見たのを思い出した。

（やはり、あれはご隠居さまだったのだろうか）

　いろいろな疑問がいちどきに湧きあがってくる。さっさと亀有村に引きあげたかったが、寿阿弥の頼みとあればやむを得ない。

「聞いての通りだ。三味線堀に行こう」

「はいよ。道三堀をくだって、日本橋川に出る。日本橋川をくだって大川に出る。大川をちょいとさかのぼり、御米蔵の横手から新堀川にはいり、さかのぼって三味線堀と……」

歌うような口調で虎松が竿を手にした。

四、糞尿弾炸裂

三味線堀に着くと、勘七はちょっと体調が悪いと言い訳をして舟に残り、もっぱら汲み取りには虎松がまわった。

寿阿弥を待つという理由もあったが、それ以上に勘七は町を歩くのが不安だった。

伝言さえなければ、たとえ船槽に余裕があろうとなかろうと、きょうはこのまま亀有村に帰りたかった。そして、早く船槽の底に沈んでいる物の正体をたしかめたかった。

空はどんよりと曇っている。

道三堀から三味線堀に来る途中、にわか雨があったが、さきほどやんだ。雨がやんだのを見て、虎松は勇んで汲み取りに出かけて行った。

汲み取り業にとって雨は大敵だった。降りしきる雨は運んでいる肥桶の中身、さらに葛西舟の船槽の中身を薄めてしまう。そもそも便所の便壺に流れ込み、中身を薄めてしまうのだ。そうなれば下肥としての価値は低くなる。

「ほい、勘七、いるかの。乗せてもらってよいかな」

とぼけた声がした。

勘七がセジから顔を出すと、河岸に寿阿弥が立っていた。供も連れず、杖一本を頼りにひとりで飄々と歩いてきたらしい。

「ご隠居さま。ちょいと待ってください」

セジから飛び出した勘七が、アユビと呼ばれる細い板を舟と河岸のあいだに渡す。さっさとアユビに足をかける寿阿弥に向かって、勘七はあわてて手を差し出した。

「わたしの手につかまってください」

「なに、平気じゃ」

そんな寿阿弥を、勘七は強引に腕をつかみ、ささえた。

(まったく、怖い物知らずなんだから)

アユビは大きくたわんでゆれるため、初めての人間が渡るのはむずかしい。寿阿弥は勘七に腕をささえてもらったのでようやく渡れたのだが、自力でできたと思っているらしい。意気揚々と言った。

「亀有村まで乗せて行ってくれないかの。ちょいと急用ができてな」

「そりゃあ、かまいませんが、こんな舟じゃあ」

「なに、かまやせん。糞《くそ》と一緒に旅をするのも一興じゃて。それとも、わしが糞《くそ》のようなものかな」

寿阿弥は愉快そうに笑った。

「では、セジのほうへどうぞ」

勘七は寿阿弥を船首の下にあるセジに案内した。

セジには茣蓙《ござ》が敷かれ、舟簞笥《ふなだんす》も置かれている。また、セジの壁には船魂《ふなだま》が祀《まつ》られ、関東一円の船頭の信仰を集める大杉神社の札が貼られていた。

「あまりきれいではないので、ご隠居さまには申し訳ないのですが」

「なに、これで充分じゃ。では、わしは、しばらく昼寝でもさせてもらおう。ちと疲れたのでな」

船槽とセジを仕切る板壁は蛆の侵入を防ぎ、糞尿の匂いをやわらげるためもあって、芳香の強い榧《かや》の木で作られている。だが、それでも蛆は這うし、糞尿の臭気もかなりきつかった。

しかし、寿阿弥はいっこうに気にするふうもなく、茣蓙の上にごろりと横たわり、目をつぶった。

勘七は自分の心配事をその場で打ち明けたい衝動に駆られたが、寿阿弥は早くも寝息をたてている。

そっとセジから上にあがった。

葛西舟は別名長舟《ながふね》とも呼ばれるように船体が細長く、全長は七～八間《けん》(約十三～十四メートル)あり、上部に敷き並べた板をはずすと下が船槽になっている。帆柱があるが、帆をかけないときは倒しているため、舟の上部は平坦だった。

セジを寿阿弥に譲ったため、勘七は船槽をおおう板の上に腰をおろした。

しばらくして、虎松が戻ってきた。

「セジに客人がいる。俺の知り合いのご隠居でな。亀有村まで乗せることになった」

「ほう、そうかい」

　とくに関心を示すこともなく、虎松は運んできた糞尿を船槽に空ける。人を亀有村から江戸へ、あるいは逆に江戸から村へ舟に乗せてやるのは珍しいことではなかった。

「飲むか」

　勘七が竹筒でできた水筒を渡す。

　受け取った水筒からごくごくと喉を鳴らして水を飲んだあと、

「もう一ヵ所、行ってくる」

　と言うや、虎松は休む間もなく出かけて行った。

　ひとりになると、またもやさきほどの疑問で頭のなかはいっぱいになった。すべてがつながっているような気がするのだが、どう考えても疑問の絡まりは解けない。勘七は寿阿弥が目を覚ましたら相談してみようと心をきめた。

　やがて、虎松が戻ってきた。勘七のぶんまで働いただけに、さすがに汗びっしょりだった。

「すまなかったな。まだ早いが、きょうはもう、これで帰ろうや。客人もいることだし」

　ふたりがアユビを舟に戻し、出発の準備に取りかかろうとしているときだった。

　河岸場から男が声をかけてきた。

「おい、舟に乗せてくれ」

　手ぬぐいで頬かぶりをするのではなく、菅笠《すげがさ》をかぶっていたが、その顔はまさしく継蔵だった。

　勘七は思わず「てめえ、いったい……」と声を荒らげそうになったが、かろうじて言葉を呑み込んだ。

　継蔵は腰に両刀を差していたのだ。ただし、着物は尻《しり》っ端折《ぱしょ》りし、素足に冷飯《ひやめし》草履《ぞうり》をはいている。

　武士の格好をしている相手を声高になじるわけにもいかない。

　勘七は途方に暮れた。

　継蔵は本当は武士で、あくまで風流で肥汲みの格好をしていたのだろうか。それとも、いまの武士の格好こそ偽装なのだろうか。もう、わけがわからなくなってきた。

　勘七が困惑して返事もできないでいると、横腹を肱《ひじ》でつつかれた。

　見ると、いつの間に来たのか寿阿弥がそばに立っていて、耳元でささやいた。

「黙って乗せてやれ。いまは、わけは聞くな」

　継蔵が寿阿弥に目礼した。

　寿阿弥のほうでも軽く頭をさげている。

なんと、ふたりは知り合いだったのだ。勘七は呆然として、声も出ない。

「わしに任せておけ」

小声で寿阿弥にせかされるにおよび、勘七も決心した。いったんは引きあげたアユビを、ふたたび河岸に渡す。

危なっかしい足取りを見て、虎松が手をのばして継蔵の乗船を助けた。

寿阿弥が重々しい口調で継蔵を紹介した。

「旗本鳥居甲斐守さまのご家来、広瀬次兵衛《じへえ》どのじゃ。鳥居さまは南町奉行として有名じゃのう」

継蔵は薄笑いを浮かべ、目を細めてこちらを見つめている。勘七の出方をうかがっているかのようだった。

またもや疑問が生じた。継蔵はやはり偽名だったのか、それとも広瀬次兵衛が偽名なのか。

勘七は何と挨拶してよいのかわからず、かろうじて言った。

「ゆれるので、立っていると危ないですから、坐っていてください」

＊

舟は大川に出た。

さすがに盛夏のころのような涼み客を乗せた屋根船は少なくなったが、帆をかけた荷舟や、客を乗せた猪牙《ちょき》舟などが川面《かわも》をひっきりなしに行き交っていた。

寿阿弥は継蔵を乗せてやれと言っておきながら、

「まだ寝足りぬのう。昼寝の続きじゃ」

と、さっさとセジに戻ってしまった。

眠いのは口実で、継蔵と話をするのを避けているかのようだった。

いっぽうの継蔵は話し相手もいないので、腰の大刀を抜いてそばに横たえ、坐り込んでじっと風景をながめている。

大川に出てからは、舟は櫓で進んでいた。

勘七は櫓を漕ぎながら考え続けていたが、謎はまったく解けなかった。寿阿弥に対しても腹立ちがつのってくる。やはり、納得がいくまで詰問しなければならないと思った。それでも寿阿弥がはぐらかすようであれば、「じゃあ、降りてください」と、強気に出るしかあるまい。

それにしても継蔵の存在は不気味だった。なんといっても、刀を持っている。

舟は大川をくだり、両国橋をくぐり抜けたあと、大川と中川を東西にまっすぐにつなぐ掘割の竪川《たてかわ》にはいった。

「そろそろ代わろう」

虎松が交代を申し出た。

櫓を任せると、勘七はひとりごとめかして言った。

「さて、水でも飲むか」

そのままセジに向かう。

水桶の水を柄杓ですくい、口をつけて飲んだ。

寿阿弥が横たわったまま小声で言った。

「いま、どの辺じゃ」

「さきほど、竪川にはいりました。竪川から中川にはいり、中川をさかのぼると青戸村、つぎが亀有村です」

「大川にはいったあたりから、藁束《わらたば》を積んだ荷船《にぶね》があとをつけてきた。いまも、つけてきているか」

「そういえば、竪川にはいってからも、荷舟が一艘、あとからついてきています。あの舟がどうかしたのですか」

勘七は不安に襲われた。

それにしても、寿阿弥は荷舟に尾行されていることにとっくに気づいていたことになろう。

寿阿弥は勘七の疑問には答えず、さらに問いかけた。

「継蔵はどうしておる」

「じっと座っています」

「まもなく中川にはいるとなれば、やつもそろそろ動き出すであろう」

「どういうことですか」

「継蔵を舟から放り出さねばならぬ」

「だったら、最初から乗せなければよかったではないですか。いったいどういうことなのか、きちんと説明してください。これ以上、ご隠居さまの気まぐれには付き合えません」

ついに勘七も怒りをあらわにした。

寿阿弥があわてて指を唇の前に立て、静かにしろと注意した。

「いま、くわしく話している暇《ひま》はない。継蔵に感ずかれるとまずいから、おめえは早く戻ったほうがよい。ちょいと耳を貸せ」

勘七が身をかがめると、寿阿弥が耳元にささやいた。

「しかし……、相手はお武家ですよ」

「武士も糞もあるか。心配するな。わしの軍略にまかせろ。あとで、きちんと説明するから」

寿阿弥は自信満々だった。

中川にはいると、進行方向の右手に河岸場が見えた。

江戸に通じる水路の両岸には各所に物資の積みおろし場所である河岸場がもうけられていたが、さすがに下肥は河岸の端で取引をするのが定めとなっていた。

河岸場の端にもすでに数人の農民がたむろしていた。買い取った糞尿を運ぶための底の浅い小舟が接岸し、肥桶を積んだ荷車も並んでいる。

やおら継蔵が立ちあがった。河岸場に近づくのを待っていたのは明らかである。

すっと大刀を抜き放つと、勘七と虎松をねめつけた。

「俺の言う通りにすれば命だけは助けてやる。さもないと、爺《じじ》ぃもろとも、きさまらは皆殺しだ。よいか」

「何が望みだ。俺はおめえさんに早く舟からおりてほしい。それだけだ」

「よし、あの河岸場でおりてやる。その前に、てめえが運んだ肥桶のなかにはいっていた花瓶を渡せ。知らぬとは言わせぬぞ」

「花瓶だって」

「そう、花瓶じゃ。気づいたはずだ」

「渡そうにも渡せない」

「なにぃ、俺は本気だぞ」

継蔵が剣先を勘七の鼻先に突きつけた。

勘七が足元の船槽を示した。

「いま、このなかにある。肥桶の中身を移すとき、転がり落ちた。ほしければ、自分で取るがいい」

「え、糞溜《こえだ》めのなかだと」

継蔵の顔がゆがんだ。

すでに櫓を漕ぐのをやめた虎松はふたりの遣り取りについていけず、ぽかんとしている。

「よし、じゃあ、肥柄杓で拾いあげろ」

「ああ、わかった」

勘七は肥柄杓を持ち出してくると、甲板の板をめくった。

だいたいの場所は覚えていた。肥柄杓を突っ込んでさぐると、固い塊にぶつかった。

花瓶はかなり大きいため、すくうのはむずかしい。

柄杓の椀の部分にのせようとしても、すぐに落ちてしまう。

勘七が手こずっているのを見て、継蔵が苛立った。

「早くしろ」

「わざと手間取っているわけじゃない。むずかしいんだよ。じゃあ、おめえさんがやるかい。まんざら素人でもないだろうに」

継蔵はいまいましそうに舌打ちをしたが、自分がやるとは言わなかった。

ようやく花瓶が椀の上にのった。あとは、均衡をとりながら、ゆっくりと持ちあげる。

白い磁器の花瓶だった。高さは一尺（約三十センチ）ほどで、胴がふくらんでいる割に口は小さい。おそらく高価な品であろうとは思ったが、勘七には焼き物の値打ちなど皆目、見当がつかなかった。それに、たとえ名品だとしても、いまは糞尿にまみれていた。

勘七が肥柄杓にのせたまま継蔵の鼻先に差し出した。

「これかい」

「おう、それだ」

継蔵はいったんは手を出そうとしたが、途中でその手をとめた。「うっ」と顔をしかめる。臭気が鼻をうったのだ。べっとりと付着している糞便を見て、怒鳴った。

「このままで受け取れるか」

「じゃあ、川の水で洗おう。虎松、頼むぜ」

勘七が肥柄杓を虎松のほうに向けた。

「あいよ」

いっこうに気にする様子もなく、虎松は花瓶を手でむんずとつかんだ。船べりにかがみ、川の水につけてざぶざぶと洗う。

やはり気になるのか、継蔵が船べりに寄り、虎松の手元をのぞき込む。勘七がまさに狙っていた瞬間だった。

肥柄杓のなかには、花瓶をすくいあげたときの糞尿がたっぷり残っていた。

勘七はいったん柄《え》を引き戻しておいて、大きく振った。

バシャッと継蔵の後頭部で濃厚な液体がはじける。

「うわっー」という絶叫に続いて、ドブンと水音がした。

継蔵が川のなかに転落したのだ。

いったん水中に没した体が水面に浮きあがってき

た。周囲には継蔵の頭部や肩先にぶちまけられた糞尿が流れ落ち、部厚くただよっている。

「ぷはー」

大きく口をあけて息をした途端、塊のひとつが口元に近寄ってきた。

継蔵は唇の前にある浮遊物の正体に気づき、「わわわわわ」と大声をあげながら手を振って遠ざけようとする。またもや体が水中に没した。

ふたたび水面に浮上したが、わけのわからないことを叫びながら、もがき続けている。

「底は浅いぜ。岸の近くでは足がつくはずだ。溺れることはない。安心しな。岸にあがったら、ゆっくり着物を乾かすんだな」

騒ぎを知って、河岸場から数人の農民が駆けつけてきた。ひとりが肥柄杓をのばした。

「これに、つかまんなせえ」

継蔵はもう見栄も外聞もなく、差し出された肥柄杓につかまった。

様子を見て安心し、勘七が声をかける。

「虎松、舟を出すぞ」

竿を手にし、竿の端を自分の乳の下あたりに押し当て、足で踏みしめるように船べりを歩きながら川底を押す。舟はゆっくりと進み始めた。

寿阿弥がそばに来て、満足げにうなずいた。

「よくやったぞ、見事だった」

「初めは、ご隠居さまの言った通り、舟から突き落とすつもりだったのですが、ちょうど柄杓にはいっていたものですから、いっそぶっかけてやれと」

「機に臨んで変に応ず、臨機応変、これぞ軍略の要《よう》諦《てい》じゃ」

「それにしても、ちょっと心配ですが」

「なぁに、死にやせんよ」

勘七が振り返ってたしかめると、継蔵はすでに岸に引きあげられていたが、まるでぼろ雑巾《ぞうきん》のように地面にへたり込んでいた。肩で大きく息をしながら、時々、激しく咳こみ、続いてゲーッと嘔吐の声をあげたが、出るのは声だけで、ふたたび激しく咳こんでいる。

数人の農民がそばで見守っていたが、泥だらけの格好の継蔵はもはや武士には見えないであろう。

寿阿弥は虎松から受け取った花瓶を手にしたまま、とくに調べるでもなく、じっと舟の後方をながめている。

「ご隠居さま、そろそろきちんと説明してくださいよ」

勘七が詰め寄った。

もう、はぐらかしは許さないつもりだった。

いつになくきびしい顔で寿阿弥が言った。

「荷舟が近づいてきている。この舟で逃げ切れるか」

見ると、それまで一定の距離をたもっていた荷舟がぐんぐん接近してきていた。柿色の三尺帯を締め、着物を尻っ端折りした船頭が懸命に櫓を漕いでいる。

「無理ですね。こちらは大きく、重いですから、早くは走れません。じきに追いつかれます。あの舟がどうかしましたか」

「あの舟には、おそらく老中水野越前守さまのご家来が乗っている。狙いはこの花瓶じゃ。さきほど虎松が洗ったときに、気づいたのだろうな」

「で、どうするのですか」

「撃退するしかない」

「とんでもないですよ。もう、ご隠居さまに付き合うのはいやです。これ以上、わたしらを巻き込まないでください。そんな花瓶、さっさと渡してしまってください」

「撃退しないと、三人とも皆殺しになりかねぬ。連中は継蔵よりはるかに手ごわいぞ」

荷舟に積まれていた藁束が突然、川面に散乱し、下から三人の武士が現われた。舟のなかに隠れ、上から藁束をかぶせていたのだ。

三人は襷《たすき》をかけ、手ぬぐいで鉢巻をするという、まるで芝居に出てくるようなものものしさだった。

ひとりが白刃《はくじん》を抜き、剣先をこちらに向けて船頭を叱咤《しった》した。

「もっと急げ、あの葛西舟に横付けにしろ」

勘七は慄然《りつぜん》とした。寿阿弥の言う「皆殺し」は、けっしてはったりではなさそうだった。

虎松は泣きべそをかいている。

「勘七さん、どうすんだよ」

「俺にもわからねえよ」

ふたりが呆然自失しているのに対し、寿阿弥は顔色こそやや青ざめていたが片手に花瓶、片手に杖を持って、おごそかに言った。

「これ、ふたりとも、うろたえるな。戦うのじゃ」

「戦うったって、向こうは三人で、みな刀を持っているんですよ」

「わしは、さきほどのおめえの機転を見て気づき、即座に軍略を立てた。銃弾ならたくさんあるではないか」

寿阿弥が杖でこんこんと足元の甲板を突いた。

「無茶を言わないでください」

「やつらに糞尿弾を浴びせてやれ。連中に乗り込まれると命はないぞ。力の限り糞尿弾を撃ち込むのじゃ」

荷舟が葛西舟にぶつかり、ドンと鈍い音がして舟がゆれた。

反動でいったん離れたが、ふたたび接近してくる。もはや土壇場に追い詰められたにひとしかった。

寿阿弥の言う通り、躊躇していたら殺されかねない。勘七は覚悟をきめた。

「虎松、やるぞ」

そう叫びながら、甲板の横板をめくった。肥柄杓で船槽の糞尿をたっぷり汲む。

虎松も度胸を据えたのか、顔をひきつらせながらも肥柄杓を手にしていた。

見ると、葛西舟の船べりに手がかかり、武士のひとりがいまにも乗り込もうとしている。勘七は本町四丁目の通りで、数人の武士に呼び止められたときのひとりに似ている気がしたが、考えている暇はない。

半身を葛西舟に乗せかけた武士の鼻づらに、勘七は柄杓をぐいと突きつけた。

突然、鼻をつく異臭に武士の顔がゆがむ。目が柄杓の中身をとらえた。つぎの瞬間、武士も自分の顔の前にある液体が何であるかに気づいた。

「うわっ」

思わずのけぞって避けようとして、手の指が船べりからはずれた。

武士の体がふいに消えた。続いて、バッシャーンと激しい水音が響いた。背中から川のなかに落ちたのだ。

いったん水中に没した武士が浮かびあがってきたところへ、勘七が肥柄杓の柄を振って糞尿を降り注ぐ。

「わわわわ」

武士は目の前にただようどろりとした液体を遠ざけようと、両手で必死になって波を立てる。またもや水中に没した。さきほどの継蔵の動きとまったく同じだった。

転落の大きな波紋で荷舟が激しくゆれ、ふたりの武士も船頭も腰をかがめ、船べりを手でつかんでようやく体をささえている。

最初に抜刀した武士が憤怒の声を発した。

「くそう」

「そう、その通り、糞じゃよ」

寿阿弥が涼しい声で応じた。

葛西舟もかなり揺れている。寿阿弥は杖で体をささえながら、檄を飛ばした。

「ほれ、もっと浴びせてやれ」

「よしきた、今度は俺だ」

虎松も闘志に火がついたのか、たっぷり中身のはいった肥柄杓を手にして中腰で身構えている。

「あそこを狙え」

寿阿弥が杖で攻撃目標を示した。水軍の大将にでもなった気分らしい。

虎松が大きく肥柄杓を振った。

飛び出した糞尿の塊は空中にゆるやかな孤を描き、荷舟のそばに落下した。

周囲に飛沫が散る。荷舟がぐらぐらゆれた。

直撃は免れたとはいえ、ふたりの武士、それに船頭の顔にも点々と飛沫が散っている。

「やったー」

虎松は小躍りして快哉をあげた。

なおも寿阿弥が激励する。

「それ、撃って撃って、撃ちまくれ。弾薬はたっぷりあるぞ」

勘七と虎松は船槽から汲み出しては、荷舟めがけて次々と糞尿をあびせかけた。

着実に荷舟の周囲に着弾し、炸裂する。いまや荷舟全体が濃厚な色と匂いに包まれていた。

泳ぎに自信のある船頭はとっくに舟を見捨てて川に飛び込み、岸をめざして抜き手を切っていた。とにかく逃げ出したい一心のようだった。

荷舟に取り残されたふたりの武士はしゃがみこんだまま頭を両手でおおい、飛び来る汚物を避けようとしていた。

荷舟の周囲にはいまや、濃厚な糞尿の層ができていた。

さきほど川に落ちた武士が船べりに必死でつかまっているため荷舟はかたむき、船頭がいないため進むことも向きを変えることもできず、川のなかにただよったままである。

三人とも完全に戦意を喪失し、もう虚脱状態だった。なすすべもなく荷舟にしがみついている。

「うむ、大勝利じゃ。わしの軍略と采配もさること

ながら、おまえたちもよくやった。まさに『孫子《そんし》』に言うところの、

之《これ》を亡地《ぼうち》に投《とう》じて、然《しか》る後《のち》に存《そん》し、之を死地に陥《おとしい》れて、然る後に生く

じゃ。自軍を生きるか死ぬかの瀬戸際に追い込むと、兵士は死に物狂いの働きをするという意味でな。うむ、軍師としてのわしの作戦が勝利をもたらしたと言えよう」

寿阿弥は会心の笑みを浮かべ、自画自賛した。

勘七も虎松もわけがわからないながら、三人の武士を撃退したことで気持ちが高揚している。それに、一刻も早くこの場を離れたい気持ちが強い。

「さあ、早く行こうぜ。うまいことに風が出てきた。帆をあげろや」

「百姓がお侍に勝ったぞ。亀有村に凱旋だ」

はしゃいでいるふたりのそばで、寿阿弥が杖を頭上に掲げると、大きく何度も振りまわした。

しばらくして、一艘の猪牙舟《ちょきぶね》が近づいてくるのが見えた。羽織袴で、菅笠をかぶった中年の武士が乗り込んでいる。

猪牙舟の船足は早い。見る見るうちに接近してきた。

虎松が一転して不安そうに言った。

「あの舟は何なんです」

「味方じゃよ。わしの合図で駆けつける手はずになっておった」

「だったら、どうして、もっと早く呼ばなかったのですか」

勘七が憤然として喰ってかかる。

その口吻《こうふん》に寿阿弥もちょっとひるんだが、すぐにいつもの調子に戻った。

「おめえが怒るのも無理はないが、さきほどの荷舟に乗り込んでいたのは水野忠邦どのの家臣で、浜松藩士じゃ。あの猪牙舟に乗っているのは水戸藩の家臣。浜松藩士と水戸藩士で悶着がおきてはあとあと、なにかと面倒が生じる。それで、できるだけわしらだけで撃退しようと思ってな。うまくいったから、よかったではないか。いや、愉快愉快、近年にない痛快事じゃ」

寿阿弥は楽しそうに呵々大笑し、ひとり悦《えつ》に入《い》っていた。

猪牙舟が横付けになった。

菅笠の武士が葛西舟に乗り込もうとするのを、寿

阿弥に命じられて虎松が手を差しのべて助ける。

　武士が乗り込んだのを見て、寿阿弥が花瓶を勘七に渡した。

「中身を取り出したいのだが、口が細くて手がはいらない。割らないかぎりは無理じゃな。割ってくれぬか」

　あたりを見まわしたあと、勘七は帆柱の根元に花瓶を打ち付けた。

　パリンと、あっけなく砕ける。

　砕けた磁器のなかから、はいり込んでいた汚物がどろりと流れ出る。丸めて押しこまれていた油紙の包みがなかばひろがった。

「包みをあけて、中にはいっているものをこちらにくれ」

　寿阿弥の指示通り勘七が油紙をひらくと、紙の束があった。

　勘七から紙の束を受け取ると、寿阿弥は武士をうながしてセジに向かった。

　しばらくして、ふたりがセジから出てきた。寿阿弥は晴れ晴れとした顔をしていたし、武士の顔にも笑みがあった。

「ご苦労だったな。拙者からも礼を言うぞ」

　武士が勘七と虎松に言葉をかけた。

　猪牙舟に乗り移る際、ふたりに向かって自分のふところを軽く叩いてみせた。紙の束はここにあるぞと言う意味であろう。

　江戸の方角に向かって去る猪牙舟を見送りながら、寿阿弥がひとりごとのように言った。

「これで水野越前守も鳥居耀蔵も失脚する」

　勘七も虎松も黙っている。

　寿阿弥は今度はしっかりふたりを見つめながら、力強く言った。

「馬鹿な御改革も終わるということさ」

＊

　寿阿弥は船尾に座ると、勘七に向かって語り始めた。そばで櫓を漕いでいる虎松の耳にも届いている。

「風流で汚穢屋の真似事をしている継蔵の話を聞いたとき、わしは妙に気になった。おめえが最初に見かけたとき、下谷練塀小路の大きな屋敷の裏門から出て来たというではないか。練塀小路は小身の旗本の屋敷が建ち並んでおって、大きな屋敷といえば鳥居耀蔵どのの屋敷しかない。敷地はおよそ千三百坪ある。そこで、さっそくわしは練塀小路に行き、鳥居どのの屋敷の裏門を見張ったのじゃ。

すると、やはり継蔵らしき男が肥桶をかついで裏門から出てきた。わしはそっと、あとをつけた。継蔵は半時《はんとき》（約一時間）ほど一帯を歩いたあと、屋敷の裏門からなかにはいっていった。

継蔵は屋敷の便所で汲み取った糞尿をかついで町を歩きまわり、屋敷に帰るや便所に戻していることになる。

どうじゃ、妙であろう。

まあ、普通の人はそれこそ風流の稽古と解したかもしれぬな。

しかし、わしはピンときた。継蔵は中身がいっぱいになった肥桶ふたつを天秤棒でかついで歩く稽古をしていたのじゃよ。先日、おめえに聞いたが、たっぷりはいった肥桶ふたつの重さは十六貫。どんなに力のある者でも、それなりの稽古を積まないと遠くまで歩けるものではない。

では、なぜ、そんな稽古をするのか。これは怪しい。わしは考え、想像をめぐらせ、そしてひらめいた。このひらめきの鋭さは、わしだからこそと言ってもよかろうな。

南町奉行に就任して以来、鳥居どのは奉行所内の役宅に住み、練塀小路の屋敷は少数の家来が守っているだけじゃ。世間の目を引かない屋敷を利用して、何か陰謀がめぐらされているに違いない。鳥居どのは陰険な策謀家だからな。

そこで、わしは人を使って継蔵の素性を調べ、外を出歩くときはあとをつけさせた。いつもわしがつけていたら、気づかれるからな。かなり金もかかった。

継蔵の本名は広瀬次兵衛、鳥居家の家来だが、譜代ではない。浪人だったのを拾われたらしい。つまり、鳥居どのの手駒ということになる。

また、広瀬次兵衛――ややこしいので継蔵と呼ぶぞ、人に継蔵のあとをつけさせたところ、肥桶をかついで西丸下にある老中水野越前守の屋敷近くまで行っていることがわかった。

これは、いったいどういうことか。

何らかの謀略が進んでいるのは間違いない。そこで、わしはこの陰謀を逆に利用すれば、水野越前守と鳥居耀蔵を失脚させられるのではないかと想像した」

話がここにいたり、さすがに勘七も眉に唾をつけたくなった。一介の隠居が老中と町奉行を失脚させるなど、誇大妄想でしかあるまい。まさに戯作の世界の作り事であろう。

　虎松はぽかんとした顔をしている。

　寿阿弥はおかしそうに笑った。

「本気にしておらぬな。まあ、無理もないが。なぜ、わしがそんな大それたことを考えたか、話しておかねばなるまいな」

　すでに日が西に傾きかけていた。

　竹筒から水を飲み、喉をうるおしたあと、寿阿弥がふたたび話し始めた。その口調はしんみりとしている。

「二年前の五月、御改革が始まったとき人々は喝采をあげた。これから暮らし向きがよくなると期待した。御改革を推進する老中の水野越前守忠邦どのを、人々は世直し大明神とまでたたえたものだ。

　ところが御改革が進むにつれ、人々の期待は失望と落胆に変わった。それどころか、いまでは江戸の町に怨嗟《えんさ》の声が満ちあふれておる。

　御改革以来というもの、とにかく贅沢を禁止するというので、重箱の隅をつつくようなお触ればかりじゃ。

　去年の四月には五百軒以上もあった寄席がわずか十五軒に制限された。女髪結いも禁止で、女は自分で髪を結えという。

　五月には三十三人の女髪結いが髪結いをして三十二文を受け取ったとして手鎖に処せられ、客の女五十七人も押し込めの処分。

　六月には役者の市川団十郎が生活が華美だということで江戸追放。七代目とはわしも古い付き合いじゃ。あのときばかりは、さすがに涙が出たよ。また、戯作者の為永春水と柳亭種彦も処罰を受けた。みな、わしの友人じゃ。

　七月には夕涼みの花火や、縁台将棋や碁も火事の恐れがあるからと禁止。

　物価を下げろ、下げろという。職人の賃銀も定められ、大工と左官は飯料ともで一日銀四匁《もんめ》二分《ふん》、石工は飯料ともで一日銀五匁ときまった。職人たちは出入りの商家が商売不振で仕事が減った上、賃銀も下げられて、まさに泣きっ面に蜂さ。

　なまじ、わしも長生きをしたおかげで、江戸の町がだんだんさびれていくのをこの目で見なければならない。情けなかった。

　さすがに今年になってから、水野越前守のやり方に対し、方々で反対の声があがるようになり、まもなく老中を罷免されるのではないかという噂もささやかれるようになった。もう限界と言うことじゃな。

そんなおりもおり、継蔵のことを知ったわけじゃ。ここまではわしが調べあげたが、その後、どんな手を打つか。やはり隠居ひとりでは無理じゃ。そこで、水戸藩の力を借りることにした。

水戸藩主の徳川斉昭《なりあき》さまは御改革以来、水野越前守の工作で体《てい》よく国許《くにもと》に釘づけにされている。御改革の邪魔をしないよう、江戸から追い払われたというわけじゃ。それだけに、水戸藩は水野越前守に対する反発も強い。

さいわい真志屋は水戸藩御用達なので、わしは水戸藩士に知り合いは多いからな。そこで、ある藩士と腹を割って話し合い、策を練った。

そして、継蔵を寝返らせたのじゃ。もちろん簡単ではなかったが、脅しと報酬の両方で納得させた。

『鳥居耀蔵どののやり口は知っていよう。おまえさんは使い捨てだ。仕事が終わると口封じをされるぞ』

と言ったのが効果があった。また、継蔵の身柄は水戸藩が引き受けると確約したのも大きかった。かなりの金額を受け取って、継蔵がすべてを打ち明けた。なんと、やはり陰謀が進行中だったのじゃ」

話がいよいよ佳境にはいってきた。

寿阿弥の話術は講釈師も顔負けである。勘七はもちろんのこと、いまでは虎松まで櫓を漕ぐのをやめて座り込み、熱心に聞き入っていた。

「鳥居耀蔵どのは抜け目がないから、水野越前守がもう先が長くないのを見て、保身を図ることにした。越前守と一蓮托生は真っ平御免というわけじゃな。

しかし、裏切るにしても、その前にどうしても取り戻したい書面があった。水野越前守に提出した密書じゃ。この書面が越前守の手元にあるかぎり、安泰ではいられない。

鳥居どのは陰険だから、早くから各所に間諜を送り込んでいた。越前守の屋敷にも間諜を配していたのじゃ。

その間諜からの知らせで、書面のありかはわかっていた。越前守の執務部屋に置いてある白磁の花瓶のなか。簡単に盗み出せそうに思えて、じつはこれがむずかしい。

花瓶の口が小さいので、取り出すには割るしかない。そんなことをすればすぐに気づかれる。

そっと花瓶ごと持ち出そうとしても、大きいので着物の下には隠せないし、目立つ物だけに、なくなればすぐに気づかれる」

勘七がパンと膝を打った。

これまでの疑問が一気につながった。思わず笑い出した。

「肥汲みをよそおって持ち出すというわけですか」

「その通りじゃ。水野越前守と鳥居耀蔵の丁々発止の知恵くらべといってもよかろうな。しかし、その両者の知恵くらべを最後に出し抜いたのは、わしじゃがな。近年にない欣快事《きんかいじ》といえよう。

おめえも見ていたように、さきほど、密書を水戸藩に託した。さて、この後、どうなるかな」

寿阿弥が満足げにうなずいた。

舟はいまや錨《いかり》をおろして停まっていた。通りすぎる葛西舟に乗り組んでいる農民が気づいて、

「おーい、勘七ぃ～、どうしたんだぁー」

と声をかけてきた。

勘七は手を振って、何でもない、心配するなという意味を伝える。

寿阿弥が話を続けた。

「継蔵は堀切村の百姓といつわって水野越前守の屋敷にはいり込み、便所の汲み取りをした。間諜がすばやく花瓶を持ち出し、肥桶のなかに沈める。こうして、継蔵はまんまと密書を屋敷から持ち出したわけじゃ。

ところが、花瓶が紛失していることはすぐに発覚し、さきほど裏門を出た肥汲みの百姓に疑いがかかった。越前守の命を受けて浜松藩士が継蔵のあとを追った。水野越前守は浜松藩主だからな。

もともと、わしは継蔵と人目のない場所で落ち合い、花瓶を受け取ることにしていた。しかし、早くも越前守の屋敷では継蔵に追手を派遣した様子。あのときは、わしもあせったぞ。

そのとき、たまたま勘七――おめえが肥桶をかついで道三堀に向かっているのを見かけた。たちどころに策が浮かんだ。このあたりが、わしの真骨頂だろうな。

大家が知り合いだったので、長屋の娘に力を借りることができた。いっぽうで、継蔵に危機が迫っていることを知らせ、路地裏に身をひそめさせた。そして、おめえが長屋の便所で手間取っているあいだに、肥桶をすり替えたわけじゃ。

その後の騒動は、おめえも知っての通りだ」

「継蔵はわたしの肥桶をかついで逃げたことになりますが、その後、どうしたのですか」

「浜松藩士が迫ってきたのを見て、継蔵は肥汲み道具一式を放り出し、走って逃げた。どうせ花瓶がはいっていないのはわかっているからな。

　藩士らは肥桶をぶちまけたが、花瓶はない。だが、肥桶の『亀有村、三松屋』という焼印に気づいた者がいたのであろう。連中も必死だからな。懸命に調べて、亀有村の三松屋の舟が三味線堀に停まっているらしいことを突き止めた。人目のあるところで騒動を起こすわけにはいかぬので、荷舟を雇い、つけてきたわけじゃ。花瓶が本当に舟にあるかどうか半信半疑だったのかもしれぬ。虎松が花瓶を川の水で洗っているのを見て、それっとばかりに漕ぎ寄せてきたわけじゃ」

「継蔵はようよう逃げおおせたのに、なぜ、舟に乗せてくれと、のこのこ三味線堀にやってきたのでしょうか」

「そこじゃよ。継蔵も主人の鳥居耀蔵どのに負けず劣らずの悪辣な男でな。類は友を呼ぶといおうかな。わしを裏切るつもりだったのじゃ」

「金を受け取っておきながら、花瓶も取り戻すつもりだったのですか」

「その通り。いったん練塀小路の屋敷に戻って着替えるや、三味線堀にやってきた。老人と肥汲みの百姓など、くみしやすいと踏んだのであろう。花瓶を取り戻し、何食わぬ顔で屋敷に戻るつもりだったのであろうよ。多額の金を受け取った上、鳥居どのに対しては役目を果たしたことになるからな。

　わしは継蔵が花瓶を奪いにきたのを察したが、三味線堀で人目を引くような騒ぎは起こしたくない。そこで、素知らぬ顔で舟に乗せてやった」

　聞き終えて、勘七は手に汗握るような講釈を一席、堪能した気分だった。

う～ん、う～んと、虎松はしきりに感心している。

「さあ、行こうか」

　錨をあげた。

　虎松が櫓を漕ぎ、舟が進み出す。川面に広がる波紋に夕日が輝いた。

　寿阿弥が勘七に向かい、しんみりした口調で語り始めた。

「わしは自分の人生に悔いがあるわけではないが、時々、さびしく思うことがある。それは、わしの諸作品が死後数年もたたないうちに、すっかり忘れられてしまうであろうということじゃ。けっきょく凡庸な才能しかなかった。

いろんなことを手掛けたのはたしかだが、しょせん江戸の文人の端くれとしての活躍と交際だった。また、こうしたことができたのも、真志屋というささえがあり、余裕があったからじゃ。もっといえば、わしのような軽薄な芥《あくた》が浮いていられたのも、江戸というゆたかな水脈があったからじゃ。

ところが、御改革以来、その水脈が根こそぎ断ち切られようとしている。

わしは自分の老い先長くない人生を、この水脈を守ることに賭けようと思った。誰にも知られないかもしれない。しかし、それもよかろう。どうせ忘れられる名前だからな。老いぼれの繰り言じゃが、わかるかな」

「百姓のわたしには、よくわかりませんが、ご隠居さまが住みにくいと感じるような世の中は、きっとよくない世の中だと思います」

「そうか、よく言ってくれた」

寿阿弥は莞爾《かんじ》として笑った。

そのあと、唐突に目に涙があふれる。

「これぞ、泣き笑いじゃ。いや、笑い泣きかな」

頬を伝って流れ落ちる一筋の涙を手の甲でぬぐったあと、寿阿弥が照れたように言った。

勘七も胸が熱くなった。つられて涙腺がゆるみそうになったほどである。

急に寿阿弥の口調が変わった。

「そうそう、大事なことを言うのを忘れておった。きょうは大切な下肥をだいぶ無駄にさせてしまったが、この埋め合わせは必ずするからな。それと、いま思いついたのだが、水戸藩のお屋敷の汲み取りができるように掛け合ってやろう。うまくいけば、

水戸藩御用達　三松屋

という、墨痕《ぼっこん》あざやかな看板をわしが作ってやるぞ」

ついさっきまでしみじみと心情を吐露していたかと思えば、もう真面目とも冗談ともつかぬほら話である。

勘七は苦笑するだけだった。

五、後日談

九月末から閏《うるう》九月初めにかけて、水野忠邦政権に見切りをつけた鳥居耀蔵らが次々と反水野陣営に寝返った。

閏九月十三日、水野忠邦が老中を罷免された。ついに天保の改革が終わったのである。

罷免の日、水野忠邦は西丸下の役宅を即日引き払うよう命じられたが、この知らせが伝わるや、群衆が引っ越し準備であわただしい水野の屋敷に押しかけてきた。そして、天保の改革以来の鬱憤を一気に晴らすべく、鬨《とき》の声をあげて石つぶてを屋敷内に投げ込んだ。

この騒ぎを鎮めるため町奉行所が出動するほどで、水野側でもその日はとても引越しはできず、ほとぼりが冷めた二十五日、こっそり三田の浜松藩の中屋敷に立ち退いた。

この騒動を、勘七と虎松は道三堀に浮かべた葛西舟の上からながめていた。

「ご隠居さまの言ったことが本当になったな」

「糞《こえ》のなかの密書のおかげでこうなったのかい」

「さあ、どうかな。よくわからないが、人にはけっして言わないことだ」

「そうだな、口は災いの元と言うからな」

「またお武家の乗った舟に追いかけられるのはご免だぜ」

「糞をぶちまけるのも、もういやだ」

ふたりは明るく笑った。

寿阿弥の画策と密書とやらが、はたして水野忠邦の失脚にどれほどの役割をはたしたのかは不明である。しかし、寿阿弥が水野失脚の陰の功労者は自分であると、ひとりほくそえんでいるのは想像に難くなかった。

なお、いったんは保身に成功したかのように見えた鳥居耀蔵だが、やはり町奉行を罷免され、失脚した。

継蔵の行方は杳《よう》として知れない。

糞尿の飛沫を全身に浴びた三人の浜松藩士も、二度と勘七らの前に現われることはなかった。

寿阿弥は天保の改革が終了した天保十四年から五年後の嘉永《かえい》元年（一八四八）八月二十九日、八十歳で死去した。人生五十年と言われた当時にしては驚くべき長寿をまっとうし、まさに大往生だった。

あとがき

永井義男

小説『天保糞尿伝』はおよそ二十年前に執筆したもので、短編集『鮮魚師《なまし》』（読売新聞社、一九九七年）に収録された。

ところが、『鮮魚師』は絶版となって久しく、当然『天保糞尿伝』も読者の手に届かなくなったままで、筆者としては残念でならなかった。

このたび、本書の付録として掲載していただけることになり、欣快の至りである。

かつて『天保糞尿伝』を執筆時、背景である江戸の下肥事情を調べるために資料を渉猟した。まだインターネットによる検索ができないころだったので、なにかと手間と時間がかかり、無駄足を踏むことも多かった。しかし、調べること自体が楽しかった。そして、下肥に関する知識が増えるに従い、いずれノンフィクションとしてもまとめてみたいと、漠然と考えたものだった。

その後、ちょっと大げさかもしれないが、一種の危機感もつのった。

というのは、そのころから江戸を賛美した本が目立つようになった。江戸は豊かだった、江戸の長屋は人情があった、江戸の女は自由を謳歌していた、江戸っ子はグルメだった、などなどである。

たまたま小規模な講演会で話をする機会があり、筆者が、

「江戸の裏長屋は路地に足を踏み入れると、よどんだ異臭が鼻をついたはず。もちろん、住人は慣れているので平気だった」

というようなことを述べた。

すると聴衆のひとりが手をあげ、

「江戸の町はリサイクルが行き届いていたのでゴミはほとんどなく、清潔だった。長屋に異臭がよどんでいるなど間違いである」

という意味の反論をした。

難詰に近い強い口調だった。江戸を美化した本の愛読者なのであろう。

見ると、筆者よりやや年長らしき男性だった。そこで、つぎのような回答をした。

「江戸時代、便所は汲み取り式だったのですよ。ビニール袋はなかったので、魚の骨やスイカの皮などの生ゴミは、長屋の路地の片隅に野積みだったのですよ」

質問者からさらなる反論はなかった。いかにもバツの悪そうな顔で苦笑している。

筆者の返答を聞いた途端、ハッと悟ったはずである。筆者より年長である以上、汲み取り式便所の経験があり、子供のころを思い出したに違いないからだ。

とはいえ、筆者は江戸が不潔だったと決めつけているわけではない。けっきょくは、何と比較するかの問題ではなかろうか。

現代の清潔さにくらべると、もちろん江戸時代は及びもつかない。しかし、当時のヨーロッパ諸国の大都市とくらべたとき、江戸は際立って清潔な都市だった。そして、その清潔が実現した大きな要因が汲み取り便所と下肥だった。

かたや、下肥を利用しなかったヨーロッパはどうだったか。代表的な都市パリなどの惨状は、第Ⅲ章の「7…ヨーロッパのトイレ事情」に記した通りである。

講演会の質問者に戻ると、汲み取り便所に関しては経験者ですら忘れてしまう。ましてや、経験のない人をやである。

具体的な経験がなければ、汲み取り式便所の不便・不衛生・危険を聞いてもピンとこないのではなかろうか。

すでに、日本人の大多数が汲み取り式便所の経験がない。経験があり、かつ鮮明に覚えているのは、筆者の世代がほぼ最後なのではなかろうか。筆者より少しあとの世代になると、たとえ汲み取り式便所を経験していたとしても幼いころであり、もはやよく覚えていないであろう。

体験として覚えている人間こそが書かねばならないのではなかろうか。

考えてみると、筆者の子供のころ、糞尿をめぐる身体感覚は細いながらもまだ江戸時代とつながっていた。跳ね返りや、口から回虫が出るなどである。

江戸の便所や排泄に関する本は少なくないが、たいてい川柳を典拠としている。読み物として愉快ではあるが、現実感がない。一種の笑い話で終わってしまいかねないのである。

自分の経験もふくめてノンフィクションを書きたい、いや、最後の体験世代として書かねばならない、そんな思いが強くなった。

このほど、作品社編集部の内田眞人さんにその思いを受け止めていただくことができた。

しかも、今回の刊行によってフィクションとノンフィクションが同時に実現できたことになる。長年の念願が実現できたといえよう。


たしかに、江戸の糞尿利用システムはすばらしいものだった。だが、江戸の人々が先進的な環境意識を持っていたわけではないし、自然と調和して生きていこうと思っていたわけでもない。あくまで商売になるから糞尿を利用したのである。さらに、糞尿利用の弊害も大きかった。

現在、人々の環境意識は高い。自然と調和することの大切さも認識している。

あとは、どうやって実行するかである。

弊害や不便を技術革新で解決することで将来、糞尿を利用した資源の再循環が実現する日がくるであろうか。かつて糞尿が大事な肥料だったように、ふたたび排泄物が貴重な資源となるときが再来するであろうか。

意外と近い将来に実現する気がしないでもない。

『耳袋』根岸鎮衛著（東洋文庫、鈴木棠三編注、平凡社、1972 年に所収）
『村鑑帳』（『江戸川区史 第一巻』江戸川区編、江戸川区、1976 年に所収）
『明治大正家庭史年表』下川耿史・家庭総合研究会編、河出書房新社、2000 年
『明治百話』篠田鉱造著、1931 年（岩波文庫、上下巻、岩波書店、1996 年に所収）
『鳴雪自叙伝』内藤鳴雪著、岡村書店、1922 年（岩波文庫、岩波書店、2002 年に所収）
『明良帯録』蜻洲無学山人著、文化 11（1814）年（『改訂史籍収覧』臨川書店、1967 年に所収）

『八潮市史 通史編Ⅰ』八潮市、1989 年
『遊僊窟烟之花』薄倖先生著（『洒落本大成 第十九巻』洒落本大成編集委員会編、中央公論社、1983 年に所収）
『吉原十二時』石川雅望編、文化 13（1816）年（『江戸狂歌本選集 第十巻』江戸狂歌本選集刊行会編、東京堂出版、2001 年に所収）
『世のすがた』（『未刊随筆百種 第六巻』三田村鳶魚編、中央公論社、1977 年に所収）
『ヨーロッパ文化と日本文化』ルイス・フロイス著、天正 13（1585）年（岩波文庫、岡田章雄訳、岩波書店、1991 年に所収）

『我衣』加藤曳尾庵著（『日本庶民生活史料集成 第十五巻』谷川健一ほか編、三一書房、1971 年に所収）

『夏山雑談』平直方著、寛保元（1741）年（『日本随筆大成 第二期第二十巻』日本随筆大成編輯部編、吉川弘文館、1995年に所収）
『日葡辞書』慶長8（1603）年（『邦訳 日葡辞書』土井忠雄・森田武雄・長南実編、岩波書店、1980年）
『日本人の住まい』E・S・モース著、1885年（斎藤正二・藤本周一訳、八坂書房、1991年）
『日本脱出記』大杉栄著、1923年（『現代日本文学大系 第二十二巻』筑摩書房、1923年に所収）
『寐ものがたり』鼠渓著、安政3年（1857）年（『続日本随筆大系』森銑三ほか編、吉川弘文館、2007年に所収）
『農民哀史から六十年』渋谷定輔著、岩波新書、1986年

『梅翁随筆』（『日本随筆大成 第二期第十一巻』日本随筆大成編輯部編、吉川弘文館、1994年に所収）
『排泄物と文明』デイビッド・ウォルトナー＝テーブズ著、片岡夏実訳、築地書館、2014年
『馬琴日記』滝沢馬琴著（全4巻、洞富雄ほか編、中央公論社、1973年）
『幕末期江戸東郊農村における下肥流通』森朋久著（『葦のみち』第五号、埼玉県三郷市、1993年に所収）
『幕末百話』篠田鉱造著、内外出版協会、1905年（岩波文庫、岩波書店、1996年に所収）
『花暦八笑人』（滝亭鯉丈著、嘉永2（1849）年（岩波文庫、岩波書店、1942年に所収）
『半日閑話』大田南畝著（『日本随筆大成 第一期第八巻』日本随筆大成編輯部編、吉川弘文館、1993年に所収）
『ひとりね』柳沢淇園著、享保9（1724）年（『近世随想集 日本古典文学大系』岩波書店、1965年に所収）
『白狐通』（一世）梅暮里谷峨著、寛政12（1800）年（『洒落本大成 第十八巻』洒落本大成編集委員会編、中央公論社、1983年に所収）
『藤岡屋日記』藤岡屋由蔵編（1868）年（全15巻、鈴木棠三・小池章太郎編、三一書房、1987～1995年）
『二蒲団』酔醒水吉著、享和元（1801）年（『洒落本大成 第二十巻』洒落本大成編集委員会編、中央公論社、1983年に所収）
『ふたもと松』越路浦人著、文化13（1816）年（『洒落本大成 第二十五巻』洒落本大成編集委員会編、中央公論社、1986年に所収）
『糞尿譚』火野葦平著、1937年（『日本の文学51』中央公論社、1973年に所収）
『平安京のニオイ』安田政彦著、吉川弘文館、2007年
「平成二十年 住宅・土地統計調査結果」総務省統計局
『反古のうらがき』鈴木桃野著（『鼠璞十種中巻』三田村鳶魚編、中央公論社、1978年に所収）
『雑交苦口記』中田主税著（『未刊随筆百種 第八巻』三田村鳶魚編、中央公論社、1977年に所収）

『松屋筆記』小山田与清著（『松屋筆記』国書刊行会、1908年に所収）
『守貞謾稿』喜田川守貞著（『近世風俗志』岩波文庫、全5巻、岩波書店、1996～2002年に所収）
『みみずのたはこと』徳富蘆花著、大正2（1913）年（『徳富蘆花集 現代日本文学大系9』筑摩書房、1971年に所収）

論社、1981年に所収）
『獅子身中のサナダ虫』藤田紘一郎著、講談社、1999年
『事々録』（『未刊随筆百種 第三巻』三田村鳶魚編、中央公論社、1976年に所収）
『七偏人』梅亭金鵞著、文久3（1863）年（『滑稽本集』日本名著全集刊行会編、日本名著全集刊行会、1927年に所収）
『少将滋幹の母』谷崎潤一郎著、昭和25（1950）年。
『屎尿汲取り業の一代記』高杉喜平著（『トイレ考・屎尿考』日本下水文化研究会屎尿研究分科会編、技報堂出版、2003年に所収）
『写山楼之記』野村文紹著（『新燕石十種 第五巻』岩本活東子編、中央公論社、1981年に所収）
『修正実用肥料学』中尾節蔵著、六盟館、明治41（1908）年（『厠と排泄の民俗学』礫川全次編、批評社、2003年に収録）
『春情指人形』溪斎英泉著、天保9年（1838）年頃（『江戸名作艶本8』学習研究社、1996年に所収）
『新宿区史 第一巻』新宿区、1998年
『青楼真廓誌』寛政12（1800）年（『洒落本大成 第十八巻』中央公論社、1983年に所収）
『図説吉原事典』永井義男著、学研M文庫、2013年
『静軒痴談』寺門静軒著、嘉永7（1854）年（『日本随筆大成 第二期第二十巻』日本随筆大成編輯部編、吉川弘文館、1995年に所収）
『清談峯初花』十返舎一九著、文政4年（1821）年（『人情本集』国書刊行会、1995年に所収）
『増補 葛飾区史』葛飾区、1985年
『総籬』山東京伝著、天明7（1787）年（『洒落本大成 第十四巻』洒落本大成編集委員会編、中央公論社、1981年に所収）
『続徳川実紀 第一篇』（『国史大系 第四十八巻』黒板勝美編、吉川弘文堂、1999年に所収）

「主要耐久消費財の普及・保有状況（一般世帯）平成二十七年三月実施」内閣府
『太平楽巻物』森島中良著、天明2（1782）年（『洒落本大成 第十二巻』洒落本大成編集委員会編、中央公論社、1981年に所収）
『滝沢馬琴』麻生磯次著、吉川弘文館、1959年
『滝沢馬琴の信濃町住居跡』鈴木貞夫著、新宿歴史博物館研究紀要 第四号、1998年
『多話戯草』石塚豊芥子編、文化文政期（1804～1830年）（『近世庶民生活史料』三一書房、1993年に所収）
『譚海』津村淙庵著、寛政7（1795）年（『日本庶民生活史料集成 第八巻』原田伴彦・平山敏治郎共編、三一書房、1969年に所収）
『トイレの考古学』大田区立郷土博物館編、東京美術、1997年
『トイレの文化史』ロジェ＝アンリ・ゲラン著、大矢タカヤス訳、筑摩書房、1987年
『兎園小説外集』滝沢馬琴編（『日本随筆大成 第二期第二巻』日本随筆大成編輯部編、吉川弘文館、1994年に所収）
『都市と農村の間』渡辺善次郎著、論創社、1983年

『江原素六先生伝』村田勤著、三省堂、1935年
『絵本 江戸風俗往来』菊池貴一郎著、東陽堂、明治38（1905）年（東洋文庫、鈴木棠三編、平凡社、1968年に所収）
『宴遊日記』柳沢信鴻著（『日本庶民文化史料集成 第十三巻』芸能史研究会編、三一書房、1977年に所収）
『大江戸八百八町』東京都江戸東京博物館編／発行、2003年
『落窪物語』（新日本古典文学大系、岩波書店、1989年に所収）
『朧月猫の草紙』山東京山著、歌川国芳画、天保13年（江戸戯作文庫、河出書房新社、1985年に所収）
『面和倶話』遠楼亭主人著、文化3（1806）年（『洒落本大成 第二十三巻』洒落本大成編集委員会編、中央公論社、1985年に所収）『街談文々集要』石塚豊芥子編、文化文政期（1804～1830年）（『近世庶民生活史料』三一書房、1993年に所収）

『甲子夜話』松浦静山著（東洋文庫、全6巻、平凡社、1977～1978年に所収）
『甲子夜話 続篇』松浦静山著（東洋文庫、全8巻、平凡社、1979～1981年に所収）
『鹿の子餅』木室卯雲著、明和9（1772）年（『江戸笑話集 日本古典文学大系』岩波書店、1966年に所収）
『甲駅雪折笹』酒艶堂一酔著、享和3（1803）年（『洒落本大成 第二十二巻』洒落本大成編集委員会編、中央公論社、1984年に所収）
『仮面の告白』三島由紀夫著、1949年（『三島由紀夫全集3』新潮社、2001年に所収）『体にいい寄生虫――ダイエットから花粉症まで』藤田紘一郎著、講談社文庫、1997年
『川越舟運』斎藤貞夫著、さきたま出版会、1982年
『厠と排泄の民俗学』礫川全次編、批評社、2003年
『環境考古学への招待』松井章著、岩波新書、2005年
『錦之裏』山東京伝著、寛政3（1791）年（『洒落本大成 第十六巻』洒落本大成編集委員会編、中央公論社、1982年に所収）
『北区史 通史編近世』北区史編纂調査会編、北区、1996年
『羇旅漫録』滝沢馬琴著（『日本随筆大成 第一期第一巻』日本随筆大成編輯部編、吉川弘文館、1993年に所収）
『近世便所考』大熊喜邦監修・田中一編、建築知識社、1937年
『金曾木』大田南畝著、文化7（1810）年（『日本随筆大成 第一期第六巻』日本随筆大成編輯部編、吉川弘文館、1993年に所収）
『好色』芥川竜之介著、大正10（1921）年。
『五雑組』謝肇淛著（東洋文庫・全8巻、岩城秀夫訳、平凡社、1996～1998年に所収）
『古事記』（岩波文庫、1963年に所収）
『肥やしのチカラ』葛飾区郷土と天文の博物館編／発行、2005年
『今昔物語集』（『新日本古典文学大系』岩波書店、全5巻、1994～1999年に所収）

『残座訓』鈍九斎章丸著、天明4（1784）年（『洒落本大成 第十三巻』洒落本大成編集委員会編、中央公

引用・参考文献一覧

『天野浮橋』作者不明、天保元（1830）年（『江戸名作艶本 6』学習研究社、1996年に所収）
『荒川区史 上巻』荒川区編、荒川区、1989年
『井関隆子日記』井関隆子著（『井関隆子日記 全3巻』深沢秋男校注、勉誠社、1978～1981年）
『板橋区史 通史編上巻』板橋区史編さん調査会編、板橋区、1998年
『一話一言』大田南畝著、文政3（1820）年（『日本随筆大成 別巻第四巻』日本随筆大成編輯部編、吉川弘文館、1996年に所収）
『田舎談義』竹塚東子著、寛政2（1790）年（『洒落本大成 第十五巻』収洒落本大成編集委員会編、中央公論社、1982年に所収）
『浮世風呂』式亭三馬著、文化10年（1809～1813）年（新日本古典文学大系、岩波書店、1989年に所収）
『宇治拾遺物語』（『日本古典文学大系』岩波書店、1990年）
『うんち大全』ジャン・フェクサス著、高遠弘美訳、作品社、1998年
『営中刃傷記』（『新燕石十種 第四巻』岩本活東子編、中央公論社、1981年に所収）
『江戸川物語』伊藤晃著、崙書房、1981年
『江戸かわや図絵』花咲一男著、太平書屋、1978年
『江戸厠百姿』花咲一男著、三樹書房、2000年
『江戸漢詩集 日本古典文学大系』岩波書店、1966年
『江戸愚俗徒然噺』案本胆助著、天保8（1837）年（『未刊随筆百種 第七巻』三田村鳶魚編、中央公論社、1977年に所収）
『江戸参府紀行』シーボルト著、文政9（1826）年（東洋文庫、斎藤信訳、平凡社、1967年に所収）
『江戸参府随行記』ツュンベリー著、安永5（1776）年（東洋文庫、高橋文訳、平凡社、1994年に所収）
『江戸参府旅行日記』ケンペル著、1691～92（元禄4～5）年（東洋文庫、斎藤信訳、平凡社、1977年に所収）
『江戸自慢』（『未刊随筆百種 第八巻』三田村鳶魚編、中央公論社、1977年に所収）
『江戸住宅事情』都市紀要34、東京都、1990年
『特別展「江戸城」』東京都江戸東京博物館・読売新聞東京本社編／発行、2007年
『江戸城』村井益男著、中公新書、1964年
『江戸城と大奥 ピクトリアル江戸1』学習研究社、1988年
『江戸城のトイレ、将軍のおまる――小川恭一翁柳営談』小川恭一著、講談社、2007年
『江戸の性語辞典』永井義男著、朝日新書、2014年
『江戸売色百姿』花咲一男著、三樹書房、1980年
『江戸病草紙』立川昭二著、ちくま学芸文庫、1998年

［著者紹介］

永井義男（ながい・よしお）
小説家、江戸文化評論家、中国古典翻訳家。

1949年、福岡市生まれ。福岡県立修猷館高等学校を経て、東京外国語大学外国語学部卒業。1997年、『算学奇人伝』（ティビーエス・ブリタニカ／祥伝社文庫）で開高健賞を受賞。

小説に、『鮮魚師』（読売新聞社）、『江戸狼奇談』（祥伝社）、『幕末暗号戦争』（幻冬舎）、『酔いどれ暗殺剣』（徳間書店）のほか、時代小説シリーズに「請負い人阿郷十四郎」（祥伝社文庫）、「平四郎茶屋日記」（学研M文庫）ほか多数。

江戸文化評論に、『江戸の下半身事情』（祥伝社新書）、『春画と書入れから見る吉原と江戸風俗』（学研パブリッシング）、『お盛んすぎる　江戸の男と女』（朝日新書）、『図説吉原事典』（朝日文庫）ほか多数。

中国古典翻訳・評論に、『中国歴代家訓選』（編訳　徳間書店）、劉基『百戦奇略』（編訳、学研M文庫）、『中国軍事成語集成』（編訳、徳間書店）、『非情のススメ――超訳 韓非子』（辰巳出版）ほか多数。

「こえとりは　いつもあいにく　飯じぶん」
（『柳樽』より）

江戸の糞尿学

2016年2月15日 第1刷発行
2019年4月 1 日 第7刷発行

著者――――永井義男

発行者―――和田 肇
発行所―――株式会社作品社
102-0072 東京都千代田区飯田橋 2-7-4
Tel 03-3262-9753 Fax 03-3262-9757
振替口座 00160-3-27183
http://www.sakuhinsha.com/

編集担当――内田眞人
本文組版――DELTANET DESIGN：新井満
装丁――――伊勢功治
印刷・製本―シナノ印刷㈱

ISBN978-4-86182-555-2 C0021

落丁・乱丁本はお取替えいたします
定価はカバーに表示してあります

◆異端と逸脱の文化史◆

オルガスムの科学

性的快楽と身体・脳の神秘と謎

The Science of Orgasm

バリー・R・コミサリュック
カルロス・バイヤー＝フローレス
ビバリー・ウィップル

福井昌子 訳

その瞬間、身体と脳では、何が起こっているのか？

オルガスムへの認識を一新させた、性科学研究の世界的名著――
その神秘を追及することは、
身体-脳システムと意識の謎に迫ることである。

米・性科学研究財団「ボニー賞」受賞

「性的快感に関して最新の科学的な理解を集約した素晴らしい一冊」
『米国医師会誌』

「人間のセクシュアリティ研究の古典となることは間違いない」
ヒルダ・ハッチャーソン博士（コロンビア大学医科大学院）

「なぜオルガスムは気持ちよいのか？　男と女とは違うのか？　性感帯によって感じ方が異なるか？　本書を読んで、多くの疑問を解消した。本書は、性的快楽への認識だけでなく、人生観までも変えてしまう一冊である」
ヘレン・フィッシャー（『愛はなぜ終わるのか』著者）